Student Activities Ma

Deuxième édition nord-américaine

ROND-POINT

UNE PERSPECTIVE ACTIONNELLE

Catherine Flumian I Josiane Labascoule I Christian Lause I Corinne Royer

ADAPTÉ PAR HEDWIGE MEYER
University of Washington

Boston I Columbus I Indianapolis I New York I San Francisco I Amsterdam I Cape Town I Dubai
London I Madrid I Milan I Munich I Paris I Montréal I Toronto I Delhi I Mexico City
São Paulo I Sydney I Hong Kong Seoul I Singapore I Taipei I Tokyo

Senior Acquisitions Editor: Denise Miller
Senior Digital Product Manager: Samantha Alducin
Senior Development Editor: Scott Gravina
Director of Program Management: Lisa Iarkowski
Team Lead Program Management: Amber Mackey
Program Manager: Annemarie Franklin
Team Lead Project Management: Melissa Feimer
Project Manager: Marlene Gassler
Front Cover Design: Lumina Datamatics and
Kathryn Foot

Cover Image: Iñigo Fdz de Pinedo/Getty Images
Design Lead: Maria Lange
Operations Manager: Mary Fischer
Operations Specialist: Roy Pickering
Editorial Assistant: Millie Chapman,
Sandra Fisac Rodríguez
Editor in Chief: Bob Hemmer
Marketing Director: Steve Debow
World Languages Consultants: Yesha Brill, Raúl
Vásquez López, Mellissa Yokell

This book was set in Stone Sans 10.5/13 typeface by Lumina Datamatics Ltd.

ISBN-10: 0-205-78364-3
ISBN-13: 978-0-205-78364-9

Table of Contents

Preface

ROND-POINT, une perspective actionnelle, deuxième édition nord-américaine

Nous vous invitons à découvrir ROND-POINT, deuxième édition ! Based on the principles of task-based language teaching, students learn through collaboration and interaction. Students develop their communication skills from day one while working in the target language. Contexts are authentic and related to real life; i.e. organizing a vacation, planning a party, etc. **Rond-Point** introduced *l'approche actionnelle* to the discipline of French as a Second Language (*Français Langue Étrangère*) with each unit based on the completion of a final project (*tâche ciblée*). Based on the guidelines of the CEFR and following the ACTFL National Standards, **Rond-Point, deuxième édition** is an introductory French program designed to be used in U.S. colleges and universities. Its flexible organization can be used in a variety of course formats.

Rond-Point, deuxième édition is the result of a thorough review based on comments from instructors both in Europe and the United States. **Rond-Point, deuxième édition** has preserved all the key elements from the first edition: an abundance of authentic materials, fun and efficient smaller tasks leading students to the completion of a larger and more ambitious task at the end of each unit, recycling of the main grammar points throughout the book and a very dynamic approach where interactions and meaning negotiations among students is at the heart of each class.

The new edition offers a variety of new features to enhance your introductory French course:

- **An improved learning sequence and a reorganization of some units** allows for easier course organization.
- **A new preliminary unit (*Point de départ*)** helps students to get up and running quickly.
- **Four completely new units** offer up-to-date themes and cultural references.
- **New and revised photos throughout** spark student interest.
- **New authentic selections** offer new insights into the French-speaking world.
- **Streamlined directions** improve the learner's autonomy in completing tasks.
- **Thorough revision and updating of the vocabulary, the grammar, and the tasks** ensures that students are successful in achieving learning outcomes.
- **Grammar and Vocabulary lists placed at the end of each** unit for quick reference.
- **amplifire™ Dynamic Study Modules**, available in MyFrenchLab™, are designed to improve learning and long-term retention of vocabulary and grammar via a learning tool developed from the latest research in neuroscience and cognitive psychology on how we learn best. Students master critical course concepts online with **amplifire**, resulting in a livelier classroom experience centered on meaningful communication.
- **A brand-new MyFrenchLab (part of the MyLanguageLabs™ suite of products) experience** helps students to learn and practice key vocabulary and grammar concepts outside the classroom to foster in-class communication. Over one million students have used **MyLanguageLabs** to help them successfully learn a language by providing them with everything they need: eText, online activities, point-of-need support, and an engaging collection of language-specific learning tools, all in one online program. **MyLanguageLabs** also offers instructors a unique set of tools to help them personalize their courses and support students' out-of-class learning. Control content organization, upload or create your own content or activities, set preferences, set automatic deductions for late work, drag and drop assignments onto an assignment calendar that provides students with a clear learning path, customize your gradebook, and more.

With the 2nd edition of **Rond-Point: Une perspective actionelle**, you and your students can enjoy all of the benefits of a truly communicative classroom.

POINT DE DÉPART

SAM 00-01   Images de France.

Can you identify these places and various foods? Pick the right name for each image.

1.

_____

2.

3.
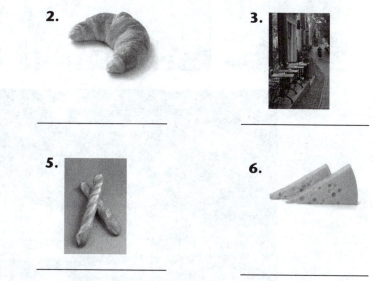
_____

4.

_____

5.

_____

6.

_____

a. Un croissant

b. La Tour Eiffel

c. L'Arc de Triomphe

d. Une baguette

e. Un café

f. Un fromage

SAM 00-02   Présent ou absent ?

Who is missing from class today? Listen to the recording and indicate which students are absent or present today.

1. Clément Roublac _____

2. Léna Tavernier _____

3. Yasmine Sabbagh _____

4. Erwan Guilloux _____

5. Enzo Leduc _____

6. Nora Lacoste _____

7. Amir El Ouamad _____

8. Lucie Fabiani _____

9. Mehdi Karoubi _____

SAM 00-03 Salutations.

Complete the following dialogues with an appropriate response.

1. Bonjour !

_____

2. Bonsoir !

_____

3. Je m'appelle Emilie, et toi ?

_____

4. Salut! Je suis Pierre !

_____

5. Salut! Ça va ?

_____

6. Au revoir ! À bientôt !

_____

7. Bonne nuit !

_____

SAM 00-04   Comment ça s'écrit ?

Listen to the recording and choose each person's last name.

1. Sandra _____
   a. Janvier
   b. Janssen
   c. Jacquot

2. Fatia _____
   a. Morvan
   b. Morbieux
   c. Matou

3. André _____
   a. Langois
   b. Lemieux
   c. Lorieux

4. Philippe _____
   a. Fernaud
   b. Fernandez
   c. Lafrance

5. Céline _____
   a. Triballier
   b. Tourneau
   c. Chevalier

6. Kévin _____
   a. Legrand
   b. Giroux
   c. Garcia

SAM 00-05   Mon nom !

Imagine you are introducing yourself to your new teacher and you need to spell your name. Tell her what your name is and spell it. Practice saying your name and spelling it following the model, and record yourself when you are ready.

   MODEL: Bonjour. Je m'appelle *Sylvie Barieux. S-Y-L-V-I-E. B-A-R-I-E-U-X.*

SAM 00-06   Lettres en désordre.

Listen to the recording. You will hear letters for words that you will need to unscramble.

A. Write the letters that you hear in the order that you hear them.

1. _____

2. _____

3. _____

4. _____

5. _____

6. _____

B. Now, try to unscramble the letters to form words that you know in French. If you have trouble, go back to part A and check that you wrote down the correct letters.

1. _____
2. _____
3. _____
4. _____
5. _____
6. _____

SAM 00-07   Lettres manquantes.

One letter is missing in each of the following words. Listen to the recording and write the missing letter.

1. bon__our
2. Vir__inie
3. app__lle
4. Stép__anie
5. sei__e
6. c__te
7. to__
8. Zo__
9. de__x
10. fran__ais

SAM 00-08   Question ou affirmation ?

Indicate whether the following sentences are questions (?) or statements (.). It is not necessary to understand the sentence. Just focus on the intonation. Remember that in questions, the intonation will rise at the end of the sentence whereas it will fall in statements.

1. Tu t'appelles comment _____
   a. question (?)
   b. statement (.)

2. C'est un croissant _____
   a. question (?)
   b. statement (.)

3. Le départ est à quelle heure _____
   a. question (?)
   b. statement (.)

4. C'est ça la France _____
   a. question (?)
   b. statement (.)

5. Je m'appelle Éric Marchand _____
   a. question (?)
   b. statement (.)

6. Un petit café, monsieur _____
   a. question (?)
   b. statement (.)

7. Vous êtes française _____
   a. question (?)
   b. statement (.)

8. Il habite à Rome _____
   a. question (?)
   b. statement (.)

9. Moi, c'est Pierre, Pierre Lacan _____
   a. question (?)
   b. statement (.)

10. La Suisse est un pays francophone _____
    a. question (?)
    b. statement (.)

SAM 00-09   Réservation en ligne.

Match each element with its category to help Mrs. Ruiz make an online reservation for an upcoming trip:

MODEL: Civilité : *Madame*

Nom : _____   a. 03-54-12-25-37

Prénom : _____   b. Nancy

Adresse : _____   c. Emmanuelle

Ville : _____   d. 54000

Code postal : _____   e. e.ruiz@yahoo.fr

Adresse électronique : _____   f. Ruiz

Téléphone : _____   g. 4 allée des Fauvettes

SAM 00-10   Ma réservation.

You will soon take a trip and you need to tell a ticket agent some basic information about you. Describe yourself and give the information.

Nom : _____   Code postal : _____

Prénom : _____   Adresse électronique : _____

Adresse : _____   Téléphone : _____

Ville : _____

SAM 00-11   C'est quel chiffre ?

Listen to the recording and choose the number that you hear.

1. _____
   a. zéro
   b. trois
   c. sept

2. _____
   a. un
   b. dix
   c. huit

3. _____
   a. deux
   b. zéro
   c. neuf

4. _____
   a. huit
   b. trois
   c. quatre

5. _____
   a. quatre
   b. cinq
   c. neuf

6. _____
   a. un
   b. huit
   c. cinq

7. _____	9. _____	11. _____
a. dix-huit	a. seize	a. dix-neuf
b. seize	b. quinze	b. onze
c. dix-sept	c. quatorze	c. dix-huit

8. _____	10. _____	12. _____
a. dix	a. treize	a. onze
b. dix-neuf	b. douze	b. dix-sept
c. vingt	c. seize	c. seize

SAM 00-12   Le compte est bon !

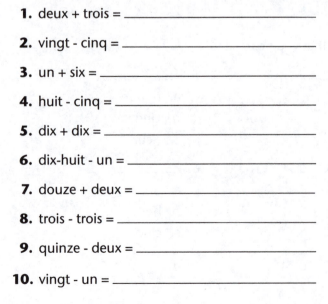 What are the solutions to the following math problems? Listen to the simple addition problems and write the answers.

1. _____

2. _____

3. _____

4. _____

5. _____

6. _____

7. _____

8. _____

SAM 00-13   Faisons des mathématiques !

A. Write the answers to these simple math problems. (Do not write the digits.)

1. deux + trois = _____

2. vingt - cinq = _____

3. un + six = _____

4. huit - cinq = _____

5. dix + dix = _____

6. dix-huit - un = _____

7. douze + deux = _____

8. trois - trois = _____

9. quinze - deux = _____

10. vingt - un = _____

B. Now record your answers.

SAM 00-14   Chiffres manquants.

 Each number sequence is missing a number. Listen to each sequence and write the missing number!

1. _____

2. _____

3. _____

4. _____

5. _____

SAM 00-15   À mon tour !

Practice saying the following sentences and when you are ready, record them.

1. Bonjour, je suis ... (*your name*).

2. Ça va ?

3. Quatre cafés et quatre croissants !

4. Ça, c'est la Tour Eiffel.

5. Comment ça s'écrit ?

ANCRAGE

SAM 01-01   Pourquoi apprendre le français ?

Complete the sentences with **parce que** or **pour**.

1. J'apprends le français _____ c'est une belle langue.

2. J'apprends le français _____ j'aime les langues.

3. J'apprends le français _____ mes études.

4. J'apprends le français _____ connaître une nouvelle culture.

5. J'apprends le français _____ je veux visiter Paris.

6. J'apprends le français _____ je veux apprendre une nouvelle langue.

7. J'apprends le français _____ voyager.

8. J'apprends le français _____ faire du tourisme.

9. J'apprends le français _____ mon père est français.

10. J'apprends le français _____ les vacances.

SAM 01-02   Pourquoi, pour, parce que.

Complete the following dialogue by choosing **pour, parce que,** or **pourquoi**.

Paul: Robert et Leila, (1) _____ apprenez-vous le français ?

Robert: (2) _____ je voyage régulièrement en Afrique.

Paul: Et toi Leila ? (3) _____ est-ce que tu apprends le français ?

Leila: (4) _____ le travail et (5) _____ j'ai une amie française.

Paul: Et (6) _____ le français et pas l'italien ou l'espagnol ?

Leila : (7) _____ je veux apprendre le français !

SAM 01-03   Moi, j'apprends le français...

Answer the following question by providing <u>three</u> reasons:

Pourquoi est-ce que tu apprends le français ?

_____

_____

_____

SAM 01-04   Pourquoi apprennent-ils le français ?

Listen to the following dialogues and choose the option that best completes each statement.

DIALOGUE 1:

1. Sam apprend le français _____ :
   a. pour son travail.
   b. parce qu'il veut voyager en France.
   c. parce que c'est une belle langue.

2. Lydia apprend le français _____ :
   a. pour les vacances.
   b. parce que sa mère est française.
   c. pour le travail.

DIALOGUE 2:

3. Natalia apprend le français _____ :
   a. pour connaître une nouvelle culture.
   b. pour ses études à l'université.
   c. pour son travail.

4. Tom apprend le français _____ :
   a. parce que son père est français.
   b. pour parler avec ses amis.
   c. pour les vacances.

DIALOGUE 3:

5. Rachel apprend le français _____ :
   a. pour parler avec ses amis français.
   b. pour les vacances.
   c. parce que sa grand-mère est française.

6. David apprend le français _____ :
   a. pour son travail.
   b. pour ses études à l'université.
   c. pour mieux connaître la culture française.

EN CONTEXTE

SAM 01-05   Quel sujet t'intéresse ?

 Listen to each dialogue and choose which subject each person is interested in.

> la littérature, l'histoire, la cuisine, le sport, le cinéma, la mode, la politique, la musique

DIALOGUE 1:

1. Fatima : _____

2. Yann : _____

DIALOGUE 2:

3. William : _____

4. Madeleine : _____

DIALOGUE 3:

5. Liliane : _____

6. Victor : _____

DIALOGUE 4:

7. Bruno : _____

8. Henri : _____

FORMES ET RESSOURCES

SAM 01-06   Le, la, l' ou les ?

Indicate the correct definite article for each of the following nouns.

1. _____ cinéma
   a. le
   b. la
   c. l'
   d. les

2. _____ histoire
   a. le
   b. la
   c. l'
   d. les

3. _____ Europe
   a. le
   b. la
   c. l'
   d. les

4. _____ Allemagne
   a. le
   b. la
   c. l'
   d. les

5. _____ parents

   a. le

   b. la

   c. l'

   d. les

6. _____ tourisme

   a. le

   b. la

   c. l'

   d. les

7. _____ café

   a. le

   b. la

   c. l'

   d. les

8. _____ croissant

   a. le

   b. la

   c. l'

   d. les

9. _____ cuisine

   a. le

   b. la

   c. l'

   d. les

10. _____ vacances

   a. le

   b. la

   c. l'

   d. les

11. _____ chanson

   a. le

   b. la

   c. l'

   d. les

12. _____ sport

   a. le

   b. la

   c. l'

   d. les

13. _____ ami

   a. le

   b. la

   c. l'

   d. les

14. _____ littérature

   a. le

   b. la

   c. l'

   d. les

15. _____ Pays-Bas

   a. le

   b. la

   c. l'

   d. les

16. _____ mode

   a. le

   b. la

   c. l'

   d. les

17. _____ France

   a. le

   b. la

   c. l'

   d. les

18. _____ gens

   a. le

   b. la

   c. l'

   d. les

SAM 01-07 Qu'est-ce que c'est ?

Indicate which image corresponds to each of the following nouns:

1. les gens _____

5. les amis _____

9. la famille _____

2. la littérature _____

6. le travail _____

10. l'école _____

3. la cuisine _____

7. les vacances _____

4. l'histoire _____

8. la mode _____

a.

e.

i.

b.

f.

g.

j.

c.

h.

d.

SAM 01-08   Lettres en désordre.

Can you unscramble the names of the following European countries and cities? Make sure to read the clues to help you.

1. rspia: _____ Clue: It's the most visited city in the world.

2. lgamlaeen: _____ Clue: This country is to the East of France.

3. qilgebue: _____ Clue: Three languages are spoken in this country.

4. meor: _____ Clue: An ancient city in the Southern Europe.

5. llrdane: _____ Clue: This country is famous for its wool.

6. cefarn: _____ Clue: The shape of this country is a hexagon.

7. nlrageteer: _____ Clue: This country has a famous royal family.

8. bilnre: _____ Clue: A large city that used to be divided into two.

SAM 01-09   Un peu de géographie !

Read the sentences carefully, and complete each one by choosing the correct country name:

le Japon, les États-Unis, la France, la Suisse, l'Égypte, la Russie, l'Iran, le Brésil

1. Moscou est sa capitale. C'est _____ .

2. Leur drapeau a 50 étoiles, comme le nombre d'États. Ce sont _____ .

3. Elle est célèbre pour ses pyramides. C'est _____ .

4. Elle est célèbre pour ses vins et ses fromages. C'est _____ .

5. C'est le nom actuel de la Perse. C'est _____ .

6. C'est un pays formé de beaucoup d'îles, la plus grande s'appelle Honshu. C'est _____ .

7. C'est le seul pays de langue portugaise en Amérique Latine. C'est _____ .

8. C'est un petit pays d'Europe célèbre pour son chocolat. C'est _____ .

SAM 01-10 Pays et villes d'Europe.

Match each European capital with the correct country.

1. Paris _____		a. l'Angleterre
2. Lisbonne _____		b. la République Tchèque
3. Athènes _____		c. la France
4. Londres _____		d. l'Espagne
5. Berlin _____		e. la Belgique
6. Prague _____		f. le Portugal
7. Madrid _____		g. l'Italie
8. Rome _____		h. la Grèce
9. Bruxelles _____		i. l'Autriche
10. Vienne _____		j. l'Allemagne

SAM 01-11 Comment ça s'écrit ?

On this recording, names of European countries will be spelled. Listen to each country's name and write it.

1. L'_____

2. La_____

3. Les_____

4. La_____

5. Le_____

SAM 01-12 S'appeler.

It is the first day of class and students are trying to find out who their classmates are. They introduce themselves to each other. Complete the dialogue by choosing the correct form of the verb **s'appeler**.

> m'appelle, t'appelles, s'appelle, vous appelez, s'appellent

DIALOGUE 1 :

ÉTUDIANT 1 : Bonjour ! Comment tu (1) _____?

ÉTUDIANT 2 : Moi, je (2) _____ Manon Gauthier, et toi ?

ÉTUDIANT 1: Moi, je (3) _____ Hugo Descamps. Et lui, comment il (4) _____?

ÉTUDIANT 2: Lui, il (5) _____ Amel Azzi. C'est un ami.

DIALOGUE 2:

ÉTUDIANT: Bonjour Madame. Vous êtes la professeure ?

PROFESSEUR: Oui, c'est moi !

ÉTUDIANT: Comment vous (6) _____?

PROFESSEUR: Je (7) _____ Madame Durand.

DIALOGUE 3:

ÉTUDIANT 1: Ce sont tes amis ?

ÉTUDIANT 2: Oui, ils (8) _____ Nathan et Léa.

SAM 01-13   Pronoms sujets.

Complete the following sentences with the correct subject pronouns.

1. Voici mon amie Sidonie. _____ est française.

2. Ce sont les parents de Sidonie. _____ s'appellent Thomas et Julie.

3. Moi, _____ suis américaine, et vous ? _____ êtes américains ?

4. Comment _____ t'appelles ? Est-ce que _____ es étudiant ?

5. Mon ami Adrien ? _____ parle trois langues: le français, l'anglais, et l'espagnol.

6. Adrien et moi, _____ étudions l'espagnol à l'école.

SAM 01-14   Pronoms toniques.

Sonia is giving information about people in her class. Complete the following sentences using the correct stressed pronouns.

1. _____, nous parlons anglais, et Tatsu et Daisaku, _____, ils parlent japonais.

2. _____, je m'appelle Sonia. Et _____, comment vous vous appelez ?

3. _____, c'est une amie. Elle s'appelle Emily.

4. _____, ils étudient l'italien, et _____, nous étudions le français.

5. _____, je travaille, et _____, tu travailles ?

6. Nora et Lilou _____, elles aiment étudier, mais mon ami Olivier, _____, il n'aime pas étudier.

SAM 01-15   Pronoms toniques et le verbe s'appeler.

Complete the following dialogues by writing the correct stressed pronouns and conjugating the verb **s'appeler** where indicated.

DIALOGUE 1 :

- Monsieur et Madame Dupont ?

- Oui c'est (1) _____ !

- Vos prénoms s'il vous plaît ?

- Moi je (s'appeler) (2) _____Elizabeth, et (3) _____, c'est Henri.

DIALOGUE 2:

- Tu t'appelles Karine ?

- Non, c'est une erreur. Elle, elle (s'appeler) (4) _____Karine, et
(5) _____, je suis Delphine.

DIALOGUE 3:

- Patrick Leblanc ?

- Non, ce n'est pas (6) _____, désolé.

DIALOGUE 4:

- Comment tu (s'appeler) (7) _____?

- Théo ! Et (8) _____?

- (9) _____je (s'appeler) (10) _____Romain.

SAM 01-16   Votre nom s'il vous plaît ?

Imagine how you would greet the following persons. Write a sentence for each person asking for his or her name.

1. The president of your university.

_____

2. A classmate.

_____

3. Your teacher.

_____

4. A young child.

_____

5. Someone new at your work.

_____

SAM 01-17 Tu ou vous ?

Indicate, for each of the following situations, whether you would address the person using **tu** or **vous**.

1. You are speaking with your boss at work.

_____

2. You are speaking with your best friend.

_____

3. You are speaking with a shop owner.

_____

4. You are speaking to a relative.

_____

5. You are speaking with a colleague at work.

_____

6. You are asking someone for directions in the street.

_____

7. You are speaking with your friend's parents.

_____

8. You are speaking to a child you don't know.

_____

SAM 01-18 Nombres.

Listen to each number as it is read aloud. Then choose the matching number from the list.

SÉRIE A

1. 76 - 67 - 77

2. 24 - 94 - 84

3. 92 - 42 - 82

4. 97- 17- 87

5. 18 - 68 - 78

6. 86 - 46 - 96

7. 49 - 89 - 99

8. 72 - 27 - 87

9. 73 - 13 - 63

10. 79 - 99 - 29

SÉRIE B:

11. 76 - 67 - 77

12. 24 - 94 - 84

13. 92 - 42 - 82

14. 97- 17- 87

15. 18 - 68 - 78

16. 86 - 46 - 96

17. 49 - 89 - 99

18. 72 - 27 - 87

19. 73 - 13 - 63

20. 79 - 99 - 29

Nom:_____ Date:_____

SAM 01-19 Mathématiques en français !

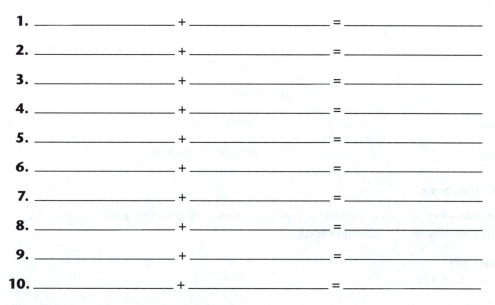 Listen to the mathematical problems and write the numbers. Then write the solution to each problem in word form, <u>without</u> using numerals. Please refer to page 34 of your textbook regarding how to write numerals in French.

1. _____ + _____ = _____

2. _____ + _____ = _____

3. _____ + _____ = _____

4. _____ + _____ = _____

5. _____ + _____ = _____

6. _____ + _____ = _____

7. _____ + _____ = _____

8. _____ + _____ = _____

9. _____ + _____ = _____

10. _____ + _____ = _____

SAM 01-20 Nombres en lettres.

Write out the following numbers.

1. 28: _____

2. 77: _____

3. 45: _____

4. 54: _____

5. 100: _____

6. 1000: _____

7. 80: _____

8. 88: _____

SAM 01-21   Le verbe être.

Complete each sentence by matching each beginning with the ending that uses the correct form of the verb **être**.

1. Jacques et Nicolas _____   a. ne sommes pas italiens.

2. Tu _____   b. est canadien ?

3. Je _____   c. ne sont pas étudiants.

4. Philippe _____   d. suis en vacances.

5. Vous _____   e. es journaliste ?

6. Nous _____   f. n'êtes pas espagnole.

SAM 01-22   Le verbe avoir.

Indicate how old the following people are by using the correct form of the verb **avoir** and writing out the age shown in parentheses. Follow the model.

> **MODEL:**   Julien (9)
> *Julien a neuf ans.*

1. Kévin (11)

_____

2. Léa (27)

_____

3. Jacob et Karem (32)

_____

4. Isabelle (60)

_____

5. Vous (40)

_____

6. Je (18)

_____

7. Mon ami et moi, nous (20)

_____

8. Tu (15)

_____

SAM 01-23   Pronoms sujets ou toniques ?

Complete the following dialogue by writing the correct subject pronoun or stressed pronoun in each blank.

- (1) _____ as une voiture (*car*) ?

- Qui ? (2) _____ ?

- Oui ! (3) _____ !

- Ah non, désolé, (4) _____ n'ai pas de voiture. Demande à Gilles.

- Mais non ! (5) _____, il n'a pas de voiture ! Je sais parce que (6) _____ sommes amis.

- Et Jacinthe ?

-Oui ! (7)_____, elle a une voiture ! Bonne idée. (8) _____ as son numéro de téléphone ?

- Oui, c'est le 06-45-87-21.

- Merci !

- De rien.

SAM 01-24   C'est ou ce n'est pas ?

Answer the questions in complete sentences, following the model.

> **MODEL:** C'est un livre espagnol ? (Non / français)
> *Non, ce n'est pas un livre espagnol, c'est un livre français.*

1. C'est Pierre ? (Non / Roger)

_____

2. C'est le prénom ? (Non / nom)

_____

3. C'est le numéro de téléphone ? (Non / adresse)

_____

4. Ce sont des amis ? (Non / membres de ma famille)

_____

5. Ce sont des photos de Londres ? (Non / Paris)

_____

6. C'est de la cuisine française ? (Non / italienne)

_____

SAM 01-25 C'est, ce n'est pas, ce sont, ce ne sont pas.

Complete the following sentences using **c'est, ce n'est pas, ce sont,** or **ce ne sont pas**.

Marion Cotillard ? (1) _____ une actrice française. (2) _____ une actrice américaine.

André et Jacques, (3) _____ des prénoms français, et Andrew et Jack, (4) _____ des prénoms anglais. (5) _____ des prénoms italiens.

Un petit dialogue: - (6)_____ toi ?

                                   - Oui, (7)_____ moi !

Un autre petit dialogue: - (8) _____ Tim ?

                                        - (9) Non, _____ Tim. (10) _____Théo.

SAM 01-26 Écoutons !

Listen to the recording and choose the conjugation of the verbs **être** and **avoir** that you hear in each sentence.

	Ils ont	Ils sont	Elles ont	Elles sont
1				
2				
3				
4				
5				
6				
7				
8				

SAM 01-27 Le ou les ?

Listen to the recording and indicate whether you hear **le** or **les** before each noun.

1. le ou les ? _____

2. le ou les ? _____

3. le ou les ? _____

4. le ou les ? _____

5. le ou les ? _____

6. le ou les ? _____

7. le ou les ? _____

8. le ou les ? _____

SAM 01-28   Qui sont ces personnes ?

 Listen to each dialogue and write the information you hear in the blanks.

1. Nom : (1) _____

Prénom : (2) _____

Adresse : 53 rue des Tisserands, Lyon.

Adresse électronique : lietard@web.rp

Profession : (3) _____

Motivation pour étudier l'anglais: (4) _____

2. Nom : (5) _____

Prénom: Marine

Adresse: 10 rue Victor Hugo

Adresse électronique: (6) _____

Téléphone: (7) _____

Profession: (8) _____

SAM 01-29   Ma fiche.

Complete the following information card.

Nom: _____

Prénom: _____

Adresse: _____

Adresse électronique : _____

Profession: _____

Motivation pour étudier le français: _____

01-30   Je n'entends pas ces lettres.

 A. Listen and indicate whether the following letters are pronounced or not.

1. tourisme : _____
   a. The final **e** is pronounced.
   b. The final **e** is not pronounced.

2. cuisine : _____
   a. The final **e** is pronounced.
   b. The final **e** is not pronounced.

3. amis : _____
   a. The final **s** is pronounced.
   b. The final **s** is not pronounced.

4. parler : _____
   a. The final **r** is pronounced.
   b. The final **r** is not pronounced.

5. classe : _____
   a. The final **e** is pronounced.
   b. The final **e** is not pronounced.

6. télé : _____
   a. The final **é** is pronounced.
   b. The final **é** is not pronounced.

7. s'appeler : _____
   a. The final **r** is pronounced.
   b. The final **r** is not pronounced.

8. pays : _____
   a. The final **s** is pronounced.
   b. The final **s** is not pronounced.

9. ils parlent : _____
   a. The final **ent** is pronounced.
   b. The final **ent** is not pronounced.

10. elles sont : _____
    a. The final **t** is pronounced.
    b. The final **t** is not pronounced.

11. tu t'appelles : _____
    a. The final **s** is pronounced.
    b. The final **s** is not pronounced.

12. café : _____
    a. The final **é** is pronounced.
    b. The final **é** is not pronounced.

13. croissant : _____
    a. The final **t** is pronounced.
    b. The final **t** is not pronounced.

14. elles s'appellent : _____
    a. The final **ent** is pronounced.
    b. The final **ent** is not pronounced.

B. Based on what you observed in part A, do you think the following statements are true or false?

1. The final **s** is always pronounced. _____

2. Generally, the final **e** is not pronounced but the final **é** is always pronounced. _____

3. Generally, the final **t** is not pronounced. _____

4. When you conjugate a verb and it ends in **-ent,** as in **ils parlent,** the **-ent** is pronounced. _____

5. The **r** in an infinitive verb (as in **parler** or **s'appeler**) is not pronounced. _____

SAM 01-31   Je prononce !

Record yourself reading the following words. Pay attention to the ending of the word and decide whether you should pronounce the final letters or not.

1. les amis

5. la télé

2. le tourisme

6. tu t'appelles

3. le pays

7. ils parlent

4. les croissants

8. elles sont

SAM 01-32   Révisons un peu !

Let's review a few things! Answer the following questions in French!

1. How would you ask someone's name if you had never met them before and they were not a child?

_____

2. How would you ask that same question of a child?

_____

3. List at least five European countries.

_____

4. Explain briefly why you are learning French, writing a full sentence.

_____

5. Greet someone, and then state your name and your age.

_____

6. Imagine you don't know how to spell a word. How would you ask how to spell it?

_____

7. How would you ask someone why they are learning French?

_____

8. Ask someone what their phone number is.

_____

SAM 01-33 Compréhension.

 Listen and choose the correct answer to each question.

A. Présentation 1

1. Comment s'écrit son nom ? _____
- a. Rosée
- b. Rozée
- c. Rose

2. Quel âge a-t-elle et quelle est sa profession ? _____
- a. 18 ans et étudiante
- b. 15 ans et étudiante
- c. 28 ans et professeur

3. Quelle est sa nationalité ? _____
- a. anglaise
- b. française
- c. italienne

4. Quel est son loisir préféré ? _____
- a. la danse
- b. la cuisine
- c. la musique

B. Présentation 2

5. Quelle est sa nationalité ? _____
- a. espagnole
- b. française
- c. allemande

6. Pourquoi apprend-il le français ? _____
- a. pour son travail
- b. pour ses études
- c. pour connaître la culture française

7. Quel est son numéro de téléphone ? _____
- a. 02-45-81-75-11
- b. 01-45-81-75-13
- c. 01-45-81-75-12

C. Présentation 3

8. Quelle est sa nationalité ? _____
- a. suisse
- b. allemande
- c. espagnole

9. Quelle est son activité préférée ? _____
- a. les voyages
- b. le cinéma
- c. le sport

10. Quel pays connaît-il ? _____
- a. l'Angleterre
- b. la France
- c. la Suisse

11. Quelle est son adresse électronique ? _____
- a. franz.schmitt@wanadoo.com
- b. franzschmitt@wanadoo.com
- c. franz.schmitt@wanadoo.de

Unité 2
POINTS COMMUNS

ANCRAGE

SAM 02-01   Quelle est leur nationalité ?

Indicate the nationality of each of the following people:

1. Gérard Depardieu _____
   a. français
   b. italien
   c. chinois

2. Yao Ming _____
   a. allemand
   b. chinois
   c. canadien

3. Ludwig van Beethoven _____
   a. espagnol
   b. allemand
   c. belge

4. Jane Goodall _____
   a. suédoise
   b. française
   c. anglaise

5. Wolfgang Amadeus Mozart _____
   a. autrichien
   b. américain
   c. canadien

6. Rafael Nadal _____
   a. portugais
   b. italien
   c. espagnol

7. Sofia Lauren _____
   a. française
   b. italienne
   c. chinoise

8. Nelson Mandela _____
   a. anglais
   b. mexicain
   c. sud-africain

SAM 02-02   Autres personnes célèbres.

Think of five other famous people and indicate what their nationality is, writing complete sentences.

   MODEL: *Céline Dion est canadienne.*

   1. _____

   2. _____

   3. _____

   4. _____

   5. _____

EN CONTEXTE

SAM 02-03   Professions.

Look at the pictures and read the following definitions. Then write the correct professions from the list.

> dentiste, assistante sociale, actrice, informaticien, cuisinier, journaliste, instituteur, écrivaine, chanteur, infirmier

1.

He takes care of patients
in a medical setting,
but he is not a doctor:

_____

2.

He cooks all day long:

_____

3.

She conducts interviews
and publishes articles:

_____

4.

He is very good
with computers:

_____

5.

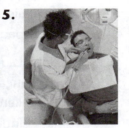

She takes care of
people's teeth:

_____

6.

She helps people find
housing and jobs:

_____

7.

She has roles in movies:

_____

8.

He teaches young children:

_____

9.

She writes novels:

_____

10.

He sings songs:

_____

FORMES ET RESSOURCES

SAM 02-04   Nationalités et professions.

Indicate the nationality and profession of the following people. If you do not know, do a search on the Internet.

Personnages célèbres	Nationalité	Profession
Björk		
Penélope Cruz		
Pablo Picasso		
Gad Elmaleh		
Shakira		
Stieg Larsson		
René Magritte		
Faïza Guène		
Paul McCartney		
Azouz Begag		

SAM 02-05   Mes célébrités préférées.

Pick three famous persons that you like. They should each have a different nationality and a different profession. Writing full sentences, give a few basic facts about them, following the model. You will indicate their profession, their nationality, as well as when and where they were born.

MODEL: *Penélope Cruz est une actrice espagnole. Elle est née en Espagne en 1974.*

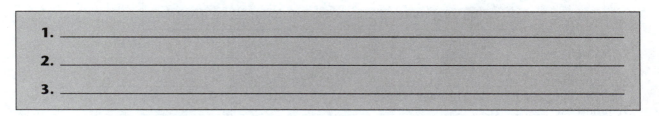

1. _____

2. _____

3. _____

SAM 02-06   Je suis née à...

 Listen to the recording. You will hear people state where they were born. Taking this into account, write their nationality, making sure to distinguish between masculine and feminine.

1. Il est _____.

2. Il est _____.

3. Elle est _____.

4. Elle est _____.

5. Il est _____.

6. Elle est _____.

SAM 02-07   Le genre des professions.

Complete the chart!

Masculin	Féminin
(1)	Traductrice
Peintre	Peintre
Cuisinier	(2)
Architecte	(3)
Acteur	(4)
(5)	Directrice
Journaliste	(6)
(7)	Informaticienne
Professeur	Professeure
(8)	Infirmière
Écrivain	Écrivaine
(9)	Chanteuse
Sculpteur	(10)

SAM 02-08   L'état civil.

Pauline and Stéphanie are looking at photos. Listen to their conversation and complete the sentences with the following words:

célibataire, marié/mariée, divorcé/divorcée, veuf/veuve

1. Nathalie est _____.

2. Françoise est _____.

3. Julien est _____.

4. Le grand-père de Pauline est _____.

5. Bruno est _____.

SAM 02-09   Complétez les phrases !

The following descriptions are missing some words. Complete the sentences by choosing the correct word. If needed, you can check page 41 of your textbook.

> veuve, aime, divorcé, gentille, sortir, ans, est, rire, études, copains, cuisinière, sociable

BARBARA PINCHARD :

Elle a soixante-neuf (1) _____.

Elle est (2) _____. Son mari est décédé.

C'(3) _____ une dame très (4) _____.

C'est une excellente (5) _____.

JEAN-MARC CUVELIER :

Il fait des (6) _____ de géographie.

Il (7) _____ les motos.

Il aime aussi (8) _____ avec ses (9) _____.

MARC WIJNSBERG :

Il est sculpteur et (10) _____.

Il est très (11) _____ et il aime (12)
_____.

SAM 02-10 C'est qui ?

Look at page 41 of your textbook and write down the name of the person for each description.

1. Il travaille dans une banque. Il est né à Berlin. Il n'est pas français. Il est marié et a deux enfants.

C'est _____.

2. Elle n'est pas étudiante. Elle adore les fleurs et les arbres. Elle déteste le bruit. Son mari est retraité.

C'est _____.

3. Il aime la musique. Il n'est pas marié. Il n'est pas retraité. Il est né à Vancouver, B.C.

C'est _____.

4. Elle n'est pas mariée. Elle est très jeune. Sa mère travaille à la télévision. Elle a un frère.

C'est _____.

5. Elle est mariée. Elle travaille. Elle a un fils. Elle aime la mode.

C'est _____.

SAM 02-11 Ils sont comment ?

Complete the sentences with the following adjectives. Make sure to write the form of the adjective that agrees in gender and number with the noun or pronoun it modifies.

> sympathique, coquet, bavard, bon, excellent, jeune, poli, travailleur

1. Ma sœur et ses amies parlent beaucoup ! Elles sont très _____.

2. J'adore ce chanteur. Ses chansons sont vraiment _____.

3. Ces enfants disent toujours « bonjour », « au revoir », « merci ». Ils sont très_____.

4. Ma cousine a 10 ans. Elle est _____. Elle n'est pas vieille.

5. Ce fromage est très _____. Je l'aime beaucoup.

6. Béatrice est très _____. Elle aime rire et parler avec ses amis.

7. Mon frère travaille beaucoup. Il est très _____.

8. Valérie aime beaucoup la mode. Elle est très _____.

SAM 02-12   Qu'est-ce que c'est ?

Complete the dialogues by choosing the correct words from the list:

> ça, lui, elle, c'est, il est, elle est

DIALOGUE 1 :

- Qu'est-ce que (1) _____?

- (2) _____? C'est un livre de français.

DIALOGUE 2 :

- (3) _____ qui ?

- Qui ? (4) _____? C'est notre professeur de français. (5) _____
très sympathique !

DIALOGUE 3 :

- (6) _____ quoi ?

- (7) _____? C'est un stylo.

DIALOGUE 4 :

- Et (8) _____, c'est qui ?

 - (9) _____ la directrice de l'école française. (10) _____
vraiment très gentille et très efficace.

SAM 02-13   Qu'est-ce que tu aimes ?

Answer the following questions by writing complete sentences.

1. Est-ce que tu aimes sortir avec tes copains ?

_____

2. Quelle sorte de musique est-ce que tu aimes ?

_____

3. Est-ce que tu aimes le théâtre et la danse ?

_____

Unité 2 Points communs   ■

4. Est-ce que tu aimes faire du camping ?

_____

5. Est-ce que tu aimes bricoler ?

_____

6. Est-ce que tu aimes les courses automobiles ?

_____

7. Est-ce que tu aimes la pêche ?

_____

8. Est-ce que tu aimes voyager ?

_____

SAM 02-14   Les verbes en -er.

Conjugate the verbs in parentheses, paying special attention to the subject of the verb.

1. Madame Guichard (aimer) _____ les plantes.

2. Günter et Marc (aimer) _____ l'art moderne.

3. Philippe Bonté (jouer) _____ de la trompette.

4. Et vous ? Est-ce que vous (jouer) _____ de la trompette ?

5. Jennifer Engelmann (voyager) _____ pour son travail.

6. Et toi ? Tu (voyager) _____ pour ton travail ?

7. Jamal (chanter) _____ parfois quand il fait des percussions.

8. Nous, nous (chanter) _____ souvent des chansons en cours de français.

9. Qu'est-ce que tu (étudier) _____ à l'université ?

10. Moi, j'(étudier) _____ les mathématiques et la biologie.

11. Mes parents (parler) _____ français.

12. Le week-end, nous (aimer) _____ faire du camping.

SAM 02-15   Quel verbe ?

Complete each question with a verb from the list and conjugate it correctly.

List of verbs: étudier, jouer, aimer, travailler, être, avoir, parler, voyager

1. Vous _____ dans une banque ?

2. Marion _____ italien ?

3. Tu _____ quel âge ?

4. Vous _____ d'origine espagnole ?

5. Tu _____ au football ?

6. Ils _____ l'histoire à l'université ?

7. Tes parents _____ souvent dans d'autres pays ?

8. Tu _____ parler français ?

SAM 02-16   La négation.

Answer the following questions in the negative. Follow the model.

> **MODEL:**   Est-ce que tu aimes le fromage ?
> *Non, je n'aime pas le fromage.*

1. Est-ce que tes parents aiment faire la fête ?

_____

2. Est-ce que tu aimes l'art contemporain ?

_____

3. Est-ce que ta mère aime les courses automobiles ?

_____

4. Est-ce que ton frère joue au tennis ?

_____

5. Est-ce que tu parles allemand ?

_____

6. Est-ce que nous parlons anglais pendant le cours de français ?

_____

7. Est-ce que tu es d'origine irlandaise ?

_____

8. Est-ce que tu as 30 ans ?

_____

SAM 02-17 Moi, je n'aime pas ça.

Write 8 negative sentences of your choice, explaining what you don't like, what you don't speak, what you don't study, etc.

1. _____
2. _____
3. _____
4. _____
5. _____
6. _____
7. _____
8. _____

SAM 02-18 Écoutez !

A. You will hear 5 questions. Write down an answer for each question.

1. _____
2. _____
3. _____
4. _____
5. _____

B. Now say your answers aloud and record them.

SAM 02-19 La famille.

Look at the following definitions and complete the sentences by identifying the correct family member from the list.

nièce, petit-fils, neveu, grand-père, oncle, cousins, tante, grand-mère

1. Le frère de mon père est mon _____.
2. La mère de ma mère est ma _____.
3. La fille de ma sœur est ma _____.
4. La sœur de mon père est ma _____.
5. Le mari de ma grand-mère est mon _____.
6. Les enfants de mon oncle et de ma tante sont mes _____.
7. Le fils de mon frère est mon _____.
8. Le fils de mon fils est mon _____.

SAM 02-20   La famille d'Irène.

Look at Irène's family tree and complete the following sentences.

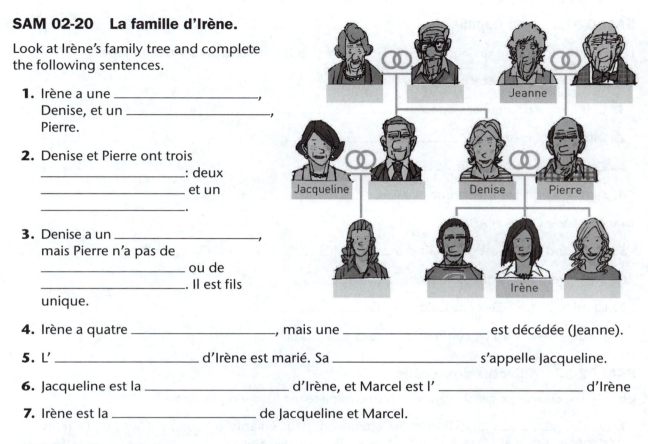

1. Irène a une _____, Denise, et un _____, Pierre.

2. Denise et Pierre ont trois _____: deux _____ et un _____.

3. Denise a un _____, mais Pierre n'a pas de _____ ou de _____. Il est fils unique.

4. Irène a quatre _____, mais une _____ est décédée (Jeanne).

5. L' _____ d'Irène est marié. Sa _____ s'appelle Jacqueline.

6. Jacqueline est la _____ d'Irène, et Marcel est l' _____ d'Irène

7. Irène est la _____ de Jacqueline et Marcel.

SAM 02-21   Ma famille.

Describe the members of your family or extended family by writing 8 complete sentences.

MODEL: *J'ai trois frères. Mes frères s'appellent Nathan, Théo et Clément. Nathan a 13 ans, etc.*

1. _____

2. _____

3. _____

4. _____

5. _____

6. _____

7. _____

8. _____

SAM 02-22   Leur famille.

🔊 Listen to the following dialogues and indicate whether the statements are true or false.

DIALOGUE 1 : Dimitri et catherine

1. Catherine a un frère et une sœur. _____

2. Dimitri est fils unique. _____

3. Catherine a deux cousins. _____

4. Dimitri a trois cousins et une cousine. _____

DIALOGUE 2 : Chloé et Arthur

5. La sœur d'Arthur est célibataire. _____

6. Son frère a deux enfants. _____

7. La mère de Chloé est fille unique. _____

8. Chloé a beaucoup de cousins. _____

SAM 02-23   Adjectifs possessifs.

Choose the correct possessive adjectives to complete the following sentences.

1. _____ Thomas et Caroline ont deux enfants. (a) Son / (b) Ses / (c) Leur fils s'appelle Kévin et (d) sa / (e) ses / (f) leur fille s'appelle Stéphanie.

2. _____ (a) Ma / (b) Mon / (c) Mes nom ? C'est Kosérasky, Andréa Kosérasky. (d) Ma / (e) Mon / (f) Mes famille est d'origine polonaise.

3. _____ Et vous ? D'où sont (a) votre / (b) vos / (c) notre parents ?

4. _____ (a) Mon / (b) Ma / (c) Mes père est breton et (d) mon / (e) ma / (f) mes mère est italienne.

5. _____ Sylvie, c'est qui sur la photo ? (a) Ta / (b) Tes / (c) Ton grand-mère ?

6. _____ Non, c'est (a) ma / (b) mes / (c) mon arrière-grand-mère. Et à côté d'elle, c'est (d) sa / (e) son / (f) leur chien.

SAM 02-24   La possession.

Complete the sentences with the correct possessive adjectives.

MODEL: J'ai une table. C'est *ma* table.

1. J'ai un frère. C'est _____ frère.

2. Tu as une sœur. C'est _____ sœur.

3. Robert a deux enfants. Ce sont _____ enfants.

4. Il a une fille. C'est _____ fille. Et il a un fils. C'est _____ fils.

5. Monique a une tante. C'est _____ tante.

6. Elle a aussi un oncle. C'est _____ oncle.

7. Nous avons des amis. Ce sont _____ amis.

8. Vous avez une télévision. C'est _____ télévision.

9. Mes parents ont un chien. C'est _____ chien.

10. Ils ont aussi trois chats. Ce sont _____ chats.

SAM 02-25   Choisissez les adjectifs !

You are placing ads for two jobs: one is for a young actress and the other is for a volunteer guard in a museum. Complete the ads by choosing 5 adjectives from the list that describe the ideal candidate for each job. Be careful with gender agreements.

sympathique, sérieux, sérieuse, extraverti, extravertie, travailleur, travailleuse, amusant, amusante, sociable, intelligent, intelligente, aimable, indépendant, indépendante, beau, belle, poli, polie.

1.   **2.**

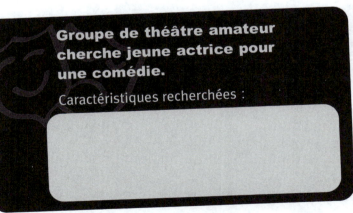

Groupe de théâtre amateur cherche jeune actrice pour une comédie.

Caractéristiques recherchées :

Le Musée des Arts et Métiers cherche **surveillant** bénévole pour les week-ends.

Caractéristiques recherchées :

SAM 02-26   Adjectifs et famille.

Sophie tells us about several women in her family. Rewrite her sentences in the masculine, changing every element that needs to be changed.

MODEL: Ma tante est jeune et amusante.
Mon oncle est jeune et amusant.

1. Ma cousine est très sérieuse.

_____

2. C'est une femme extravertie.

_____

3. Ma mère est très agréable.

_____

4. Elle est française.

_____

5. Ma sœur est ambitieuse et travailleuse.

_____

6. Ma grand-mère est veuve.

_____

7. Elle est sympathique et ouverte.

_____

8. C'est une femme sociable et bavarde.

_____

9. Ma tante est très gentille.

_____

10. Elle n'est pas mariée et elle est un peu vieille.

_____

SAM 02-27 Accordez les adjectifs !

Complete the sentences by reusing the adjective that was just used and making it agree with its new subject.

> **MODEL:** Benjamin est intelligent. Charlotte et Alicia sont *intelligentes.*

1. Paul est sérieux. Lisa est _____.

2. Hugo est belge. Nina et Samuel sont _____.

3. Mon grand-père est vieux. Ma grand-mère est _____.

4. Ces étudiantes sont cultivées. Ces étudiants sont _____.

5. Hans est suédois. Elsa est _____.

6. Mes amies sont canadiennes. Mon ami est _____.

7. Juliette est très polie. Adrien et Victor sont très _____.

8. Eva n'est pas bavarde. Noah n'est pas _____.

SAM 02-28 Et vous ?

Which adjectives characterize you the best? How about your family? Write a total of ten complete sentences about you and two members of your family, adding nuance to your statements with **un peu, très,** and **pas du tout.**

> bavard(e), intelligent(e), sociable, jeune, prétentieux/prétentieuse, coquet(te), cultivé(e), gentil(le), sympathique, beau/belle, timide, poli(e), extraverti(e), ouvert(e), travailleur/travailleuse, ambitieux/ambitieuse, âgé(e), vieux/vieille, agréable, amusant(e)

1. _____

2. _____

3. _____

4. _____

5. _____

6. _____

7. _____

8. _____

9. _____

10. _____

SAM 02-29 Masculin ou féminin ?

Indicate in the chart whether the sentences you hear refer to a man (or men) or to a woman (or women). Sometimes, you will not be able to tell because the forms for masculine and feminine are pronounced in the same way.

	Masculine	Feminine	Can't tell
1.			
2.			
3.			
4.			
5.			
6.			
7.			
8.			
9.			
10.			
11.			
12.			

SAM 02-30   Fiche de renseignements.

Think of a man and of a woman among your friends or family. Complete the two forms with their information, following the model.

> Nom: Le Bouquin
>
> Prénom: Laetitia
>
> État civil: célibataire
>
> Âge: 30 ans
>
> Profession: Elle travaille dans une agence de voyages.
>
> Goûts: cinéma et lecture
>
> Caractère: dynamique et très bavarde
>
> Lien avec vous: amie

1. Nom : _____

Prénom : _____

État civil : _____

Âge : _____

Profession : _____

Goûts : _____

Caractère : _____

Lien avec vous : _____

2. Nom : _____

Prénom : _____

État civil : _____

Âge : _____

Profession : _____

Goûts : _____

Caractère : _____

Lien avec vous : _____

SAM 02-31 Quel.

Which form of **quel** would you use in the following sentences: **quel**, **quelle**, **quels**, or **quelles**?

1. _____ est ton numéro de téléphone ?

2. _____ est ton adresse ?

3. _____ membres de ta famille sont italiens ?

4. _____ est le nom de ta cousine ?

5. _____ étudiante est suédoise ?

6. _____ langues parles-tu ?

7. _____ profession exercez-vous ?

8. _____ voyage veux-tu faire ?

SAM 02-32 Interview.

Prepare an interview: write ten questions to ask a classmate. For instance, you can inquire about their taste in sports or music, their personality, their family, their studies, etc. Your instructor will check your questions before you conduct your interview.

1. _____

2. _____

3. _____

4. _____

5. _____

6. _____

7. _____

8. _____

9. _____

10. _____

SAM 02-33   Accent ou non ?

Read the following sentences and decide whether to use a or à, ou or où, et or est.

1. _____ François a / à une adresse électronique. Il habite a / à Paris.

2. _____ C'est qui ? Théo ou / où Lucas ?

3. _____ Tu sais ou / où il travaille ?

4. _____ Romain et / est Frank habitent à Marseille.

5. _____ Nathalie et / est suisse.

6. _____ Marc a / à 25 ans.

7. _____ Moi, j'aime la littérature et / est l'histoire.

8. _____ Edith Piaf et / est une chanteuse née a / à Paris en 1915.

SAM 02-34   Voyelles nasales.

Listen to each word and indicate which nasal vowels you hear. Choices are [ɔ̃] as in **on**cle, [ã] as in allem**and**, [ɛ̃] as in t**im**bre.

1. [ɔ̃] or [ã] or [ɛ̃] _____

2. [ɔ̃] or [ã] or [ɛ̃] _____

3. [ɔ̃] or [ã] or [ɛ̃] _____

4. [ɔ̃] or [ã] or [ɛ̃] _____

5. [ɔ̃] or [ã] or [ɛ̃] _____

6. [ɔ̃] or [ã] or [ɛ̃] _____

7. [ɔ̃] or [ã] or [ɛ̃] _____

8. [ɔ̃] or [ã] or [ɛ̃] _____

9. [ɔ̃] or [ã] or [ɛ̃] _____

10. [ɔ̃] or [ã] or [ɛ̃] _____

11. [ɔ̃] or [ã] or [ɛ̃] _____

12. [ɔ̃] or [ã] or [ɛ̃] _____

13. [ɔ̃] or [ã] or [ɛ̃] _____

14. [ɔ̃] or [ã] or [ɛ̃] _____

15. [ɔ̃] or [ã] or [ɛ̃] _____

SAM 02-35　Nasales ou non-nasales ?

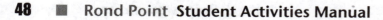

Listen to the following words and indicate whether you hear a nasal vowel or not.

1. nasal / not nasal _____

2. nasal / not nasal _____

3. nasal / not nasal _____

4. nasal / not nasal _____

5. nasal / not nasal _____

6. nasal / not nasal _____

7. nasal / not nasal _____

8. nasal / not nasal _____

9. nasal / not nasal _____

10. nasal / not nasal _____

11. nasal / not nasal _____

12. nasal / not nasal _____

SAM 02-36　Différente ou identique ?

Look at the list of adjectives. Indicate whether the masculine and feminine forms are pronounced the same or differently.

Feminine	Masculine	=	≠
1. petite	petit		
2. américaine	américain		
3. française	français		
4. polie	poli		
5. mariée	marié		
6. ambitieuse	ambitieux		
7. grosse	gros		
8. âgée	âgé		
9. bonne	bon		
10. amusante	amusant		
11. extravertie	extraverti		
12. bavarde	bavard		

SAM 02-37 Je prononce !

Record yourself saying each sentence aloud.

1. Mon oncle est sérieux.

2. Ma sœur est petite.

3. Je ne suis pas suisse.

4. Mes parents sont gentils.

5. Mes grands-parents sont âgés.

6. Mon frère est poli.

SAM 02-38 Questions pour mon professeur.

Think of five questions that you would like to ask your instructor. When you are ready, record them. Use structures and vocabulary that you have learned in this chapter.

> **MODEL:** *Est-ce que vous avez un frère ou une sœur ?*

1. _____

2. _____

3. _____

4. _____

5. _____

SAM 02-39 Lecture

Jean-Michel and Marc are getting married. They have finished the seating chart for most of the tables for the wedding reception, but they still have two tables of five to organize with the following ten guests. Read the description of each person and create the seating chart for the last two tables, justifying your placement choices. Try to seat people together who might enjoy speaking with each other based on their interests, backgrounds, and personalities.

ÉRIC LAFFONT : frère de Jean-Michel, 32 ans, célibataire, skipper, deux tours du monde en voilier. Il aime la nature et la mer. Il parle français et un peu anglais.

MARC WIJNSBERG : ami d'enfance de Jean-Michel, 37 ans, divorcé, sculpteur. Très sociable, très bavard.

FEDERICO SORDI : 34 ans, italien, ami de Marc à l'université. Il aime beaucoup voyager. Il parle bien français.

ISABELLA MANZONI : 31 ans, mariée avec Federico. Elle ne parle pas français. Elle aime la mode.

PASCALE RIVA : 29 ans, collègue de Jean-Michel, célibataire, très extravertie. Elle aime le théâtre. Elle est très coquette. Elle parle un peu italien et français.

BERTRAND DUVAL : grand-père de Jean-Michel, veuf, 89 ans, ancien capitaine de la marine marchande. Il lit le *National Geographic* en anglais.

DANIEL POTIER : collègue de Marc, marié avec Catherine, 52 ans. Il aime faire du camping. Il parle français et assez bien anglais.

CATHERINE POTIER : femme de Daniel, 50 ans, mère d'Eugénie. Femme au foyer. Elle aime le sport et les promenades dans la nature.

EUGÉNIE POTIER : fille de Daniel et Catherine, 12 ans. Elle est sympathique et ouverte. Elle s'intéresse à tout.

PAUL DUVAL : ami d'enfance de Jean-Michel, 36 ans, célibataire. Il aime la musique et il aime rire. Il n'aime pas travailler.

MES DEUX TABLES:

Table 1: _____

_____

_____

_____

_____

Table 2: _____

_____

_____

_____

_____

SAM 02-40   Révisons un peu !

Let's review a few things! Complete each sentence by choosing the correct answer.

1. Maurice n'est pas marié. Il est _____
   a. célibataire
   b. infirmier
   c. vieux

2. Ma grand-mère a 90 ans. Elle est _____
   a. jeune
   b. vieille
   c. cultivée

3. Albert Guichard ne travaille pas. Il a 65 ans. Il est _____
   a. ambitieux
   b. retraité
   c. veuf

4. Jacques est né en France. Il est _____
   a. française
   b. françaises
   c. français

5. Mary est née à New York. Elle est _____
   a. américain
   b. américaine
   c. américaines

6. _____ âge as-tu ?
   a. quel
   b. quelle
   c. quels

7. _____ est ta nationalité ?
   a. quel
   b. quelle
   c. quels

8. Un acteur. Une _____
   a. acteure
   b. acteuse
   c. actrice

9. Un chanteur. Une _____
   a. chanteure
   b. chanteuse
   c. chantrice

10. Le frère de mon père est mon _____
   a. oncle
   b. grand-père
   c. cousin

11. La mère de ma cousine est ma _____
   a. sœur
   b. tante
   c. cousine

12. Voici Thérèse. C'est la sœur de Paul. C'est _____ sœur.
   a. son
   b. ses
   c. sa

13. Rose ? _____ l'amie de Ronan.
   a. elles sont
   b. c'est
   c. il est

14. _____ canadienne.
   a. elle est
   b. c'est
   c. il est

15. Nous _____ parler français !
   a. aime
   b. aimez
   c. aimons

Unité 3
LA VIE EN ROCK

ANCRAGE

SAM 03-01   Mon artiste préféré.

A. Listen to Audrey and Aurélien's dialogue, and complete the sentences with the adjective **préféré**, paying special attention to the nouns it modifies.

AUDREY : Alors Aurélien, qui est ta chanteuse (1) _____ ?

AURÉLIEN : Ben moi, j'adore Beyonce. Elle est géniale ! Et toi ? Est-ce que tu as un chanteur (2) _____ ?

AUDREY : Oui, j'aime beaucoup Paul Simon. Il est un peu vieux, je sais, mais il chante super bien. Et est-ce que tu as un groupe (3) _____ ?

AURÉLIEN : J'aime beaucoup de groupes. Mes groupes (4) _____ sont Muse et Coldplay.

AUDREY : Ah oui, moi aussi, j'aime ces groupes. Et est-ce que tu as une chanson (5) _____, de Muse par exemple ?

AURÉLIEN : J'adore *Supermassive Black Hole*. Tu connais ?

AUDREY : Bien sûr ! J'aime beaucoup, moi aussi. Moi, mes chansons (6) _____ de Muse sont *Starlight* et *Uprising*.

AURÉLIEN : Et pour changer de sujet, est-ce que tu as un acteur (7) _____ ou bien une actrice (8) _____ ?

AUDREY : Tu sais, j'aime beaucoup Jean Reno et Marion Cotillard.

AURÉLIEN : Ah ouais, moi aussi !

B. Now answer the following questions.

1. Are the various forms of **préféré** (**préféré, préférée, préférés, préférées**) pronounced the same or differently? _____

2. Is **préféré** masculine or feminine? _____

3. Is **préférée** masculine or feminine? _____

4. Are **préférés** and **préférées** singular or plural? _____

EN CONTEXTE

SAM 03-02   Tu ou vous ?

Imagine the following situations. Would you say **tu** or **vous** to these people?

1. Un vieux monsieur dans le bus. _____   a. tu   b. vous

2. Votre père ou votre mère. _____   a. tu   b. vous

3. Un serveur au restaurant. _____   a. tu   b. vous

4. Un policier. _____   a. tu   b. vous

5. Un ami. _____   a. tu   b. vous

6. Un collègue de travail. _____   a. tu   b. vous

7. Un enfant de 6 ans. _____   a. tu   b. vous

8. Une infirmière à l'hôpital. _____   a. tu   b. vous

9. Un copain de l'université. _____   a. tu   b. vous

10. Votre dentiste. _____   a. tu   b. vous

SAM 03-03   Who are you talking to ?

Read the following sentences and match them to a person they could logically be addressed to.

1. Salut Romain ! C'est qui ton prof de maths ? Moi, j'ai Monsieur Lorient. _____

2. La carte des desserts, s'il vous plaît ! _____

3. Excusez-moi, monsieur l'agent, où est la rue de Siam s'il vous plaît ? _____

4. Madame, est-ce que nous avons un examen aujourd'hui ? _____

5. Est-ce que tu aimes aller à l'école ? Tu préfères les vacances ? _____

6. Où sont mes billets pour le concert ? C'est toi qui les as ? _____

   a. un policier   d. votre frère

   b. un copain de l'université   e. un serveur au restaurant

   c. un enfant de 8 ans   f. votre professeur de français

SAM 03-04   Mon entourage.

Make a list of 10 people that you interact with regularly (family, colleagues, friends, professors, neighbors, etc.) in formal and informal settings. If you spoke French with them would you say **tu** or **vous**?

TU	VOUS
1.	
2.	
3.	
4.	
5.	
6.	
7.	
8.	
9.	
10.	

SAM 03-05   Interview de Cyrano.

Cyrano de Bergerac is the main character of a famous French play written in 1897. In this imaginary interview, you will hear answers provided by Cyrano. Pick the questions that match the answers you hear.

COQUELIN
dans le rôle de Cyrano de Bergerac.

1. _____

   a. Quelle est votre adresse ?

   b. Comment vous vous appelez ?

   c. Quelle est votre nationalité ?

2. _____

   a. Vous êtes né à Bergerac ?

   b. Vous êtes né à Paris ?

   c. Vous êtes français ?

3. _____

   a. Vous êtes veuf ?

   b. Vous avez des frères et sœurs ?

   c. Vous êtes marié ?

4. _____

    a. Mais vous êtes divorcé ?

    b. Mais vous avez une petite amie, n'est-ce pas ?

    c. Mais vous n'êtes pas veuf ?

5. _____

    a. Où est-ce que vous habitez ?

    b. Vous travaillez à Paris ?

    c. Votre famille est française ?

6. _____

    a. Quelle est votre profession ?

    b. Quelle musique aimez-vous ?

    c. Est-ce que vous aimez travailler ?

FORMES ET RESSOURCES

SAM 03-06   Mon interview imaginaire.

Pick a famous character that you like. It could be from a book, or a movie for instance. A historical figure is also possible. Write an imaginary interview of the character in the form of 5 simple questions and 5 answers.

Questions: Réponses:

1. _____   **1.** _____

2. _____   **2.** _____

3. _____   **3.** _____

4. _____   **4.** _____

5. _____   **5.** _____

SAM 03-07   Quelle activité ?

Match each photo with the correct activity.

1.

_____

2.

_____

3.

_____

4.

_____

5.

_____

6.

_____

7.

_____

8.

_____

    a. faire de la musculation

    b. faire du yoga

    c. faire de la peinture

    d. faire de la planche à roulettes

    e. faire du jardinage

    f. jouer au rugby

    g. jouer aux échecs

    h. jouer aux cartes

SAM 03-08 Le verbe faire.

Match each subject with the verb phrase that uses the correct form of the verb **faire**.

1. Géraldine et Juliette _____

2. Je _____

3. Mes amis et moi, nous _____

4. Est-ce que vous _____

5. Ma mère _____

6. Tu _____

   a. faites du skateboard ?

   b. fais du yoga tous les jours ?

   c. font de la musculation.

   d. fait du jardinage.

   e. fais de la peinture.

   f. faisons du sport ensemble.

SAM 03-09 Le verbe jouer.

Céline explains who plays what sport or game in her family. Complete her sentences with the correct forms of the verb **jouer**.

Moi, je (1) _____ au football à l'école avec mes copains et mes copines. Mon père, lui, il (2) _____ au rugby avec des collègues de travail. Mes grands-parents, eux, ils (3) _____ aux cartes tous les deux. Mon frère et moi, nous (4) _____ tout le temps au tennis. Est-ce que toi, tu (5) _____ au foot ? Et ta famille et toi, vous (6) _____ aux cartes ensemble ?

SAM 03-10   Faire ou jouer ?

A. Group each of the following activities under the verb **faire** or **jouer**, adding the prepositions **à la, à l', au, aux, de la, de l', du, des** as appropriate.

List of activities:

saxo

tennis

échecs

études

peinture

théâtre

piano

trompette

accordéon

guitare

foot

cartes

FAIRE	JOUER
	Je joue aux cartes.

B. Now write 6 sentences using these expressions.

    MODEL: *Mon grand-père fait de la peinture.*

1. _____

2. _____

3. _____

4. _____

5. _____

6. _____

SAM 03-11 À et de.

Complete the following sentences with the correct form of the prepositions **de** and **à: de la, du, de l', des, à la, au, à l', aux.**

1. Bertrand joue _____ guitare et Xavier joue _____ accordéon.

2. Mes cousins et moi, nous aimons jouer _____ cartes et _____ échecs.

3. Mes sœurs font _____ bruit ; je ne suis pas contente !

4. Mon ami David fait _____ émissions de radio.

5. Julie est une collègue _____ université.

6. Est-ce que vous faites _____ études de géographie ?

7. Est-ce que vous allez _____ université tous les jours ?

8. Est-ce que tu joues _____ tennis ?

SAM 03-12   Word Search: la musique.

Locate the following words related to music. Be sure to look for words horizontally, vertically, diagonally and backwards. Don't worry about accents.

> chante, chansons, concert, groupe, festival, guitare, rock, écouter

r	g	i	y	l	u	r	z	o	p
t	u	c	h	a	n	s	o	n	s
a	i	r	o	v	z	u	v	t	e
p	t	g	m	i	b	n	a	r	w
p	a	r	e	t	u	o	c	e	z
b	r	o	e	s	m	n	t	c	u
s	e	u	t	e	c	n	i	n	s
u	y	p	p	f	a	n	p	o	y
v	w	e	o	h	b	r	q	c	s
x	r	o	c	k	u	q	i	e	f

SAM 03-13   Le cinéma français.

Complete the following interview using verbs from the list. Make sure to conjugate the verbs.

Liste de verbes :   **aimer, être, s'appeler, organiser, jouer, aller, avoir, adorer**

- Vous (1) _____ un fan du cinéma français, n'est-ce pas ?

- Oui, c'est ça, j'(2) _____ les films français !

- Et vous (3)_____ souvent au cinéma, j'imagine ?

- Oui, souvent, avec mes amis.

- Et le cinéma américain ?

- Oui, j'(4) _____ bien, mais je préfère le cinéma français.

- Alors, vous organisez un festival ?

- Oui, avec d'autres fans, nous (5) _____ un petit festival sur notre campus. Beaucoup d'étudiants y participent.

- Et est-ce que vous avez des acteurs préférés ?

- Beaucoup d'acteurs (6) _____ très bien ! C'est difficile de choisir.

- Et comment est-ce que votre festival (7) _____ ?

- « Ciné français d'aujourd'hui ». J'(8) _____ deux billets pour vous ! Voilà !

- Oh merci, c'est très gentil !

SAM 03-14   Quels sont leurs goûts ?

Hassan and Éric are talking about what they like and dislike. Listen to their conversation and choose the statements that are correct.

1. _____
   a. Éric fait beaucoup de sport.
   b. Éric adore tous les sports.
   c. Éric ne fait pas de sport.

2. _____
   a. Hassan fait du tennis.
   b. Hassan ne fait pas de sport.
   c. Hassan fait du jogging.

3. _____
   a. Hassan n'écoute pas de musique.
   b. Hassan travaille dans le secteur de la musique.
   c. Hassan joue de la musique.

4. _____
   a. Éric fait des études de littérature.
   b. Éric fait du jardinage avec son père.
   c. Éric fait de la peinture.

5. _____
   a. Hassan n'aime pas la peinture.
   b. Hassan n'aime pas la littérature.
   c. Hassan fait beaucoup de peinture.

6. _____
   a. Éric et Hassan aiment étudier.
   b. Éric et Hassan aiment danser.
   c. Éric et Hassan aiment dessiner.

7. _____
   a. Hassan n'écoute pas de chansons.
   b. Hassan ne sait pas danser.
   c. Hassan ne sait pas chanter.

8. _____
   a. Hassan et Éric organisent un voyage.
   b. Hassan et Éric organisent une soirée.
   c. Hassan et Éric organisent un examen.

SAM 03-15   Mes goûts.

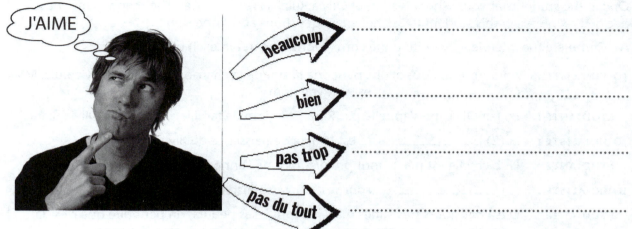

A. Write about your tastes, indicating which of the following activities you like, you love, or you hate. Use the verbs **aimer**, **adorer**, and **détester**. Feel free to add other activities.

> danser, chanter, sortir avec mes amis, écouter de la musique, jouer au Monopoly, aller au restaurant, faire du sport, aller au cinéma, aller à des concerts de rock, jouer aux cartes avec des amis, faire du jardinage, faire de la planche à roulettes

B. Now record yourself saying a few of your sentences, explaining what you like and don't like.

SAM 03-16 Quel, quels, quelle, quelles.

One of the students at your school is a fan of Olivia Ruiz, a French singer. The school paper has decided to interview this student to ask her a few questions about the singer.

A. Complete the interview by writing the correct form of **quel** in each blank.

JOURNALISTE : Aujourd'hui, nous allons parler de la star de la chanson française, Olivia Ruiz. Mais (1) _____ est son vrai nom ?

ÉTUDIANTE : En fait Olivia ne s'appelle pas Ruiz. Son nom de famille, c'est Blanc. Olivia Blanc.

JOURNALISTE : Et (2) _____ est la date de naissance d'Olivia ?

ÉTUDIANTE : Eh bien elle est née le tout premier jour de l'année, en 1980. Le 1er janvier 1980.

JOURNALISTE : (3) _____ sont ses sources d'inspiration ?

ÉTUDIANTE : Elle a des goûts très variés mais, surtout à ses débuts, on peut dire que c'est la chanson française populaire qui l'a inspirée comme Bécaud ou Aznavour par exemple.

JOURNALISTE : Et (4) _____ est la raison de son succès en France ? Comment est-elle devenue si célèbre ?

ÉTUDIANTE : En fait, elle chante depuis l'adolescence mais sa participation à « Star Academy » en 2001, où elle est arrivée en demi-finale, a permis au public de la connaître.

JOURNALISTE : Intéressant. (5) _____ est le titre de l'album qui obtient un prix ?

ÉTUDIANTE : « La femme chocolat », en 2007. Mais moi j'aime beaucoup son album « Miss Météores ».

JOURNALISTE : Et (6) _____ est votre chanson préférée d'Olivia Ruiz ?

ÉTUDIANTE : Moi j'aime toutes ses chansons !

JOURNALISTE : Eh bien merci beaucoup d'avoir répondu à nos questions.

ÉTUDIANTE : De rien !

B. Based on the interview, indicate whether the following statements are true or false.

1. Olivia Ruiz est une chanteuse anglaise. _____
    a. true   b. false

2. Ruiz n'est pas son vrai nom. _____
    a. true   b. false

3. Son inspiration est la chanson italienne populaire. _____
    a. true   b. false

4. Olivia Ruiz est arrivée en finale à *Star Academy*. _____
    a. true   b. false

5. « La femme chocolat » est un album qui a beaucoup de succès. _____
    a. true   b. false

SAM 03-17   Est-ce que ou qu'est-ce que ?

Read each answer and write an appropriate question, using **est-ce que** or **qu'est-ce que**. Use the **tu** form in your questions.

1. _____

Non, je ne parle pas italien.

2. _____

J'écoute une chanson des Beatles.

3. _____

Oui, j'aime faire du jardinage.

4. _____

Je fais du jardinage.

5. _____

Non, je ne sais pas danser.

6. _____

Oui, mes parents habitent en France.

SAM 03-18   L'intonation.

Listen to the recording and indicate whether each sentence you hear is a question or a statement based on how it is said.

1. _____   a. question

2. _____   b. statement

3. _____

4. _____

5. _____

6. _____

7. _____

8. _____

9. _____

10. _____

SAM 03-19   Qui, où, comment.

Read each of the following answers. Would you ask the corresponding question using **qui**, **où**, or **comment**?

1. C'est mon frère. _____

2. Il s'appelle Henri. _____

3. Il habite à Paris. _____

4. J'aime voyager en Angleterre. _____

5. Ma sœur et moi. _____

6. Au restaurant. _____

7. Il parle très bien. _____

8. C'est Charles Trenet. _____

a. où

b. comment

c. qui

SAM 03-20   L'inversion.

Rewrite the following questions using the inversion.

1. Est-ce que vous jouez de la trompette ?

_____

2. Est-ce que tu aimes le rap français ?

_____

3. Est-ce que Sophie fait de la musculation ?

_____

4. Comment est-ce que tu t'appelles ?

_____

5. Où est-ce que vous habitez ?

_____

6. Avec qui est-ce que tu aimes aller au cinéma ?

_____

SAM 03-21 Trouvez les questions !

Match each question with the answer that makes the most sense.

1. Qui est ton chanteur préféré ? _____

2. Le mot « peintre », comment ça s'écrit ? _____

3. Quelle est l'adresse de tes parents ? _____

4. Qu'est-ce que tu aimes faire le week-end ? _____

5. Est-ce que vous aimez aller au cinéma ? _____

6. Elle habite où, ta sœur ? _____

7. Qu'est-ce que tu fais ? _____

8. Quelle sorte de musique est-ce que tu préfères ? _____

a. 13 rue Marie Curie.

b. Le rock.

c. Elle habite à Paris.

d. P-E-I-N-T-R-E

e. C'est Francis Cabrel.

f. Oui, j'adore ça!

g. J'aime bricoler et faire du jardinage.

h. J'étudie.

SAM 03-22 Quelles sortes de questions ?

 Listen to the following questions and indicate whether the speaker uses intonation only, **est-ce que**, or the inversion.

1. _____

2. _____

3. _____

4. _____

5. _____

6. _____

7. _____

8. _____

9. _____

10. _____

a. intonation only

b. est-ce que

c. inversion

SAM 03-23 Quelle sorte de musique aimez-vous ?

 Two friends (Lucie and Baptiste) discuss their music tastes. Listen to the conversation and write a short paragraph explaining what kinds of music each person likes and dislikes.

SAM 03-24 Mes goûts en musique.

Write a short paragraph about your music tastes. What kind of music do you like? Which artists do you like? Is there a kind of music that you do not like?

SAM 03-25 Une conversation !

Pair up with a partner from your class and record a conversation together. In your conversation, ask what activities the other person likes to do, using the vocabulary from chapter 3. You can also talk about music.

SAM 03-26 Les sons [i], [y] et [u].

Listen and indicate which of these three sounds you hear: **[i]** as in **il**, **[y]** as in **tu**, or **[u]** as in **vous**. You will not understand the words. Just concentrate on the sounds themselves.

Practical reminder: To pronounce the sound [i] in **il**, your lips are retracted and the sound is located right behind your upper front teeth. To pronounce the [y] sound in **tu**, start with [i] and round your lips as you hold the sound. The sound is located in the same area in your mouth but the lips are now rounded. The [u] sound in **vous** is also pronounced with rounded lips, but the sound is in the back of your throat.

	[i]	**[y]**	**[u]**
1.			
2.			
3.			
4.			
5.			
6.			
7.			
8.			
9.			

SAM 03-27 Les sons [i] et [y].

Each answer choice below has either the [i] sound or the [y] sound. Listen and indicate which choice is correct.

1. _____
   a. riz
   b. rue

2. _____
   a. dire
   b. dure

3. _____
   a. mille
   b. mule

4. _____
   a. pile
   b. pull

5. _____
   a. riche
   b. ruche

6. _____
   a. mise
   b. muse

7. _____
   a. lit
   b. lu

8. _____
   a. pire
   b. pure

9. _____
   a. nid
   b. nu

10. _____
   a. vie
   b. vue

SAM 03-28   Les sons [y] et [u].

Each answer choice below has either the [y] sound or the [u] sound. Listen and indicate which choice is correct.

1. _____
   a. rousse
   b. russe

2. _____
   a. boue
   b. bu

3. _____
   a. boule
   b. bulle

4. _____
   a. Louis
   b. lui

5. _____
   a. doux
   b. du

6. _____
   a. pou
   b. pu

7. _____
   a. vous
   b. vue

8. _____
   a. nous
   b. nu

9. _____
   a. sous
   b. su

10. _____
   a. tout
   b. tu

SAM 03-29   Mes mots.

Find four words you have studied in your textbook that contain each of the following sounds:

[i] as in **six**.

1. _____

2. _____

3. _____

4. _____

[y] as in **amusant**.

5. _____

6. _____

7. _____

8. _____

[u] as in **nous**.

9. _____

10. _____

11. _____

12. _____

SAM 03-30   Je prononce !

🔊 Listen to the following sentences and then record yourself pronouncing these sentences.

1. J'adore la musique classique.

2. Est-ce que tu aimes le jardinage ?

3. Fais-tu de la planche à roulettes ?

4. Moi j'aime le rugby.

5. Qui fait de la peinture ?

SAM 03-31   Révisons nos verbes !

Complete the sentences by conjugating the verbs correctly.

Bonjour ! Je (1) _____ (s'appeler) Adeline et j'(2) _____ (avoir) 20 ans. Je (3) _____ (être) étudiante à l'université de Nantes. J'(4) _____ (étudier) la chimie et la physique. Je (5) _____ (faire) du sport et de la musique.

Elle, c'est mon amie Marie. Elle (6) _____ (avoir) 21 ans et nous (7) _____ (habiter) ensemble dans un appartement. Marie (8) _____ (ne pas étudier), mais elle (9) _____ (travailler) à la bibliothèque. Nous (10) _____ (aimer) sortir avec nos copains le soir. Le week-end, nous (11) _____ (faire) du shopping et nous (12) _____ (visiter) des musées.

Mes parents (13) _____ (s'appeler) Michel et Françoise. Ils (14) _____ (ne pas travailler) parce qu'ils (15) _____ (être) retraités. Ils (16) _____ (habiter) à Nantes. Mon père (17) _____ (faire) du bricolage. Ma mère et moi, nous (18) _____ (jouer) du piano.

Et vous ? Est-ce que vous (19) _____ (faire) des études ? Qu'est-ce que vous (20) _____ (aimer) faire le week-end ?

SAM 03-32   Encore des révisions !

Clarisse describes her family in the paragraph below. Choose the correct words !

Alors ça, (1) (c'est, ce sont) _____ une vieille photo de (2) (mon, ma) _____ famille. Nous (3) (sommes, êtes) _____ dans la maison de (4) (mon, mes) _____ grands-parents. Ici, vous voyez ma cousine Sophie. Elle est (5) (étudiante, étudiant) _____ en médecine à Nancy. Je l'aime beaucoup ! Nous (6) (adorons, adore) _____ jouer (7) (des, aux) _____ échecs ensemble ! Mon grand-père est très (8) (gentil, gentille) _____. Il est âgé mais il aime beaucoup faire (9) (au, du) _____ jardinage. Il (10) (travaille, ne travaille pas) _____, il est retraité. Mais là, (11) (où, qui) _____ est sur la photo ? Je ne sais pas ! Je crois que c'est (12) (un, une) _____ cousin de ma grand-mère. Je ne connais pas tous ses cousins !

SAM 03-33   Dans ma famille.

Look at the list of activities and indicate who, in your family, does the following activities. Also indicate who does not do some of these activities. Include likes and dislikes in some of your responses. Write a minimum of eight complete sentences and do not forget to conjugate the verbs.

> **MODEL:**   *Mon frère joue du piano. Ma sœur n'aime pas jouer aux cartes.*

Liste d'activités :

> jouer de la musique, faire du sport, faire du jardinage, bricoler, voyager, jouer aux cartes, faire de la peinture, écouter de la musique

Unité 4
DESTINATION VACANCES

ANCRAGE

SAM 04-01   Qu'est-ce qu'ils font ?

Identify the activities in the pictures.

1. _____

2. _____

3. _____

4. _____

5. _____

6. _____

7. _____

8. _____

9. _____

10. _____

a. aller à la plage
b. voir des monuments historiques
c. faire du VTT
d. faire de la randonnée
e. faire de la plongée
f. bien manger
g. faire du shopping
h. faire du ski
i. sortir la nuit
j. faire de l'équitation

EN CONTEXTE

SAM 04-02 Quel temps fait-il ?

What is the correct way to describe the weather in these images?

1.

_____

  a. Il neige.
  b. Il pleut.
  c. Il fait chaud.

2.

_____

  a. Il fait chaud.
  b. Il fait beau.
  c. Il pleut.

3.

_____

  a. Il pleut.
  b. Il fait chaud.
  c. Il neige.

4.

_____

  a. Il neige.
  b. Il fait froid.
  c. Il fait chaud.

5.

_____

  a. Il fait beau.
  b. Il pleut.
  c. Il fait froid.

SAM 04-03 Qu'est-ce que tu veux faire aujourd'hui ?

Listen to the dialogue and indicate whether the statements are true or false.

1. Il fait très beau aujourd'hui. _____

2. Nathalie n'aime pas aller à la plage. _____

3. Nathalie n'aime pas faire du VTT. _____

4. Nathalie aime la randonnée. _____

5. Aristide veut bronzer et se baigner à la plage. _____

6. Bruno va aller à la plage avec Nathalie et Aristide. _____

7. Bruno préfère faire une randonnée. _____

  a. true

  b. false

SAM 04-04   Trouvez l'intrus !

Find the element that does not belong in each series of words.

1. la plage, le soleil, la neige, la mer, se baigner : _____

2. la montagne, le VTT, le ski, la nature, les musées : _____

3. le shopping, la pêche, les musées, les spectacles, les restaurants : _____

4. le bruit, le calme, le camping, la promenade, la campagne : _____

5. l'avion, le train, la voiture, le VTT, la piscine : _____

6. la boîte de nuit, l'équitation, sortir la nuit, danser, la vie nocturne : _____

7. l'hiver, le froid, la neige, l'été, il pleut : _____

8. janvier, juillet, novembre, mai, ici : _____

SAM 04-05   Les vacances.

Match each location and time of year with the vacation activity that makes the most sense.

1. À la mer, en été, je vais : _____
   a. visiter des musées
   b. bronzer
   c. faire du ski

2. À la montagne, en été, je vais : _____
   a. faire du VTT
   b. me baigner
   c. faire de la plongée

3. Dans une grande ville européenne, en hiver, je vais : _____
   a. bronzer
   b. faire de l'équitation
   c. visiter des musées

4. À la campagne, au printemps, je vais : _____
   a. faire du camping
   b. connaître des cultures différentes
   c. aller à la discothèque tous les soirs

5. À la mer, en automne, je vais : _____
   a. nager
   b. pêcher
   c. faire du ski

SAM 04-06   Bon voyage !

🔊 **A.** Look at the two travel ads. Which one would be most likely to attract these five people? To find out, read the ads, then listen to the dialogues and write which ad is most suited for each person.

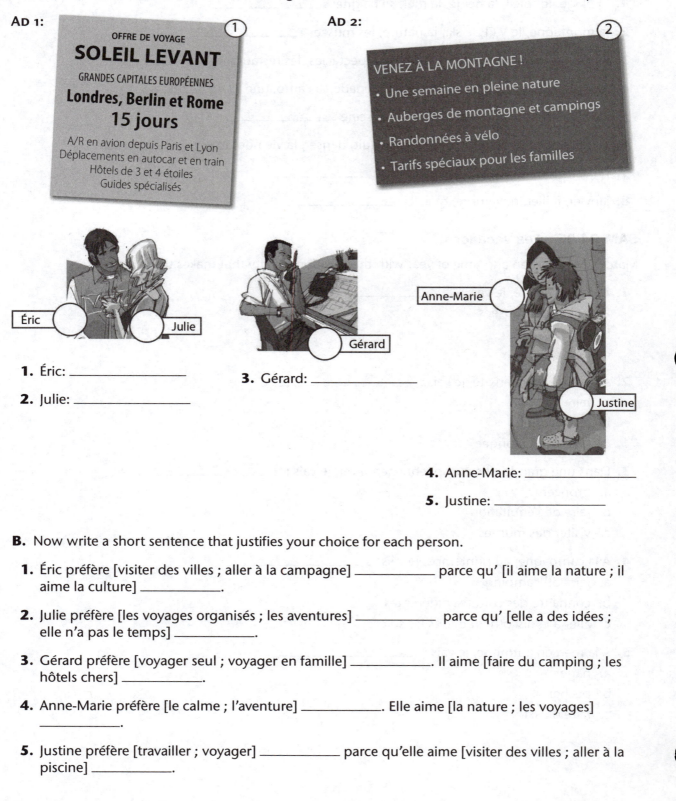

AD 1:

OFFRE DE VOYAGE
SOLEIL LEVANT
GRANDES CAPITALES EUROPÉENNES
Londres, Berlin et Rome
15 jours
A/R en avion depuis Paris et Lyon
Déplacements en autocar et en train
Hôtels de 3 et 4 étoiles
Guides spécialisés

AD 2:

VENEZ À LA MONTAGNE !
• Une semaine en pleine nature
• Auberges de montagne et campings
• Randonnées à vélo
• Tarifs spéciaux pour les familles

Éric   Julie

Gérard

Anne-Marie

Justine

1. Éric: _____

2. Julie: _____

3. Gérard: _____

4. Anne-Marie: _____

5. Justine: _____

B. Now write a short sentence that justifies your choice for each person.

1. Éric préfère [visiter des villes ; aller à la campagne] _____ parce qu' [il aime la nature ; il aime la culture] _____.

2. Julie préfère [les voyages organisés ; les aventures] _____ parce qu' [elle a des idées ; elle n'a pas le temps] _____.

3. Gérard préfère [voyager seul ; voyager en famille] _____. Il aime [faire du camping ; les hôtels chers] _____.

4. Anne-Marie préfère [le calme ; l'aventure] _____. Elle aime [la nature ; les voyages] _____.

5. Justine préfère [travailler ; voyager] _____ parce qu'elle aime [visiter des villes ; aller à la piscine] _____.

Nom: _____ Date: _____

SAM 04-07   Ils aiment voyager.

Look at the photos as well as the illustrated icons underneath and indicate whether each statement is true or false. Look at page 66 in your textbook to see what each icon means.

1. Mauro et Marco n'aiment pas la campagne. _____

2. Ils font du sport. _____

3. Ils aiment les vacances au printemps. _____

4. Anne et Frank préfèrent voyager en avion. _____

5. Ils voyagent en été. _____

6. Ils aiment les vacances à la plage. _____

7. Richard aime la plage. _____

8. Il n'aime pas faire de la plongée. _____

9. Il aime bronzer. _____

10. Daniel, David et Sarah adorent faire des randonnées. _____

11. Ils aiment faire du camping. _____

12. Ils préfèrent visiter des monuments. _____

© 2016 Pearson Education, Inc.   **Unité 4 Destination vacances**   ■ **77**

SAM 04-08   Et vos vacances ?

Explain what you like to do on vacation in 4–5 sentences. Do you prefer the sea, the mountains, large cities, or the countryside? Which season do you prefer? Which mode of transportation? Do you like to vacation alone, with friends, or with family?

SAM 04-09   Moi j'aime beaucoup.

A. Here is a list of activities. Organize them according to your likes and dislikes.

> le cinéma, la musique classique, travailler, la politique, lire, aller en boîte la nuit, voyager, les plages désertes, l'histoire, faire du sport, naviguer sur Internet, apprendre des langues, le calme, la pêche, faire du camping, faire de la plongée, bronzer

1. J'aime beaucoup _____

_____

2. J'aime bien _____

_____

3. Je n'aime pas beaucoup _____

_____

4. Je n'aime pas du tout _____

_____

B. Now explain what activities three different members of your family like and dislike.

MODEL: *Mon grand-père aime faire du camping.*

_____

_____

_____

_____

_____

FORMES ET RESSOURCES

SAM 04-10   Les mois de l'année.

Locate the months of the year! Be sure to look for words horizontally, vertically, diagonally and backwards. Accents will be left out for this activity.

> janvier, février, mars, avril, mai, juin, juillet, août, septembre, octobre, novembre, décembre

J	V	E	I	J	U	I	L	L	E	T	O
A	R	S	E	P	A	U	N	L	O	M	O
N	I	E	M	A	R	S	T	J	I	L	C
V	N	P	M	O	U	T	I	A	O	U	T
I	O	T	T	U	I	N	L	V	R	I	O
E	V	E	U	R	I	C	D	R	O	Q	B
R	E	M	A	U	B	N	S	I	O	I	R
T	M	B	J	O	I	A	M	L	V	R	E
U	B	R	A	N	A	R	B	M	T	I	L
L	R	E	R	R	E	I	R	V	E	F	M
M	E	O	U	D	E	C	E	M	B	R	E

SAM 04-11   Ma date de naissance.

State the date of your birth and the season that corresponds to it, as well as your astrological sign. Then do the same for 3 persons of your choice (make sure to indicate who they are).

> **MODEL:**   *Moi, je suis née le 15 juillet 1983 ; je suis née en été et je suis cancer.*
> *Ma mère est née le ...*

Bélier (21 mars - 20 avril)	Balance (22 septembre - 22 octobre)
Taureau (21 avril - 20 mai)	Scorpion (23 octobre - 21 novembre)
Gémeaux (21 mai - 21 juin)	Sagittaire (22 novembre - 20 décembre)
Cancer (22 juin - 22 juillet)	Capricorne (21 décembre - 19 janvier)
Lion (23 juillet - 22 août)	Verseau (20 janvier - 18 février)
Vierge (23 août - 21 septembre)	Poisson (19 février - 20 mars)

_____

_____

_____

_____

_____

SAM 04-12 Moyens de transport.

Match the images with the correct sentences.

1. _____

2. _____

3. _____

4. _____

5. _____

6. _____

7. _____

a. Lui, il préfère voyager à moto.

b. C'est amusant de voyager en avion.

c. Parfois en hiver, c'est nécessaire de voyager en motoneige.

d. Nous, nous voyageons souvent en voiture.

e. Je préfère voyager en train.

f. Il ne prend pas de transport. Il se déplace à pied.

g. J'aime voyager à vélo, mais ce n'est pas rapide.

SAM 04-13   Conjugaisons.

Find the missing verb in each sentence and conjugate it!

> adorer, jouer, avoir, faire, préférer, visiter, aimer, vouloir

1. Nicolas _____ de la flûte.

2. Julie _____ des amis en Espagne.

3. Claire _____ danser. Elle _____ être danseuse professionnelle.

4. Didier _____ bien se baigner à la plage.

5. Brice et Marc _____ du football.

6. Océane et moi, nous n'aimons pas jouer au tennis. Nous _____ jouer au badminton.

7. Quand vous allez en France, est-ce que vous _____ des musées ?

SAM 04-14   Dans ma famille.

Do you have tastes in common with some people in your family or some friends? Complete the sentences by choosing verbs and activities to tell about what you like or don't like to do with your friends and family.

> aimer, jouer, faire, détester, préférer, vouloir

1. Mon père et moi, nous _____.

2. Ma mère et moi, nous _____.

3. Tout le monde dans ma famille _____.

4. Mes amis et moi, nous _____.

5. Mes grands-parents et moi, nous _____.

SAM 04-15   Verbes et prépositions.

Complete the sentences using **du**, **de la**, **de l'**, **au**, and **à la**.

1. Mon frère joue _____ piano et moi, je joue _____ guitare.

2. Est-ce que vous faites _____ plongée ?

3. Quand je vais à la plage, j'aime jouer _____ foot.

4. Mon amie fait _____ équitation.

5. Moi je préfère faire _____ ski.

6. Et vous ? Aimez-vous aller _____ montagne ?

7. À la mer et à la montagne, on respire _____ air pur.

8. Ce week-end, nous voulons faire _____ randonnée.

9. Est-ce que tu aimes faire _____ VTT ?

10. Il fait beau ! Allons _____ plage !

SAM 04-16   Le verbe aller au présent.

To complete the sentences below, match each subject with the choice that uses the correct form of the verb **aller.**

1. Ma mère _____

2. Mon frère et ma sœur _____

3. Moi, je _____

4. Est-ce que vous _____

5. Mon père et moi, nous _____

6. Tu _____

    a. allez manger au restaurant aujourd'hui ?

    b. ne vont pas à l'université.

    c. vas à Paris ?

    d. allons pêcher.

    e. ne va pas souvent au cinéma avec ses amies.

    f. vais voyager cet été.

SAM 04-17   Le verbe vouloir au présent.

To complete the sentences below, match each subject with the choice that uses the correct form of the verb **vouloir.**

1. Mes parents _____

2. Je _____

3. Est-ce que tu _____

4. Vous _____

5. Mon frère et moi, nous _____

6. Mon amie Sophie _____

    a. veut étudier aux États-Unis.

    b. voulez aller à la piscine ?

    c. veux faire des études de médecine.

    d. veulent voyager au Maroc.

    e. veux jouer au tennis avec moi ?

    f. ne voulons pas sortir à la discothèque.

SAM 04-18   Je m'enregistre !

Answer the following questions in complete sentences, then record your answers.

1. Est-ce que vous voulez aller au cinéma ?

_____

2. Est-ce que vous voulez jouer au tennis ?

_____

3. Est-ce que vos parents veulent apprendre le français ?

_____

4. Est-ce que votre ami(e) veut voyager avec vous ?

_____

5. Est-ce que vous voulez aller en France ?

_____

SAM 04-19   Moi aussi !

Express your agreement or disagreement with the following statements, using the expressions **moi aussi**, **moi non plus**, **moi non**, and **moi si**, followed by a complete sentence.

MODEL: Moi, j'aime aller au théâtre.
Pas moi, je préfère aller au cinéma.

1. Moi, j'adore aller au cinéma !

_____ !

2. Je n'aime pas du tout le rugby.

_____ !

3. J'aime beaucoup les chats !

_____ !

4. Je n'aime pas du tout les araignées (*spiders*).

_____ !

5. J'aime le chocolat.

_____ !

SAM 04-20 Il y a.

Look at the description of Oroques (textbook page 68) and answer the following questions by writing complete sentences.

MODEL: Il y a une piscine à Oroques ?
Oui, il y a une piscine.

1. Il y a un château à Oroques ?

_____.

2. Est-ce qu'il y a une pharmacie à Oroques ?

_____.

3. Est-ce qu'il y a un aéroport à Oroques ?

_____.

4. Est-ce qu'il y a un marché à Oroques ?

_____.

5. Est-ce qu'il y a une gare pour les trains à Oroques ?

_____.

6. Est-ce qu'il y a une église à Oroques ?

_____.

SAM 04-21 Une rédaction.

Read the following student essay. He is writing about his neighborhood but left some information out. Complete his text using the following nouns.

> restaurants, écoles, bar, salle de sport, église, cinéma, marché, musée, parc

J'aime beaucoup mon quartier. Il y a un grand (1) _____ où on peut faire des promenades. C'est très joli. Il y a deux (2) _____ pour les enfants. On peut visiter un (3) _____ d'art qui est très intéressant. Il y a un (4) _____ où on peut sortir le soir avec ses amis. Une fois par semaine, il y a un (5) _____ où on peut acheter beaucoup de fruits et légumes frais. Il n'y a pas de monuments historiques, mais il y a une vieille (6) _____ qui est très jolie. On peut voir des films parce qu'il y a un petit (7) _____ Il y a aussi deux (8) _____ où on peut bien manger, un italien et un japonais, tous les deux très bons ! Enfin, si vous aimez le sport, il y a une (9) _____. Mon quartier est très chouette !

SAM 04-22 Dans mon quartier.

Write about your neighborhood or town. Explain what it has and what it doesn't have. Do you like your neighborhood? Why or why not?

SAM 04-23 Chez mes parents.

Listen to Vincent and Thierry's dialogue, and choose the best answers.

1. Les parents de Vincent habitent _____
- a. à Paris
- b. à Bordeaux
- c. à Strasbourg

2. Les parents de Thierry habitent _____
- a. dans un petit village
- b. dans une grande ville
- c. dans un pays étranger

3. À Aspremont, il y a _____
- a. un cinéma
- b. une école
- c. une gare

4. À Aspremont, il y a _____
- a. 20 000 habitants
- b. 12 000 habitants
- c. 2 000 habitants

5. Bordeaux est une grande ville _____
- a. où le climat est agréable
- b. où les gens sont agréables
- c. où le vin est agréable

6. Chez les parents de Thierry, à Aspremont, _____
- a. il ne fait pas beau en hiver et en automne
- b. il fait froid toute l'année
- c. il fait beau toute l'année

SAM 04-24   Un peu de géographie.

Let's test your knowledge of the Francophone world. Try to complete these questions!

1. Quel pays d'Afrique a pour capital Dakar ? _____
   a. le Sénégal
   b. la Côte d'Ivoire
   c. le Niger

2. Si on vous propose de manger un couscous, vous êtes : _____
   a. au Vietnam
   b. à Cuba
   c. en Tunisie

3. En Europe, on parle français en France et _____
   a. au Luxembourg, en Belgique et en Suisse
   b. au Liechtenstein, en Belgique et au Luxembourg
   c. en Italie, en Suisse et en Allemagne

4. Si on fait de la randonnée dans les montagnes de l'Atlas, on est _____
   a. en Égypte
   b. au Maroc
   c. au Canada

5. Quelle île fait partie de la France ?
   a. Hawaii
   b. Fiji
   c. La Martinique

6. Où est la base de lancement de la fusée européenne Ariane ?
   a. à Hawaii
   b. en Guyane
   c. au Sénégal

7. Dans quelle grande ville francophone nord-américaine parle-t-on français ?
   a. à Montréal
   b. à Vancouver
   c. à Toronto

SAM 04-25   Je vais à Paris.

Complete the sentences with **à**, **au**, **aux** and **en**.

1. Mes amis américains habitent _____ Seattle.

2. Mes parents aiment voyager _____ Italie.

3. Cet été, je vais aller _____ Canada.

4. Ma sœur travaille _____ New-York.

5. Moi, pour mes vacances, j'aime aller _____ Hawaii.

6. Est-ce que tu vas souvent _____ Espagne ?

7. Mes grands-parents vont aller _____ États-Unis avec leurs amis.

8. Est-ce que tu as envie d'aller _____ Portugal pour tes vacances ?

SAM 04-26   Où est mon stylo ?

Look at the pictures and choose the best description for each picture.

1.

a. La femme est à côté du vélo.
b. La femme est sur le vélo.
c. La femme est loin du vélo.

2.

a. L'enfant est près du vélo.
b. L'enfant est sur le vélo.
c. L'enfant est à côté du vélo.

3.

a. La jeune femme est dans la voiture.
b. La jeune femme est sur la voiture.
c. La jeune femme est à côté de la voiture.

4.

a. La jeune femme est dans la voiture.
b. La jeune femme est sur la voiture.
c. La jeune femme est à côté de la voiture.

5.

_____

a. La jeune femme est près de son VTT.

b. La jeune femme est sur son VTT.

c. La jeune femme est loin de son VTT.

6.

_____

a. Le pilote est sur l'avion.

b. Le pilote est près de l'avion.

c. le pilote est loin de l'avion.

SAM 04-27   Où est Tiki ?

Tiki is a puppy. Read about Tiki's life and complete the sentences in the most logical way, using **à côté de, sur, loin de, dans, près de**, and **chez**.

Tiki est le chien de James. Il habite avec James dans sa maison, 12 rue Bazin. Il habite (1) _____ James. Quand il pleut, Tiki n'aime pas sortir. Il préfère rester à l'intérieur, (2) _____ la maison de James. Mais quand il fait beau, Tiki aime faire une promenade. Il a un ami qui s'appelle Milo. Milo est un chien qui habite (3) _____ la maison de James, 14 rue Bazin. (4) _____ leurs maisons, il y a un petit parc, et Tiki et Milo aiment jouer dans le parc. Tiki aime la planche à roulettes de James, et sur la photo, il est (5) _____ la planche à roulettes. C'est un petit chien exceptionnel ! Tiki préfère le parc des chiens. C'est un très grand parc, mais il est (6) _____ la maison de James. Il est nécessaire de prendre la voiture pour y aller. Demain, Tiki va aller avec Milo jouer dans le parc des chiens. Il est très content.

SAM 04-28   Je ou on ?

Read the sentences carefully and choose whether to use **on** or **je**.

1. En général, quand je pars en vacances, [je vais ; on va] _____ à la montagne.

2. Quand je vais en France, [je mange ; on mange] _____ souvent des croissants le matin.

3. En France, [je mange ; on mange] _____ parfois des choses bizarres, comme des escargots !

4. Quand [je suis ; on est] _____ étudiant, on peut avoir des offres spéciales pour voyager moins cher.

5. En Suisse, en Belgique et au Québec, [je parle ; on parle] _____ français.

6. Il est nécessaire d'avoir un passeport si [je voyage ; on voyage] _____.

7. Le week-end, [j'aime ; on aime] _____ sortir avec mes amis.

SAM 04-29 Quels mots ?

You have just received a postcard from a friend but some words have been washed out by the rain. Try to complete the postcard using the following words. If it's a verb, make sure to conjugate it.

> on, en, une, préférer, faire, aller, il y a

Cannes, le 25 juillet 2015

Salut John !

Je suis à Cannes! J'ai voyagé (1) _____ avion. Il (2) _____ très beau et très chaud ! (3) _____ beaucoup de soleil et je (4) _____ à la plage pour bronzer et me baigner. C'est génial ! (5) _____ mange bien ici ! (6) _____ beaucoup de restaurants. À l'hôtel, il y a (7) _____ grande piscine. Mais je (8) _____ la plage. J'adore la mer. J'espère que tu vas bien !

Bises,
Stéph

SAM 04-30 Accent aigu, accent grave.

A. Find 5 words that have an **accent aigu** on the first syllable.

1. _____
2. _____
3. _____
4. _____
5. _____

B. Find 5 words that have an **accent aigu** on the last syllable.

1. _____
2. _____
3. _____
4. _____
5. _____

C. Find 5 words that have an **accent grave** on the second to last syllable.

1. _____
2. _____
3. _____
4. _____
5. _____

SAM 04-31 Placez les accents !

🔊 Listen to each word or phrase, then rewrite the word or phrase, placing the correct accents on each bolded letter **e**.

1. il pr**e**f**e**re _____

2. les mus**e**es _____

3. l'**e**te _____

4. mon film pr**e**f**e**re _____

5. mon p**e**re et ma m**e**re _____

6. elle est c**e**l**e**bre _____

7. la discoth**e**que _____

8. une randonn**e**e _____

SAM 04-32 le son [ə].

🔊 Listen to each sentence and choose the word that has the [ə] sound.

1. Je n'aime pas les musées. _____

2. Regardez les photos ! _____

3. Il va se baigner et bronzer. _____

4. Nous aimons le soleil. _____

5. Ils font de la musculation. _____

6. Vous ne mangez pas ? _____

7. Nous partons une semaine en vacances. _____

SAM 04-33 [ə] et [ɛ].

🔊 You will hear words pronounced in their singular form and in their plural form. Indicate whether you heard singular or plural. The [ə] sound, as in **le**, is indicative of singular and the [ɛ] sound, as in **les**, is indicative of plural.

	[ə]	[ɛ]	Singular	Plural
1.	le film	les films		
2.	le livre	les livres		
3.	le garcon	les garçons		
4.	le sport	les sports		
5.	le frère	les frères		
6.	le professeur	les professeurs		
7.	le piano	les pianos		
8.	le fromage	les fromages		

SAM 04-34   [e] et [ε].

🔊 Listen and indicate whether you hear the sound [e] as in **été** or the sound [ε] as in **mère**. Note that when you pronounce [ε], your mouth is more open than when you pronounce [e].

1. _____

2. _____

3. _____

4. _____

5. _____

6. _____

7. _____

SAM 04-35   À mon tour de prononcer !

Practice pronouncing the following sentences and record them when you are ready.

1. J'aime faire de la plongée.

2. Le garçon va au cinéma.

3. Je n'aime pas les fromages français.

4. Nous aimons visiter des musées.

5. Tu préfères la plage ou la piscine ?

SAM 04-36   Les vacances de Martine et Jean-Louis.

🔊 Listen to the following interviews and choose the correct statements.

INTERVIEW DE MARTINE :

1. Martine aime passer ses vacances _____
   a. dans des grandes villes
   b. dans la nature
   c. chez ses grands-parents

2. Elle préfère _____
   a. faire du camping
   b. dormir à l'hôtel
   c. dormir sur la plage

3.

Faites de l'accrobranche dans les Pyrénées !

À côté de la Réserve nationale d'Orlu, nous vous proposons des parcours-aventure d'un arbre à l'autre.

Pour les amateurs de sensations fortes ! Vous pouvez aussi vous détendre à la terrasse de notre chalet.

SITUATION
À 1h30 de Toulouse

HÉBERGEMENT
Camping municipal d'Orlu ***
Tél. : 05 68 44 93 72
Pour les adresses d'auberges et de refuges, consultez notre site.

ACTIVITÉS COMPLÉMENTAIRES
• Canyoning sur la rivière Oriège
• Visite de l'Observatoire de la montagne aux Forges d'Orlu
• Visite de la Maison des loups aux Forges d'Orlu
• Visite du haras des Bésines à Orgeix

a. Il est nécessaire d'aimer l'aventure pour ces vacances. _____

b. Je peux dormir à l'hôtel. _____

c. Ces vacances sont idéales pour les personnes âgées. _____

d. Il y a une discothèque pour sortir le soir. _____

4.

Découvrez l'île de la Réunion !

Aux portes du Sud Sauvage, l'hôtel **Les Palmes** constitue un point de départ idéal pour les plus belles randonnées de la région.

ADRESSE DE L'HÔTEL :
10 allée des Lataniers
GRANDS BOIS
97410 ST-PIERRE
Pour réserver :
Tél. 0267 31 14 60

SITUATION :
Situé à 10 minutes de la plage, l'hôtel **Les Palmes** se trouve à environ 2 heures de l'aéroport Roland Garros de Saint-Denis.

HÉBERGEMENT :
30 chambres climatisées réparties autour de la piscine, dans un jardin exotique.
20 bungalows tout confort, aménagés pour 4 à 6 personnes. Accès direct à une plage privée.

RESTAURATION :
Restaurant, crêperie, bar-pizzeria.

AUTRES SERVICES :
Discothèque, grande piscine extérieure, centre de fitness, sauna, salon de coiffure, minigolf.

a. Il n'y a pas de restaurants. _____

b. L'hôtel Les Palmes est près de la plage. _____

c. À l'île de la Réunion, je peux faire de la randonnée. _____

d. Ce sont des vacances exotiques. _____

SAM 04-38 Révisons !

Laetitia is writing a letter to her friend Sophie. Complete the letter by choosing the correct words.

Chère Sophie,

Je passe des vacances fantastiques ! Je (1) [fais; vais] _____ du ski nautique tous les matins, la mer est chaude et Frédéric et moi, (2) [nous ; il] _____ sortons tous les soirs. Le climat est fantastique. Il fait (3) [chaud ; froid] _____ tous les jours. Le soleil brille et il (4) [pleut ; ne pleut pas] _____. Tu sais que j'aime faire du shopping. Mais Frédéric n'aime pas ça. Il aime faire des promenades sur la plage. (5) [pas moi ; moi aussi] _____ j'aime me promener sur la plage. On mange (6) [bien ; mal] _____ ici, il y a de bons restaurants. Et il y a des endroits magnifiques à découvrir. J'aime ces vacances [seule ; en couple] _____. Frédéric aussi. Bon courage au travail !

À bientôt !
Laetitia

SAM 04-39 Leurs vacances.

You will hear two people explaining what they like to do on vacation. Listen and take some notes. When you are done, write 3-4 complete sentences for each person, summarizing their comments.

1. Céline

_____

_____

_____

_____

2. Olivier

_____

_____

_____

_____

SAM 04-40 Conversation !

Find a partner in your class and together, record a conversation about what you like to do on vacation. Where do you like to go? Do you prefer to vacation alone, with your family, or with friends? Which season do you prefer? What activities do you like to do? How do you like to travel, by plane or by car? Prepare a few questions you would like to ask your partner.

Unité 5
SOIRÉE À THÈME

ANCRAGE

SAM 05-01   Quels magasins ?

Can you identify these stores?

1.
_____

2.
_____

3.
_____

4.
_____

5.
_____

6.
_____

7.
_____

8.
_____

a. la pharmacie

b. la pâtisserie

c. l'épicerie

d. la papeterie

e. la boulangerie

f. le magasin de chaussures

g. le fleuriste

h. la fromagerie

EN CONTEXTE

SAM 05-02   Dans quel magasin ?

Looking at each picture, indicate which store you need to go to in order to find the item.

1.

Il faut aller [à la boulangerie ; à l'épicerie] _____ .

2.

Il faut aller [à la librairie ; à la pharmacie] _____ .

3.

Il faut aller [à la papeterie ; à l'épicerie] _____ .

4.

Il faut aller [à la pâtisserie ; à l'épicerie] _____ .

5.

Il faut aller [chez le traiteur ; chez le fleuriste] _____ .

6.

Il faut aller [à la parfumerie ; à la fromagerie] _____ .

7.

Il faut aller [à la boulangerie ; à la fromagerie] _____ .

8.

Il faut aller [à la librairie ; à la papeterie] _____ .

SAM 05-03   Qu'est-ce que c'est ?

Identify the following products.

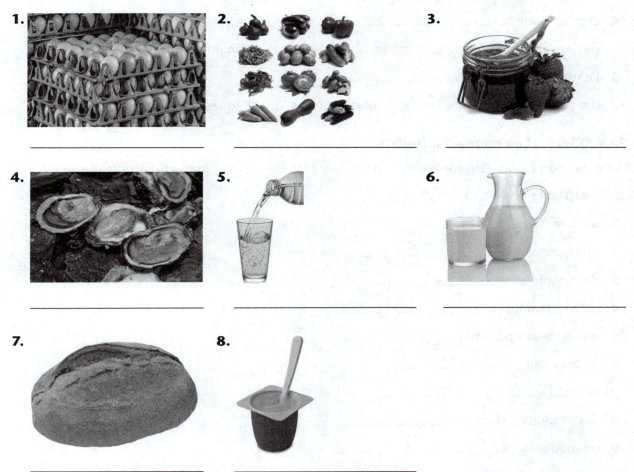

1. _____

2. _____

3. _____

4. _____

5. _____

6. _____

7. _____

8. _____

a. la confiture
b. l'eau
c. les œufs
d. les légumes

e. le pain
f. le yaourt
g. le lait
h. les huîtres

SAM 05-04   La liste de ma grand-mère.

Your grandmother gave you a list of errands to run for her. She listed items for each store you will need to stop by. Unfortunately, she added items that do not belong to the right stores. Identify these items.

1. La boulangerie-pâtisserie : _____

   un gâteau au chocolat, des croissants, du pain, une tarte au citron, une salade

2. L'épicerie : _____

   des tomates, du fromage, du lait, des médicaments, du café

Unité 5 Soirée à thème ■ **99**

3. La papeterie : _____

du papier, du saumon, un stylo, une gomme, des enveloppes

4. La pharmacie : _____

de l'Advil, du dentifrice, du fromage, un médicament, un shampoing

5. Le supermarché : _____

des œufs, de la confiture, une carte d'anniversaire, des chèques, des yaourts

SAM 05-05   Les courses d'Hélène.

Write the stores where Hélène needs to go to buy each item. Don't forget to include the article.

   MODEL: des fleurs : *le fleuriste*

1. un livre : _____

2. une baguette : _____

3. de la confiture : _____

4. un déodorant : _____

5. une tarte aux pommes : _____

6. du fromage : _____

7. un stylo : _____

8. des produits de beauté : _____

9. un médicament : _____

10. des vêtements : _____

SAM 05-06   Mes courses.

Explain what stores there are in your neighborhood and what you buy in these stores. Do you have some favorite stores? Write 6-7 complete sentences.

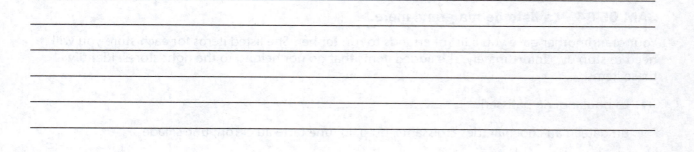

_____

_____

_____

_____

_____

_____

FORMES ET RESSOURCES

SAM 05-07   Les jours de la semaine.

Locate the days of the week! Be sure to look for words horizontally, vertically, diagonally and backwards.

lundi, mardi, mercredi, jeudi, vendredi, samedi, dimanche

A	M	P	Q	R	J	S	H	D	M
C	L	A	M	I	E	U	L	I	Q
Y	U	B	R	X	U	I	I	M	T
M	N	Z	V	D	D	U	E	A	W
Z	D	U	W	Y	I	A	O	N	X
U	I	D	E	M	A	S	F	C	O
V	E	N	D	R	E	D	I	H	A
A	B	I	D	E	R	C	R	E	M
O	P	Q	U	B	R	Z	U	A	X
W	Y	I	O	U	M	L	A	P	N

SAM 05-08   Quand fais-tu ça ?

Here are some activities that are most likely part of your life. Explain what you do on which day of the week, writing complete sentences.

> **MODEL:**   Jouer aux cartes : *Je joue aux cartes le samedi et le dimanche.*

1. étudier le français : _____

2. faire du sport : _____

3. faire la fête : _____

4. aller au supermarché : _____

5. sortir le soir avec des amis : _____

SAM 05-09   Un ou plusieurs ?

Listen and indicate whether the person is talking about one item or several items.

1. _____   **5.** _____

2. _____   **6.** _____

3. _____   **7.** _____

4. _____   **8.** _____

SAM 05-10 Combien ça coûte ?

🔊 Alain and Michel have both gone shopping. They each bought a few items and are asking each other about the prices. Listen to the dialogue and choose the correct prices.

1. Les lunettes de soleil coûtent _____

   a. 90 euros   b. 80 euros   c. 20 euros

2. Le sac à main coûte _____

   a. 2010 euros   b. 10 euros   c. 210 euros

3. Le champagne coûte _____

   a. 15 euros   b. 5 euros   c. 50 euros

4. Le jeu de société coûte _____

   a. 35 euros   b. 15 euros   c. 105 euros

5. Les chaussures coûtent _____

   a. 80 euros   b. 120 euros   c. 70 euros

SAM 05-11 J'ai besoin de combien ?

You are going shopping, but you will first need to stop by the bank to get cash for your purchases. Estimate how much money you will need at each store for the listed items by choosing the right number of euros. Write which store you will go to and how much money you will need, writing out the number as in the model.

MODEL: Je vais acheter du pain, trois tomates, du lait, du café et du sucre : 100€ ? 25€ ? 5€?
Je vais aller à l'épicerie. J'ai besoin de vingt-cinq euros.

1. Je vais acheter un jean et des chaussures : 150€ ? 50€ ? 800€ ?

_____

2. Je vais acheter un nouveau téléphone portable : 500€ ? 5.000€ ? 50.000€ ?

_____

3. Je vais acheter un beau gâteau au chocolat : 20€ ? 200€ ? 5€ ?

_____

4. Je vais acheter un stylo, une gomme et des enveloppes : 5€ ? 50€ ? 100€ ?

_____

5. Je vais acheter trois croissants et une baguette : 10€ ? 30€ ? 100€ ?

_____

SAM 05-12 Ma valise.

You just flew to Norway and found out that the airline lost your luggage. Indicate which items you need to buy immediately and which ones you don't need, using the expression **avoir besoin de**. Write 5 complete sentences.

> des fleurs, des vêtements, du dentifrice, des œufs, des chaussures, du shampoing, de la confiture, de l'aspirine, du maquillage, un stylo, des lunettes, un livre, des fruits, des produits de beauté

_____

_____

_____

_____

_____

SAM 05-13 Quelle heure est-il ?

Indicate what time it is as shown on the clocks. Write the time in complete sentences, not numerals.

MODEL: *Il est deux heures et quart.*

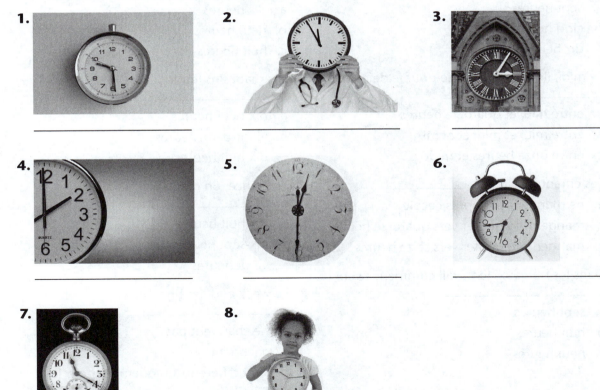

1. _____

2. _____

3. _____

4. _____

5. _____

6. _____

7. _____

8. _____

SAM 05-14 Les horaires en France.

Read the following text and choose the best answers to the questions.

Les horaires en France

Les jours de travail, on se lève tôt, vers six ou sept heures. Normalement, on prend un petit-déjeuner avant de partir au travail, vers sept heures. Dans les bureaux on commence à travailler entre huit heures et huit heures et demie. Dans les magasins et les services, on commence à neuf heures, parfois neuf heures et demie.

Il y a souvent une grande pause entre midi et quatorze heures mais, dans les grandes villes, les magasins ne ferment pas. Beaucoup de Français rentrent chez eux pour déjeuner le midi. D'autres prennent un plat du jour dans un petit restaurant du quartier où ils travaillent. Le travail s'arrête à dix-sept heures ou dix-huit heures. Les magasins ferment plus tard, souvent vers dix-neuf heures.

Les enfants mangent souvent quelque chose après l'école vers seize heures. C'est le goûter. On dîne normalement vers vingt heures.

En semaine, les Français se couchent vers vingt-trois heures ou minuit. Le week-end, les horaires changent pour tout le monde. On se lève plus tard et on se couche plus tard. On sort avec des amis et en famille.

1. Le matin, les Français prennent leur petit-déjeuner vers _____
   a. sept heures
   b. cinq heures
   c. dix heures

2. Le midi, ils font une pause pour le déjeuner _____
   a. entre midi et quatorze heures
   b. entre midi et midi et demi
   c. entre onze heures et midi

3. Les enfants _____
   a. ne mangent pas après l'école
   b. mangent un goûter vers quatorze heures
   c. mangent un goûter vers seize heures

4. Dans les bureaux, le travail commence vers _____
   a. sept heures
   b. huit heures
   c. neuf heures

5. Les magasins ouvrent souvent à _____
   a. dix heures
   b. neuf heures
   c. huit heures

6. Les magasins ferment vers _____
   a. dix-neuf heures
   b. vingt-deux heures
   c. dix-huit heures

7. En France, on dîne à _____
   a. dix-huit heures
   b. dix-sept heures
   c. vingt heures

8. Le week-end, les horaires _____
   a. ne changent pas
   b. changent
   c. sont différents uniquement pour les enfants

SAM 05-15   À quelle heure mangez-vous ?

Answer the questions with complete sentences, indicating at what time you usually do the following things.

> **MODEL:**   À quelle heure est-ce que vous promenez votre chien ?
> *Je promène mon chien à 17h00.*

1. À quelle heure dînez-vous le soir ?

_____

2. À quelle heure avez-vous votre cours de français ?

_____

3. À quelle heure déjeunez-vous le midi ?

_____

4. À quelle heure commencez-vous vos cours à l'université ?

_____

5. À quelle heure aimez-vous faire du sport ?

_____

6. À quelle heure aimez-vous sortir avec vos amis le soir ?

_____

SAM 05-16   Il est 9 heures.

 Listen to the announcements and choose the times that were mentioned.

1. _____
- a. 8h30
- b. 18h30
- c. 20h30

2. _____
- a. 2h00
- b. 20h00
- c. 22h00

3. _____
- a. 10h00
- b. 13h00
- c. 15h00

4. _____
- a. 4h15
- b. 14h15
- c. 14h45

5. _____
- a. 13h24
- b. 3h24
- c. 2h24

6. _____
- a. 16h40
- b. 17h40
- c. 18h40

7. _____
- a. 10h00
- b. 20h00
- c. 21h00

8. _____
- a. 19h30
- b. 20h30
- c. 21h30

9. _____
- a. 10h15
- b. 9h15
- c. 12h15

SAM 05-17   Quel club de sport ?

Look at the four gym advertisements and decide which gym would be best for each person.

le roi de la muscu, le discobole, Énergie +, Allegro

Le roi de la muscu
Salle de musculation, appareils, fitness...

Nos horaires :
Du lundi au samedi de 7 h 00 à 21 h 00
Nous ouvrons aussi le dimanche matin
(8 h 00 – midi)

Renseignements :
Tél. 05 61 83 49 67

LE DISCOBOLE
SALLE DE SPORT (MUSCULATION, FITNESS, SQUASH, STEP...), PISCINE, SAUNA...
HORAIRES :
DU LUNDI AU SAMEDI   7 H 00 – 21 H 00
DIMANCHE   10 H 00 – 17 H 00
TARIF FORFAITAIRE : 60,00 € PAR MOIS
TÉL. : 05 61 37 49 82

Allegro - Sport et Détente
Salle de sport pour entretenir sa forme. Step,
cardio-funk, body pump,
abdo-fessiers...
Et aussi des appareils de
musculation, un sauna...
Renseignements, horaires et tarifs :
Tél. 05 61 48 72 91

Énergie +
Tout pour être en forme
Squash, fitness, muscu, arts martiaux, danse...
Et bien sûr, notre piscine olympique !
Tél. 05 61 87 45 23 14   À partir de 55,00 € par mois
Horaires :
Du lundi au vendredi   Samedi   Fermé le dimanche
9 h - 21 h   9 h - 21 h

1. Stéphane veut faire du sport le matin entre 7h00 et 8h00 et le dimanche de 8h00 à 9h00.
   _____

2. Martine veut un club qui a une piscine et un sauna. _____

3. Mathilde veut prendre des cours de cardio-funk et des cours de step. _____

4. Vincent veut faire du karaté et de l'aïkido. _____

5. Karine veut faire du sport le dimanche après-midi. _____

6. Chris veut aller à la piscine mais il ne veut pas payer trop cher. _____

Nom: _____ Date: _____

SAM 05-18 Mon club de gym préféré.

Which gym would you choose and why? Consider hours, classes offered, amenities, and price. Write three or four sentences justifying your choice.

Je préfère _____

_____

_____

_____

SAM 05-19 Futur proche ou présent ?

Read the following dialogues and choose the correct verb forms.

1.

   - Tu vas voyager où cet été ?

   - Moi, [je vais ; je vais aller] _____ en Irlande.

2.

   - Vous sortez ?

   - Oui, [on fait ; on va faire] _____ des courses. Tu veux venir avec nous ?

3.

   - Vous mangez à quelle heure d'habitude ?

   - Nous, [nous mangeons ; nous allons manger] _____ à midi.

4.

- Qu'est-ce que tu vas faire demain ?

- [Je travaille ; je vais travailler] _____.

5.

- Quand est-ce que vous partez en vacances ?

- En général, [on part, on va partir] _____ au mois de juillet.

6.

- Est-ce que tu vas être à Paris la semaine prochaine ?

- Non, [je suis ; je vais être] _____ à Bruxelles.

SAM 05-20   L'emploi du temps de quatre amis.

Arthur, Hélène, Sophie and Bertrand are roommates and they all have a very busy schedule this week. They all took notes about their most important appointments and plans. Look at what each of them needs to do and write 8 sentences explaining who is going to do what and when. Look carefully, they might do a few things together.

ARTHUR : dentiste vendredi à 17h00, manger avec Chloé vendredi soir + cinéma, anniversaire de Gina samedi à 21h00

HÉLÈNE : cours de danse mercredi à 20h00, concert jeudi à 20h30, coiffeur vendredi à 16h00, anniversaire de Gina samedi à 21h00

SOPHIE : cours de danse mercredi à 20h00, piscine avec Sarah vendredi à 14h00, anniversaire de Gina samedi à 21h00

BERTRAND : docteur jeudi matin, tennis avec Myriam vendredi après-midi, travailler samedi 9h00-12h00, anniversaire de Gina samedi à 21h00

MODEL: *Arthur va aller chez le dentiste vendredi à 17h00.*

1. _____

2. _____

3. _____

4. _____

5. _____

6. _____

7. _____

8. _____

SAM 05-21   Du présent au futur.

The following sentences are in the present tense. Change the verbs to the **futur proche**.

> **MODEL:** Aujourd'hui je travaille.
> *Demain, je vais travailler.*

1. Aujourd'hui, nous étudions. Demain, nous _____.

2. Cette semaine, vous avez des examens. La semaine prochaine, vous _____ des examens.

3. Ce lundi, je mange avec mon ami Thomas. Lundi prochain je _____ avec mon ami Thomas.

4. Aujourd'hui, je ne vais pas à la piscine. Demain, je _____ à la piscine.

5. Ce matin, je suis fatigué. Demain matin, je _____ fatigué.

6. Ce week-end, nous n'allons pas au cinéma. Le week-end prochain, nous _____ au cinéma.

7. Cette semaine, tu voyages au Japon. La semaine prochaine, tu _____ au Canada.

SAM 05-22   Présent ou futur ?

 Listen to the sentences and indicate whether they are in the **présent** or **futur proche**.

1. _____   a. présent

2. _____   b. futur proche

3. _____

4. _____

5. _____

6. _____

7. _____

8. _____

SAM 05-23 Conversation.

Choose a partner in the class, and record a conversation. Talk about your plans for next weekend. It might be helpful to prepare a few questions to ask your partner.

SAM 05-24 On ou nous ?

Indicate whether the **on**, in the following sentences, is a substitute for the **nous** form, or whether it is impersonal.

1. Sabine et moi, on va à la piscine demain. Tu veux venir avec nous ? _____

       a. nous

2. En France, on mange avec sa famille le dimanche. _____

       b. impersonal

3. Au Québec, on parle français. _____

4. On va faire des courses ? On a besoin de lait et de pain. _____

5. Peter et moi, on parle français parce que mon anglais est terrible ! _____

6. En France, on mange beaucoup de fromage. _____

7. Mes parents et moi, on habite dans une petite maison à côté du Jardin des Plantes. _____

8. On fait une pause ou tu préfères continuer ? _____

SAM 05-25   Tu fais quoi ce soir ?

Complete the dialogues with definite articles and demonstrative adjectives. Choose according to the context and the meaning.

> le, la, les, l', ce, cette, cet, ces

DIALOGUE 1 :

- Tu fais quoi en général (1) soir après ton dîner ?

- Ça dépend. Souvent, je vais surfer un peu sur Internet.

- Tu ne regardes pas (2) _____ télé ?

- Non, jamais.

DIALOGUE 2 :

- Dis, tu fais quoi (3) _____ soir après dîner ?

- Rien de spécial. Si tu veux, on peut aller au cinéma.

- Parfait !

DIALOGUE 3 :

- Regarde comme elles sont belles (4) _____ chaussures !

- Trop cool ! Demande à (5) _____ vendeuse combien elles coûtent !

DIALOGUE 4 :

- Tu vas à (6) _____ fête de Sophie samedi soir ?

- Peut-être, ça dépend. J'ai beaucoup de travail (7) _____ week-end parce que j'ai un examen lundi.

DIALOGUE 5 :

- (8) _____ été, nous allons passer nos vacances au Maroc.

- Super, il va faire beau !

- J'espère, mais je ne suis pas sûre. (9) _____ année, il fait moins beau que d'habitude.

DIALOGUE 6 :

- Tu connais (10) _____ étudiante ?

- Non, pourquoi ?

- Ah bon. Je crois que c'est (11) _____ cousine de Matthias.

SAM 05-26   Adjectifs démonstratifs.

Complete the following dialogues with demonstrative adjectives (**ce, cet, cette, ces**).

DIALOGUE 1 : Thomas et André sont à la librairie.

THOMAS :   Regarde, je vais acheter (1) _____ livre.

ANDRÉ :   Ah oui, très bien. C'est excellent. Est-ce que tu aimes (2) _____ stylos ?

THOMAS :   Oui, ils sont très bien.

DIALOGUE 2 : Nadia et Élodie sont à la boulangerie.

NADIA :   Oh, j'adore (3) _____ boulangerie.

ÉLODIE :   Moi aussi, elle est super. Qu'est-ce que tu veux acheter ?

NADIA :   (4) _____ croissants et aussi (5) _____ baguette.

DIALOGUE 3: Cécile et Sonia sont à l'université.

CÉCILE :   Tu connais (6) _____ étudiant ?

SONIA :   Non, je crois qu'il est nouveau.

CÉCILE :   Et (7) _____ prof, c'est qui ?

SONIA :   C'est mon prof de maths, il est très sympa.

DIALOGUE 4 : Denise est au magasin de chaussures.

DENISE :   Monsieur, s'il vous plaît, combien coûtent (8) _____ chaussures ?

LE VENDEUR :   80 euros. Est-ce que vous voulez les essayer ?

DENISE :   Non merci, je vais plutôt essayer (9) _____ sandales.

SAM 05-27 Combien coûte ce pull ?

le champagne, la télévision, la bougie, les fleurs, les lunettes, l'appareil photo, le sac à main

Imagine you are at a store and you want to find out how much the following items cost. Write a question for each item using the verb **coûter** and demonstrative adjectives (**ce, cet, cette, ces**). Follow the model.

MODEL: *Combien coûte ce parfum?*

1. _____

2. _____

3. _____

4. _____

5. _____

6. _____

7. _____

SAM 05-28 Articles indéfinis et partitifs.

Complete the sentences with indefinite articles (**un, une, des**) and partitive articles (**du, de la, de l'** and **des**). Be careful with negative structures (**pas de**).

1. Pour mon petit-déjeuner, je mange _____ croissant avec _____ confiture. Je ne mange pas _____ œufs.

2. Est-ce que vous avez _____ café ? J'ai envie de boire _____ café avec _____ lait.

3. Je vais aller à la pharmacie pour acheter _____ aspirine.

4. Est-ce que tu veux _____ eau gazeuse avec ton dîner ? Ou est-ce que tu préfères _____ jus de fruit ?

Unité 5 Soirée à thème ■ **113**

5. Mon père aime manger _____ fruit après son dîner.

6. Est-ce que vous mangez _____ légumes tous les jours ?

7. Moi, je mange souvent _____ salade.

SAM 05-29   Conversations de magasins.

Complete these dialogues with definite articles (**le, la, l', les**), indefinite articles (**un, une, des**) and partitive articles (**du, de la, de l'** and **des**). Be careful with negative structures (**pas de**).

DIALOGUE 1 :

- Bonjour, est-ce que vous avez (1) _____ oranges ?

- Bien sûr. Combien vous en voulez ?

- Un kilo s'il vous plaît. Avez-vous (2) _____ bière ?

- Désolée, je ne vends pas (3) _____ alcool.

DIALOGUE 2 :

- Bonjour.

- Bonjour madame. Vous désirez ?

- Je voudrais (4) _____ pain pas trop cuit et (5) _____ croissants.

- Oh, je n'ai pas (6) _____ croissants, mais j'ai (7) _____ pains au chocolat si vous voulez.

- Très bien, c'est parfait.

DIALOGUE 3 :

- Bonjour monsieur, nous cherchons (8) _____ chaussures pour mon mari.

- Désolé madame. Ici, c'est (9) _____ boutique de vêtements. Il faut aller dans (10) _____ magasin qui est juste à côté. C'est (11) _____ magasin de chaussures.

DIALOGUE 4 :

- Bonjour, je cherche (12) _____ livre sur les plantes médicinales.

- Bien sûr monsieur. Vous allez trouver ça au premier étage, au rayon Médecine.

- Et est-ce que vous vendez aussi (13) _____ livres en langue étrangère ?

- Nous avons quelques titres en anglais.

DIALOGUE 5 :

- Bonjour, je voudrais acheter (14) _____ boissons fraîches.

- Vous voulez (15) _____ eau? (16) _____ coca ?

- Oui, je vais prendre (17) _____ bouteille d'eau s'il vous plaît. Mais je ne veux pas (18) _____ coca.

SAM 05-30 Qu'est-ce que vous avez ?

Paul is trying to find out what objects Bernadette and Valérie have in their bags. Complete Bernadette and Valérie's replies using **avoir, partitive articles,** and **indefinite articles.**

> **MODEL:** Paul : Bernadette, est-ce que tu as des gâteaux dans ton sac ?
> Bernadette : Non, *je n'ai pas de gâteaux dans mon sac.*

PAUL : Bernadette, est-ce que tu as des lunettes dans ton sac ?

BERNADETTE : Oui, (1)_____ dans mon sac.

PAUL : Valérie, est-ce que tu as un appareil photo dans ton sac ?

VALÉRIE : Non, (2)_____ dans mon sac.

PAUL : Bernadette, est-ce que tu as du maquillage dans ton sac ?

BERNADETTE : Non, (3)_____ dans mon sac.

PAUL : Valérie, est-ce que tu as de l'eau dans ton sac ?

VALÉRIE : Oui, (4)_____ dans mon sac.

PAUL : Bernadette, est-ce que tu as du parfum dans ton sac ?

BERNADETTE : Non, (5)_____ dans mon sac.

PAUL : Valérie, est-ce que tu as un stylo dans ton sac ?

VALÉRIE : Oui, (6)_____ dans mon sac.

SAM 05-31 La négation des articles partitifs et indéfinis.

Answer the following questions in the negative.

1. Est-ce que vous achetez du lait à la boulangerie ?

_____

2. Est-ce qu'il y a des guirlandes dans la salle de classe ?

_____

3. Est-ce que vous portez des lunettes de soleil pendant le cours de français ?

_____

4. Est-ce que vous avez des amis au Groenland ?

_____

5. Est-ce que vous achetez des chaussures à l'épicerie ?

_____

6. Est-ce qu'il y a du fromage dans le gâteau au chocolat ?

_____

SAM 05-32   Qu'est-ce qu'il faut faire ?

You are going to hear three people talk about their problems. Listen and choose what you think is the best advice for each person.

1. Pour Caroline : _____

    a. Il faut beaucoup travailler.
    b. Il faut dormir et se relaxer.
    c. Il faut manger beaucoup de légumes.

2. Pour Sylvie : _____

    a. Il faut avoir un baby-sitter de temps en temps.
    b. Il faut travailler plus.
    c. Il faut manger des fruits.

3. Pour Christophe : _____

    a. Il faut trouver un nouveau travail.
    b. Il faut faire des courses.
    c. Il faut trouver des activités pour personnes âgées, et des amis.

SAM 05-33   Écoutez bien !

Christine, Djamel and Christophe are organizing a birthday party for Nicolas. They are leaving each other voice mail messages. Listen to their messages and choose the correct answers.

1. Qu'est-ce que Christine achète ?

_____

    a. une tarte aux fruits
    b. un gâteau au chocolat
    c. un gâteau aux amandes

2. Où est-ce qu'elle l'achète ?

_____

    a. au supermarché
    b. à l'épicerie
    c. à la pâtisserie

3. Quel cadeau est-ce qu'elle va acheter ?

_____

    a. un CD
    b. des fleurs
    c. un DVD

4. Qu'est-ce que Djamel apporte ?

_____

    a. des boissons
    b. des huîtres
    c. des croissants

5. Quel cadeau est-ce qu'il veut acheter pour Nicolas ? _____

    a. un CD
    b. un jeu de société
    c. on ne sait pas

6. Christophe va retéléphoner

    a. vers minuit
    b. vers midi
    c. vers huit heures

7. Où se trouve le magasin ?

_____

    a. entre une boulangerie et une épicerie
    b. à côté d'une boulangerie et d'une épicerie
    c. entre une pharmacie et une épicerie

8. Quel est son numéro de portable ?

_____

    a. 06-67-34-79-81
    b. 06-67-34-79-91
    c. 06-27-43-69-81

SAM 05-34 Les sons [s] et [z].

 Listen and indicate whether the words you hear have the [s] sound or the [z] sound.

1. Isabelle et Zoé _____

2. un sac _____

3. sortir _____

4. mes amis _____

5. un magasin _____

6. de l'aspirine _____

7. de l'eau gazeuse _____

8. des chaussures _____

9. Lucie sort sans son sac. _____

10. Isabelle aime Zidane. _____

a. [s]

b. [z]

SAM 05-35 Je pronounce [s] et [z].

Record yourself pronouncing the following words and sentences. To pronounce the [s] correctly, think of a snake. To pronounce the [z] correctly, think of a bee.

1. des chaussures

2. un sac

3. des magasins

4. mes amis

5. Lucie sort sans son sac.

6. Isabelle et Zoé aiment Zidane.

SAM 05-36 Les sons [ʃ] et [ʒ].

Listen and indicate whether the words you hear have the sound [ʃ] as in **chat**, or the sound [ʒ] as in **jour**.

1. Charles _____

2. joie _____

3. tous les jours _____

4. du jus d'orange _____

a. [ʃ]

b. [ʒ]

5. une bougie _____

6. je joue _____

7. le dimanche _____

8. du champagne _____

9. Jacques et Jean vont à la boulangerie. _____

10. Charlie est charmant. _____

SAM 05-37   Je prononce [ʃ] et [ʒ].

Record yourself pronouncing the following words and sentences. The sound [ʃ] is the sound you have at the beginning of the word **chaussures**. The sound [ʒ] is the sound you hear in **je**.

1. dimanche

2. je joue

3. du jus d'orange

4. du champagne

5. Charlie est charmant.

6. Jean et Jacques vont à la boulangerie.

SAM 05-38   Une invitation.

You have just received an invitation. Read it and answer the questions.

> Le 4 juin 2015
>
> Salut Youna !
>
> Alex et moi t'invitons au dîner qu'on organise le samedi 24 juin pour célébrer notre premier anniversaire de mariage.
>
> Ton ami est le bienvenu, bien sûr !
>
> N'apporte rien à manger ou à boire, on s'occupe de ça. Mais si tu veux, apporte des CD pour danser après le dîner !
>
> Tu peux nous confirmer ta présence avant le week-end prochain ? Merci !
>
> Bises
> Virginie et Alex

1. Qui a écrit ce document ? _____
   a. des amis
   b. des enfants
   c. des professeurs de l'université

2. C'est _____
   a. un message commercial
   b. un message amical
   c. un message publicitaire

3. Quel est l'objet de ce message ? _____
   a. une invitation pour un mariage
   b. une invitation pour un dîner
   c. une invitation pour un concert

4. Qu'est-ce que Youna va apporter ? _____
   a. un gâteau
   b. des boissons
   c. de la musique

5. Il faut que Youna _____
   a. confirme sa présence
   b. invite ses parents
   c. achète un gâteau

SAM 05-39 Inviter quelqu'un.

It is now your turn to invite someone. Write a short message to a friend taking into account the following elements.

> Vous organisez une fête pour votre anniversaire. Vous invitez des amis. Vous indiquez la date et l'heure, et aussi le lieu (*the place*) de la fête. Il faut dire à votre ami(e) si il/elle doit apporter quelque chose à manger ou à boire. Il faut aussi demander à votre ami(e) de confirmer sa présence.

_____

_____

_____

_____

_____

SAM 05-40 Conversation.

Choose a partner from your class, and together, record a conversation on the following topic: one of you has a birthday and is inviting the other to a party.

Unité 6
BIEN DANS NOTRE PEAU

ANCRAGE

SAM 06-01   Qu'est-ce que c'est ?

Identify each picture.

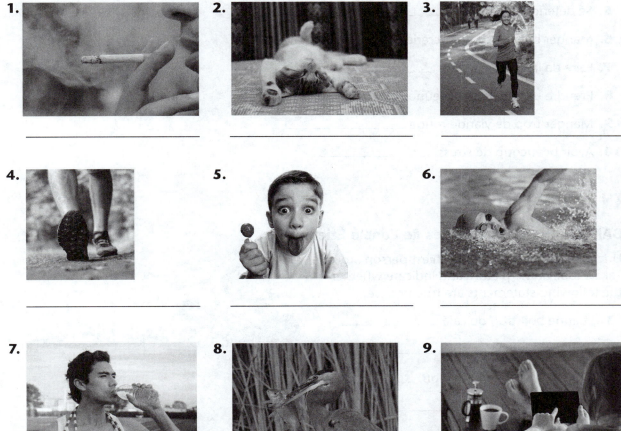

1. _____

2. _____

3. _____

4. _____

5. _____

6. _____

7. _____

8. _____

9. _____

a. manger du poisson
b. fumer
c. marcher
d. courir
e. dormir

f. se détendre
g. manger des sucreries
h. faire de la natation
i. boire de l'eau

SAM 06-02   Bonnes ou mauvaises habitudes ?

Indicate whether the following activities are good or bad for your health.

a. bonne habitude   b. mauvaise habitude

1. Faire de la natation _____

2. Fumer _____

3. Faire la sieste _____

4. Courir _____

5. Se détendre _____

6. Manger beaucoup de sucreries _____

7. Faire de la marche à pied _____

8. Prendre un bon petit-déjeuner _____

9. Manger trop de viande rouge _____

10. Avoir beaucoup de stress _____

EN CONTEXTE

SAM 06-03   Les habitudes de l'oncle Étienne.

Uncle Étienne is not the healthiest person around.
Take a look at the picture and indicate whether
the following statements are true or false.

1. Étienne boit trop de café. _____

2. Il ne fume jamais. _____

3. Il fait beaucoup de natation. _____

4. Étienne aime la bière. _____

5. Étienne ne mange pas de fruits et de légumes. _____

6. Il boit assez d'eau. _____

7. Il mange du poisson. _____

8. Il ne boit jamais d'alcool. _____

Nom: _____ Date: _____

SAM 06-04 Mes habitudes…

What are your good and bad habits? Do you smoke? Do you eat lots of vegetables? Do you exercise? Do you sleep well? Write 6 sentences talking about your habits.

_____

_____

_____

_____

_____

_____

FORMES ET RESSOURCES

SAM 06-05 Les habitudes de Sylvie et Martin.

🔊 Listen to the dialogue and choose the correct statements.

1. Sylvie _____
   a. est fatiguée parce qu'elle ne dort pas bien.
   b. est fatiguée parce qu'elle ne boit pas d'eau.
   c. est fatiguée parce qu'elle a beaucoup d'examens.

2. Elle mange _____
   a. beaucoup de légumes.
   b. beaucoup de fast-food.
   c. beaucoup de sucreries.

3. Sylvie boit _____
   a. un peu de café le matin.
   b. un peu de café le soir.
   c. beaucoup de café tous les jours.

4. Sylvie aime _____
   a. les croissants.
   b. les fromages.
   c. les fruits.

5. Martin aime beaucoup _____
   a. les fruits.
   b. les yaourts.
   c. les sucreries.

6. Martin _____
   a. fume un peu.
   b. fume beaucoup.
   c. ne fume jamais.

7. Martin fait du sport _____
   a. rarement.
   b. fréquemment.
   c. quelquefois.

8. Sylvie pense que Martin doit _____
   a. arrêter de manger des sucreries.
   b. arrêter de travailler.
   c. arrêter de fumer.

SAM 06-06 Finissez les phrases !

Finish the sentences with the correct endings.

1. Mon amie Sophie _____

2. Moi, je _____

3. Est-ce que tu _____

4. Nous _____

5. Elles _____

6. Vous _____

    a. dormez tard le matin ?

    b. bois souvent du lait.

    c. doivent étudier pour leur examen de français.

    d. ne fait jamais de sport.

    e. prends le bus pour aller au travail ?

    f. achetons le journal tous les jours.

SAM 06-07 Conjugaisons.

Conjugate the verbs in the present tense.

1. Mes amis _____ (dormir) tard le matin, mais moi, je _____ (aller) étudier à la bibliothèque.

2. Je _____ (devoir) travailler tous les jours. Et vous, vous _____ (travailler) ?

3. Nous _____ (devoir) parler français dans le cours de français !

4. Qu'est-ce que tu _____ (boire) au petit-déjeuner ?

5. Les Français _____ (boire) souvent du vin.

6. Mon frère _____ (boire) trop de boissons sucrées.

7. Est-ce que vous _____ (sortir) souvent le soir ?

8. Mes parents _____ (sortir) très rarement le soir.

9. Marc _____ (acheter) le journal tous les matins.

10. Nous, nous _____ (acheter) des magazines de temps en temps.

11. À quelle heure est-ce que vous _____ (finir) vos cours ? Moi, je _____ (finir) à 14h00.

12. Nathalie _____ (prendre) l'autobus pour aller au travail.

13. Moi, je _____ (prendre) ma voiture, et mes amis Jean et François _____ (prendre) le métro.

14. Je _____ (aller) faire une randonnée ce week-end, et mes parents _____ (aller) faire du jardinage.

SAM 06-08 Choisissez les bons verbes !

Choose the correct verbs from the list and complete the sentences in a logical way. Don't forget to conjugate the verbs!

> manger, boire, fumer, finir, faire, travailler, dormir

1. Moi, je ne fume pas, mais mes frères _____ beaucoup.

2. Mon père ne _____ pas de poisson, mais ma mère et moi, nous en _____ trois fois par semaine.

3. Chez moi, personne ne _____ de lait. Nous n'aimons pas le lait.

4. Le dimanche matin, je _____ tard. Je me lève à 11h00.

5. Ma sœur _____ 30 heures par semaine.

6. Mes frères et moi, nous _____ du vélo tous les week-ends.

7. À quelle heure est-ce que tu ton travail le soir ?

SAM 06-09 Ma famille et mes amis !

Can you think of people you know among your friends and family who are a good match for these expressions? Write 8 complete sentences. Don't forget to conjugate the verbs.

> **MODEL:** faire du sport tous les jours: *mon amie Hélène fait du sport tous les jours.*

1. voyager en avion : _____

2. ne pas manger de viande : _____

3. parler deux langues étrangères : _____

4. devoir manger plus de légumes : _____

5. aller souvent au cinéma : _____

6. boire trop de café : _____

7. prendre le bus tous les jours : _____

8. fumer : _____

SAM 06-10   Le corps.

Match the words and the images.

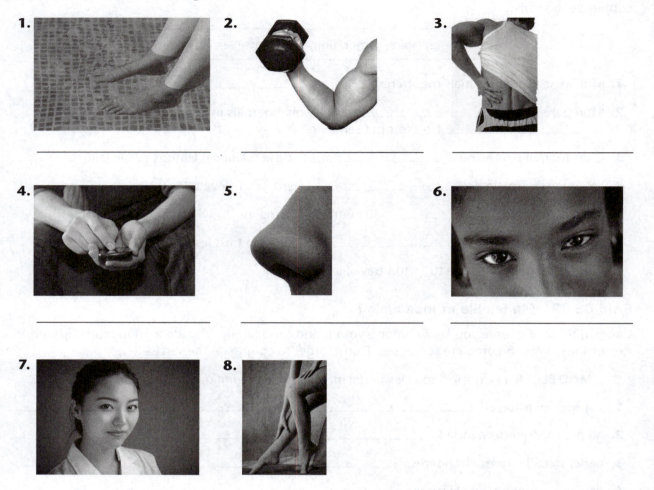

1.

2.

3.

4.

5.

6.

7.

8.

a. les mains

b. le bras

c. les pieds

d. les jambes

e. le nez

f. la tête

g. le dos

h. les yeux

SAM 06-11   Les parties du corps...

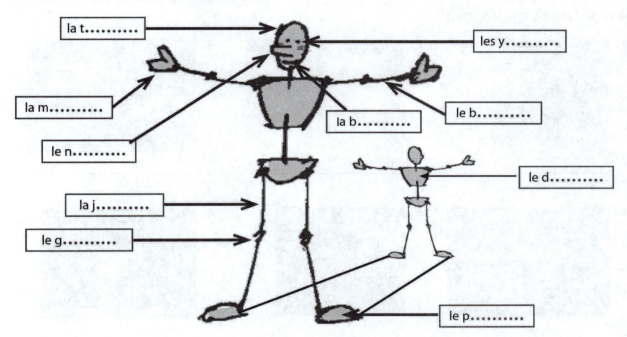

la t..........

les y..........

la m..........

le b..........

la b..........

le n..........

le d..........

la j..........

le g..........

le p..........

Indicate the body parts on the drawing.

SAM 06-12   Quelle partie du corps ?

Locate the following words related to the body. Be sure to look for words horizontally, vertically, diagonally and backwards.

nez, bouche, genou, pied, main, œil, jambe, dos

D	A	Q	R	T	V	Y	O	W	E
O	A	L	T	I	V	R	D	I	U
S	J	O	E	I	L	X	P	Y	Z
T	A	E	M	Q	G	I	K	O	N
R	M	Y	R	S	E	J	U	M	R
U	B	O	M	D	N	U	I	A	K
B	E	H	C	U	O	B	N	I	U
D	A	Z	V	F	U	T	Q	N	D
F	W	C	B	O	G	W	R	I	P
G	D	Y	E	L	C	K	N	E	Z

SAM 06-13 Les sports.

Match the sports and the images.

1.

_____

2.

_____

3.

_____

4.

_____

5.

_____

6.

_____

7.

_____

8.

_____

9.

_____

a. la voile

b. le tennis

c. la marche à pied

d. le ski

e. le cyclisme

f. la gymnastique

g. la natation

h. l'athlétisme

i. l'escrime

SAM 06-14 C'est bon pour le cœur.

Explain which part of the body the following sports are good for.

MODEL: faire du vélo : *C'est bon pour les jambes.*

1. faire de la marche à pied : _____

2. jouer au tennis : _____

3. faire de la voile : _____

4. faire de la natation : _____

5. faire de l'escrime : _____

6. faire de la musculation : _____

7. faire du footing : _____

SAM 06-15 La fréquence.

How often do you do the following activities? Using adverbs of frequency (**souvent, quelquefois, régulièrement, jamais, rarement, fréquemment, toujours**), write complete sentences. You can also indicate how many times per week you do something (**deux fois par semaine, trois fois par semaine**).

1. boire du coca

_____

2. manger du poisson

_____

3. manger des sucreries

_____

4. faire du sport

_____

5. fumer

_____

6. courir

_____

7. marcher

_____

8. aller au cinéma

_____

SAM 06-16 Vous allez souvent au cinéma ?

🔊 Listen to the dialogue and choose the correct statements.

1. Denise et Fanny font _____
   a. de la natation ensemble.
   b. du tennis ensemble.
   c. du yoga ensemble.

2. Elles en font _____
   a. une fois par semaine.
   b. trois fois par semaine.
   c. deux fois par semaine.

3. Fanny fait de la voile _____
   a. en été.
   b. en hiver.
   c. tous les samedis.

4. Denise fait de la natation _____
   a. très souvent.
   b. quelquefois.
   c, jamais.

5. Marc fait _____
   a. du cyclisme.
   b. de la gym.
   c. de l'escrime.

6. Il en fait _____
   a. trois fois par semaine.
   b. quatre fois par semaine.
   c. deux fois par semaine.

7. Marc _____
   a. ne sait pas jouer au tennis.
   b. sait bien jouer au tennis.
   c. n'aime pas le tennis.

SAM 06-17   Logique.

Match the statements that belong together.

1. Je fais de la natation et de la plongée. _____

2. Ce soir, je dois beaucoup étudier. _____

3. Il est végétarien. _____

4. Ma mère fait une très longue randonnée. _____

5. Mon ami fait un régime. _____

6. Je ne dors pas assez. _____

7. Mon frère sort tard et il boit trop de bière. _____

> a. Il ne mange jamais de viande.
> b. Elle a mal aux jambes.
> c. Il a mal à la tête.
> d. Il faut dormir !
>
> e. J'aime les sports aquatiques !
> f. Il ne mange pas de sucreries.
> g. J'ai un examen demain matin.

SAM 06-18   Conversation.

Choose a partner from the class and record your conversation. The topic of your conversation should be how frequently you do various things and activities. You might want to prepare some questions for your partner. Use vocabulary from this chapter.

SAM 06-19   Verbes pronominaux.

The following sentences describe a typical day in Clara's life. Unfortunately, the sentences got mixed up and are no longer in chronological order. Find the correct sequence, and number the sentences 1 through 9 to create a logical order.

1. _____ Après le travail, Clara fait des courses et puis elle fait du jogging.

2. _____ Elle se dépêche parce qu'elle ne veut pas rater l'autobus de 6h45.

3. _____ Elle prend son déjeuner avec une collègue et puis elle retourne travailler.

4. _____ Clara se réveille à 6 heures.

5. _____ Elle se couche, lit un peu et elle s'endort à 22h30.

6. _____ Elle s'habille et prend son petit-déjeuner rapidement.

7. _____ Elle se lève, elle se lave et elle se brosse les dents.

8. _____ Elle arrive au travail à 7h30 et elle travaille jusqu'à midi.

9. _____ Clara se douche et va au restaurant avec des amis.

SAM 06-20   C'est quel verbe ?

Match the images with the correct verbs.

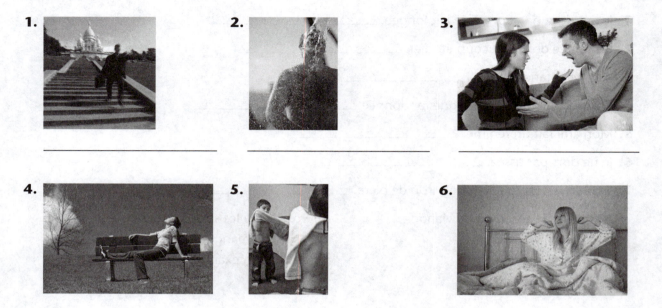

1. _____

2. _____

3. _____

4. _____

5. _____

6. _____

7. _____

a. se détendre
b. se disputer
c. se laver les mains
d. se doucher
e. se réveiller
f. s'habiller
g. se dépêcher

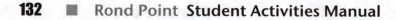

SAM 06-21   Conjugaison des verbes pronominaux.

Conjugate the verbs of the following mini-dialogues in the present.

- Est-ce que vous (1) _____ (se détendre) souvent ?

- Oui, nous (2) _____ (se promener) tous les jours.

- Est-ce que tu (3) _____ (se lever) tôt le matin ?

- Oui, je (4) _____ (se réveiller) à 6 heures !

- Est-ce que vos grands-parents (5) _____ (se coucher) tard ?

- Non, ils (6) _____ (ne pas se coucher) tard.

- Est-ce que vous (7) _____ (se doucher) avant votre petit-déjeuner ?

- Non, je (8) _____ (se laver) après.

- Est-ce que ta mère (9) _____ (s'habiller) de manière chic en général ?

- Oui, elle est très coquette ! Mais mon père (10) _____ (ne pas s'habiller) très bien…

SAM 06-22   Ma routine…

Explain your daily routine using the verbs **se réveiller, se lever, se doucher, s'habiller, se coucher, se dépêcher, se détendre**, as well as other verbs and expressions of your choice.

_____

_____

_____

_____

_____

_____

_____

SAM 06-23   Mauvaise humeur !

You woke up in a terrible mood. Your friend is asking you questions and you are annoyed. Follow the model and answer each question in the negative.

> **MODEL:**   Ça va ?
> *Non, ça ne va pas.*

1. Est-ce que tu es en forme ?

Non, je _____ en forme.

2. Tu veux manger ?

Non, je _____.

Unité 6 Bien dans notre peau   ■

3. Est-ce que tu te disputes avec moi ?

Non, je _____ avec toi.

4. Tu veux boire du café ?

Non, je _____ de café.

5. Tu vas manger un croissant ?

Non, je _____ de croissant.

6. On va aller à la piscine ce matin ?

Non, on _____ à la piscine ce matin.

7. Tu as envie de me parler ?

Non, je _____ de te parler.

SAM 06-24   Je pose des questions.

Each choice below has a person you are speaking to and an activity. Write questions by integrating the two elements as in the model shown. You can use the **est-ce que** form or the inversion if you prefer.

> **MODEL:**   à votre professeur : boire du lait
> *Est-ce que vous buvez souvent du lait le matin, Madame?*

1. à votre ami(e) : dormir assez

_____

2. à votre professeur(e) : se déplacer à vélo

_____

3. à des amis : boire du café

_____

4. à vos parents : faire du sport

_____

5. à votre ami(e) : se lever tard

_____

6. à votre professeur : se promener

_____

SAM 06-25   La journée de Sidonie.

Listen to the recording and indicate whether the statements are true or false.

1. Sidonie se réveille très tard le matin. _____

2. Elle mange beaucoup le matin. _____

3. Elle se déplace en bus pour aller à l'université. _____

4. Sidonie a juste un cours à l'université. _____

5. Elle travaille dans un café. _____

6. Après son travail, elle aime faire du sport. _____

7. Quand il pleut, elle aime faire du frisbee. _____

8. Elle regarde la télé le soir. _____

9. Elle n'étudie jamais le soir. _____

10. Elle se couche à 22 heures. _____

SAM 06-26   Quantités…

Match the images with the correct expressions.

1.

_____

a. Elle mange beaucoup de légumes.
b. Elle ne mange pas assez de légumes.
c. Elle mange trop de légumes.

2.

_____

a. Elle mange beaucoup de légumes.
b. Elle mange peu de légumes.
c. Elle ne mange jamais de légumes.

3.

_____

a. Elle mange un peu de fruits.
b. Elle mange trop de fruits.
c. Elle mange assez de fruits.

4.

_____

a. Ils mangent un peu de fruits.
b. Ils mangent trop de fruits.
c. Ils mangent beaucoup de fruits.

5.

a. Elle a trop d'argent.

b. Elle a beaucoup d'argent.

c. Elle a un peu d'argent.

6.

a. Il a beaucoup d'argent.

b. Il n'a pas assez d'argent.

c. Il a peu d'argent.

SAM 06-27 Peu de ou trop ?

Read the texts and complete the sentences using **peu de, assez de, beaucoup de, trop de, pas assez de**.

PAULA

Elle va au club de sports avec deux amies tous les matins avant son travail et après le travail ; elle fait du footing trois fois par semaine avec Pierre, son copain. Le matin, elle prend un thé et des fruits. Le midi, elle mange un petit sandwich et, le soir, elle mange une salade ou une soupe. Tous les soirs, après dîner, elle retrouve ses copains au bistrot du quartier. Avant de se coucher, elle ne lit pas souvent parce qu'elle s'endort toujours très vite.

DAVID

Il passe toute sa journée au travail, il n'a donc pas de temps pour ses loisirs. Mais, grâce à sa profession, il rencontre très souvent des acteurs et des chanteurs dans des festivals internationaux. Comme il voyage toute la semaine, il n'a pas le temps de surveiller son alimentation. Le week-end, il n'aime pas rentrer dans sa grande maison près de Lyon (500 m² !) où il habite tout seul. Parfois, il sort avec son seul ami, Pierre. C'est un homme stressé et ses nuits sont courtes.

1. David travaille _____ heures par jour.

2. Il n'a _____ temps libre.

3. Il connaît _____ gens célèbres.

4. Il a _____ amis.

5. Il a _____ stress.

6. Paula fait _____ sport.

7. Elle ne mange _____ viande et de poisson.

8. Elle a _____ amis.

9. Elle ne lit _____ livres.

SAM 06-28 Mes quantités...

Write about your own habits using expressions of quantity (**un peu de, assez de, trop de, beaucoup de**). Do you read lots of books? Do you drink enough water? Do you exercise a lot? Do you study a lot? Write ten sentences.

_____

_____

_____

_____

_____

_____

_____

_____

_____

_____

SAM 06-29 Comparaisons.

Read the two texts and indicate whether the following statements are true or false.

DAVID

PAULA

Elle va au club de sports avec deux amies tous les matins avant son travail et après le travail ; elle fait du footing trois fois par semaine avec Pierre, son copain. Le matin, elle prend un thé et des fruits. Le midi, elle mange un petit sandwich et, le soir, elle mange une salade ou une soupe. Tous les soirs, après dîner, elle retrouve ses copains au bistrot du quartier. Avant de se coucher, elle ne lit pas souvent parce qu'elle s'endort toujours très vite.

Il passe toute sa journée au travail, il n'a donc pas de temps pour ses loisirs. Mais, grâce à sa profession, il rencontre très souvent des acteurs et des chanteurs dans des festivals internationaux. Comme il voyage toute la semaine, il n'a pas le temps de surveiller son alimentation. Le week-end, il n'aime pas rentrer dans sa grande maison près de Lyon (500 m² !) où il habite tout seul. Parfois, il sort avec son seul ami, Pierre. C'est un homme stressé et ses nuits sont courtes.

1. Paula fait plus de sport que David. _____

2. Paula a moins d'amis que David. _____

3. David a plus de stress que Paula. _____

4. David travaille plus que Paula. _____

5. Paula connaît plus de personnes célèbres que David. _____

6. David voyage plus souvent que Paula. _____

SAM 06-30　Interviews…

Éric, a student in journalism, is interviewing students on campus about their daily habits for his school paper. After reading each part of the interview, complete the statements with the correct option.

ÉRIC :	Bonjour, est-ce que vous pouvez répondre à quelques questions ? J'écris un article pour le journal de mon université pour explorer les habitudes de santé des étudiants.
PAUL :	Oui bien sûr, on peut essayer.
ÉRIC :	Vous êtes d'accord vous aussi mademoiselle ?
JACQUELINE :	Oui, oui pas de problème. Quelles sont les questions ?
ÉRIC :	Alors pour commencer, parlons de ce qu'on mange. Est-ce que vous mangez de la viande ?
PAUL :	Oui, moi j'adore la viande, j'en mange beaucoup.
JACQUELINE :	Moi j'en mange juste un peu. Je préfère manger du poisson.

1. Jacqueline mange [plus de viande ; moins de viande] que Paul. _____

ÉRIC :	D'accord merci. Est-ce que vous mangez des légumes et des fruits ?
PAUL :	Oui, j'en mange tous les jours.
JACQUELINE :	Oui moi aussi, j'en mange tous les jours.

2. Jacqueline mange [moins de légumes ; autant de légumes] que Paul. _____

ÉRIC :	Et des sucreries ?
JACQUELINE :	Moi jamais, je n'aime pas les sucreries.
PAUL :	Moi c'est le contraire. J'adore les sucreries et j'en mange beaucoup.

3. Paul mange [plus de sucreries ; moins de sucreries] que Jacqueline. _____

ÉRIC :	Bon, et qu'est-ce que vous aimez boire ?
PAUL :	Moi, j'aime les jus de fruits. Je ne bois pas beaucoup d'eau.
JACQUELINE :	Moi, beaucoup d'eau, un peu de jus de fruits, et beaucoup de thé.
PAUL :	Moi je n'aime pas le thé, je n'en bois pas.

4. Paul boit [moins de jus de fruits ; plus de jus de fruits] que Jacqueline. _____

5. Jacqueline boit [plus de thé ; autant de thé] que Paul. _____

ÉRIC :	Très bien, merci. Parlons un peu de sport. Est-ce que vous faites du sport régulièrement ?
JACQUELINE :	Moi oui, je joue au foot avec des copines et je fais de la natation. Je fais du sport très fréquemment.
PAUL :	Moi je n'ai pas le temps. J'étudie et je travaille, alors je n'ai pas le temps de faire du sport.
ÉRIC :	Alors merci beaucoup, et bonne journée !
PAUL :	Au revoir !
JACQUELINE :	Au revoir !

6. Paul fait [moins de sport ; autant de sport] que Jacqueline. _____

SAM 06-31   L'impératif.

You are the parent of three children and you are trying to bring back some order into your household. Give your children commands by conjugating the verb in the imperative.

MODEL: à votre fils : (finir) _____ tes devoirs !
Finis tes devoirs !

1. à vos trois enfants :

(ne pas regarder) _____ la télé !

2. à votre fille :

(ranger)_____ ta chambre !

3. à votre fils :

(boire) _____ moins de Coca-Cola !

4. à vos trois enfants :

(sortir) _____ la poubelle !

5. à votre fils :

(manger) _____ plus de fruits !

6. à vos enfants :

(ne pas se disputer) _____ !

7. à votre fille :

(se lever) _____ !

8. à vos trois enfants :

(ne pas se coucher) _____ tard !

9. à vos trois enfants :

(être) _____ gentils avec votre grand-mère !

10. à votre fils :

(aller) _____ promener le chien !

SAM 06-32 Impératif négatif.

Rewrite each sentence in the negative form.

1. Mange ton sandwich !

_____

2. Cours !

_____

3. Dormez !

_____

4. Levez-vous !

_____

5. Prends ta voiture !

_____

6. Dépêche-toi !

_____

7. Réveillez-vous !

_____

8. Couche-toi !

_____

SAM 06-33 Le bon conseil.

Match each problem to the correct advice.

1. Je suis très stressé. Je ne dors pas bien. Je travaille trop. _____

2. Je mange beaucoup de sucreries et après, j'ai mal au ventre. _____

3. Je veux apprendre le français, mais je ne veux pas voyager en France. _____

4. Je fume beaucoup et je dois arrêter, mais c'est très difficile. _____

5. J'ai envie de voyager mais je suis seule et j'ai un peu peur. _____

6. Je suis souvent assise à mon bureau et j'ai mal au dos. _____

7. Je n'ai pas d'argent. _____

a. Il faut trouver un travail.

b. Voyagez avec une amie !

c. Prenez un cours à l'université !

d. Prenez du temps pour vous et détendez-vous.

e. Il faut consulter un médecin.

f. Levez-vous régulièrement et marchez !

g. Arrêtez de manger autant de sucreries !

SAM 06-34   Conseils.

Your friends are asking you for advice. Read what they have to say and give each of them one piece of advice. Use the imperative, the verb **devoir**, and expressions such as **il faut, il est important de, il est nécessaire de**.

1. Ami numéro 1 : Je veux avoir un peu d'argent. Qu'est-ce que je peux faire ?

_____

2. Ami numéro 2 : Je veux avoir des bonnes notes à mes examens !

_____

3. Ami numéro 3 : Je veux être en forme. Qu'est-ce que je peux faire ?

_____

4. Ami numéro 4 : Je veux partir en vacances, mais je ne sais pas où.

_____

5. Ami numéro 5: Je n'ai pas beaucoup d'amis. J'aimerais rencontrer des personnes.

_____

6. Ami numéro 6: J'ai envie d'avoir une meilleure alimentation.

_____

SAM 06-35   Conseils du médecin.

Listen to this doctor provide advice on how to lead a healthier life, then choose the correct statements.

1. Il est nécessaire de _____
   a. bouger.   b. manger.   c. voyager.

2. Il est important de _____
   a. se dépêcher.   b. se relaxer.   c. se doucher.

3. Il ne faut pas _____
   a. nager.   b. manger.   c. fumer.

4. Il ne faut pas _____
   a. manger trop de graisses.   b. manger trop de poisson.   c. manger trop de fruits.

5. Vous devez _____
   a. réduire le café.   b. réduire les légumes.   c. réduire le sucre.

SAM 06-36 Conversation...

Choose a partner from the class and practice a dialogue in which one of you states a simple problem and the other provides a simple solution. Make sure to take turns. When you are ready, record your conversation.

SAM 06-37 Les sons [gr], [kr] and [tr].

Listen and indicate whether you hear the sound [gr] as in **grand**, the sound [kr] as in **Christian**, or the sound [tr] as in **trois**.

1. _____   8. _____

2. _____   9. _____

3. _____   10. _____

4. _____   11. _____

5. _____   12. _____

6. _____   13. _____

7. _____   14. _____

SAM 06-38 Je prononce !

Practice saying the following phrases and record yourself when you are ready.

1. Trois crabes

2. Trop de travail

3. Un tigre gris

4. Une grosse crêpe

SAM 06-39 Dictée.

Listen to the text and write the words that are missing.

Aujourd'hui, il fait (1) _____ froid ! J'ai envie de (2) _____ dans un café pour (3) _____ une (4) _____ chaude. Peut-être un chocolat chaud. Ensuite, je vais (5) _____ dans la rue. J'ai envie de bouger un peu. Je vais faire quelques courses. Il y a un petit (6) _____ à côté de chez moi. Je vais acheter du (7) _____ et du (8) _____.

SAM 06-40 Étonnant !

Some French idiomatic expressions might seem strange. Try to understand what the following ones mean, matching them with their explanations.

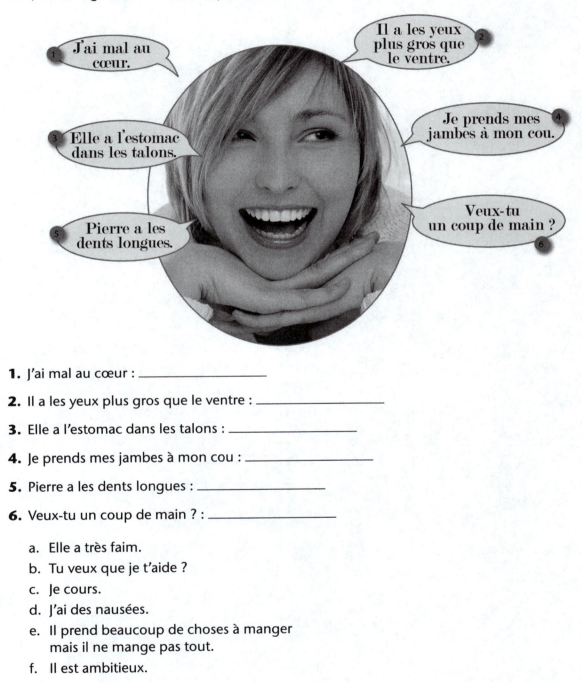

1. J'ai mal au cœur : _____

2. Il a les yeux plus gros que le ventre : _____

3. Elle a l'estomac dans les talons : _____

4. Je prends mes jambes à mon cou : _____

5. Pierre a les dents longues : _____

6. Veux-tu un coup de main ? : _____

    a. Elle a très faim.

    b. Tu veux que je t'aide ?

    c. Je cours.

    d. J'ai des nausées.

    e. Il prend beaucoup de choses à manger mais il ne mange pas tout.

    f. Il est ambitieux.

ANCRAGE

SAM 07-01   Coiffeur ou dentiste ?

Look at the images and identify the professions.

1. _____

2. _____

3. _____

4. _____

5. _____

6. _____

7. _____

8. _____

9. _____

10. _____

a. une serveuse
b. un mécanicien
c. un pompier
d. un agriculteur
e. une enseignante

f. un coiffeur
g. un médecin
h. une avocate
i. une ouvrière
j. une informaticienne

SAM 07-02   Quelle profession ?

Match the definitions with the correct professions.

1. Il fait du pain et des croissants. _____

2. Vous consultez cette personne si vous avez mal aux dents. _____

3. Il coupe les cheveux dans un salon de coiffure. _____

4. Elle travaille à l'hôpital avec des patients. _____

5. Il fait des interviews et travaille pour un journal. _____

6. Elle joue du piano et fait des concerts. _____

7. Il traduit des documents d'une langue à une autre. _____

8. Il enseigne dans une école. _____

9. Il travaille avec des ordinateurs. _____

10. Elle travaille à la campagne dans une ferme. _____

    a. un dentiste

    b. un traducteur

    c. une agricultrice

    d. un enseignant

    e. un journaliste

    f. une femme médecin

    g. un boulanger

    h. un coiffeur

    i. une musicienne

    j. un informaticien

EN CONTEXTE

SAM 07-03   Qu'est-ce que tu veux faire ?

Listen to the people explain what they want to do for work, and identify the correct profession for each person.

1. Enzo veut être _____.

2. Éliane veut être _____.

3. Alexis veut être _____.

4. Sonya veut être _____.

SAM 07-04 Masculin-Féminin.

Many professions have two forms, a masculine and a feminine form. Look at the following professions. If they are masculine, write the feminine equivalent, and if they are feminine, the masculine equivalent.

1. un menuisier / une _____

2. une vendeuse / un _____

3. un employé de bureau / une _____ de bureau

4. une agricultrice / un _____

5. un artisan / une _____

6. une avocate / un _____

7. un coiffeur / une _____

8. un ouvrier / une _____

9. une camionneuse / un _____

10. une traductrice / un _____

11. un serveur / une _____

12. un policier / une _____

SAM 07-05 Annonces.

Three students need to find jobs to help them finance their studies. Read the short description of each student and look at the three job advertisements. Determine which job would be the most appropriate for each student and justify your choice.

Agathe :

Elle a 20 ans. Elle est très bavarde et dynamique. Elle se lève toujours tôt le matin. Elle est très bonne en maths. Elle n'aime pas travailler avec les enfants.

Thomas :

Il a 23 ans. Il est très organisé mais il n'aime pas le travail en équipe. Il n'est pas très dynamique mais il connaît bien les ordinateurs.

Nora :

Elle a 18 ans. Elle aime la musique, elle chante toujours des chansons. Elle aime aussi la peinture et elle est très créative. Elle a quatre frères et trois sœurs, tous plus jeunes qu'elle. Elle est très sociable.

Annonce 1

Cabinet médical cherche secrétaire

Tâches principales :   organiser les dossiers des patients

taper le courrier

répondre au téléphone et prendre des rendez-vous

Annonce 2

Centre aéré cherche animateur/animatrice pour programme du mercredi après-midi

Tâches principales :   travailler avec des enfants de 5-10 ans

organiser des activités et des jeux

communiquer avec les parents

Annonce 3

Boulangerie cherche vendeur/vendeuse pour quelques heures le matin

Tâches principales :   vendre pains et pâtisseries

tenir la caisse (*register*)

faire les comptes

1. Travail idéal pour Agathe : _____

   Pourquoi ? _____

2. Travail idéal pour Thomas : _____

   Pourquoi ? _____

3. Travail idéal pour Nora : _____

   Pourquoi ? _____

SAM 07-06   Associations.

Choose which statement makes the most sense for each profession.

1. Pour être pompier, _____
   - a. il faut avoir un diplôme universitaire.
   - b. il faut savoir parler en public.
   - c. il faut avoir de la force physique et être courageux.

2. Pour être coiffeur, _____
   - a. il faut être créatif et aimable.
   - b. il faut savoir commander.
   - c. il faut avoir un permis de conduire.

3. Quand on est policier, _____
   - a. on voyage beaucoup.
   - b. on aide beaucoup de gens.
   - c. on est assis toute la journée.

4. Journaliste, c'est un travail _____
   - a. intéressant et varié.
   - b. facile et pénible.
   - c. ennuyeux et dangereux.

5. Pour être camionneur, il faut _____
   - a. connaître l'informatique.
   - b. être habitué à travailler en équipe.
   - c. avoir un permis de conduire.

6. Les médecins _____
   - a. ne gagnent pas beaucoup d'argent.
   - b. ont beaucoup de responsabilités.
   - c. ont un travail ennuyeux.

7. Pour être serveur, _____
   - a. il faut avoir une bonne présentation et une bonne mémoire.
   - b. il faut être disposé à voyager.
   - c. il faut être quelqu'un de créatif.

8. Les avocats _____
   - a. doivent savoir convaincre.
   - b. doivent avoir de la force physique.
   - c. doivent avoir l'esprit d'équipe.

SAM 07-07   Qualités nécessaires.

Which qualities and requirements do you associate with the following professions? Write six complete sentences.

MODEL: ingénieur : *Pour être ingénieur, il faut avoir un diplôme universitaire et il faut être intelligent.*

1. pompier : _____

2. secrétaire : _____

3. interprète : _____

4. psychologue : _____

5. chimiste : _____

6. artisan : _____

SAM 07-08   Questions de recrutement.

You are the director of a temporary work agency and you have several job openings for which you need to interview candidates. Select what would be the most appropriate thing to ask the candidates for the following jobs.

1. Camionneur :

Est-ce que vous avez [votre permis de conduire ; votre diplôme universitaire] ?

_____

2. Serveur :

Est-ce que vous avez toujours [du courage ; une bonne présentation] ?

_____

3. Secrétaire :

Est-ce que vous êtes [stressé ; organisé] ? _____

4. Infirmier :

Est-ce que vous savez [travailler en équipe ; parler en public] ?

_____

5. Mécanicien :

Est-ce que vous connaissez [des langues étrangères ; le fonctionnement des voitures] ?

_____

6. Vendeur :

Est-ce que vous êtes toujours [aimable ; sérieux] ? _____

7. Assistant social :

Est-ce que vous aimez [commander ; aider les autres] ?

_____

8. Informaticien :

Est-ce que vous connaissez bien [les ordinateurs ; les voitures] ?

_____

SAM 07-09   Le bon mot.

Choose the correct word to complete each sentence.

1. Un avocat doit [convaincre ; connaître ; conduire] le jury que son client est innocent.

_____

2. Je veux [devoir ; dire ; devenir] médecin après mes études.

_____

3. Quand on a 16 ans, on va au [lycée ; concours ; baccalauréat].

_____

4. J'adore mon travail. Il est très [ennuyeux ; pénible ; intéressant].

_____

5. Quand on travaille, on gagne de l' [emploi ; argent ; annonce].

_____

6. Certains emplois demandent une grande [licence ; patience ; force] physique.

_____

7. Pour être interprète, il faut parler deux langues [couramment, fréquemment, courageusement].

_____

8. J'ai perdu mon emploi. Je vais [chercher ; gagner ; rencontrer] un nouvel emploi.

_____

FORMES ET RESSOURCES

SAM 07-10   Savoir.

Match the verb forms of **savoir** with the correct subject.

1. Nous _____

2. Ma mère et ma sœur _____

3. Je _____

4. Est-ce que ton ami _____

5. Tu _____

6. Vous _____

a. ne sais pas nager.

b. sais conduire ?

c. savez parler trois langues.

d. savons danser la salsa.

e. sait quel métier il veut faire ?

f. ne savent pas skier.

SAM 07-11 Connaître.

Match the verb forms of **connaître** with the correct subjects.

1. Ma grand-mère _____

2. Mes professeurs _____

3. Tu _____

4. Mon frère et moi _____

5. Vous _____

6. Je _____

    a. connaissent bien l'université.

    b. connaissez Paris ?

    c. connais une personne célèbre ?

    d. connaît tous les gens du village.

    e. ne connais personne à New York.

    f. connaissons mal cette ville.

SAM 07-12 Qu'est-ce que tu sais faire ?

Do you know how to do the following things? Write 6 complete sentences, explaining how well you can do these things. Use **très bien, bien, un peu, pas bien,** and **pas du tout.** Follow the model.

> **MODEL:** *Je sais bien cuisiner, mais je ne sais pas skier.*

> cuisiner, danser, jouer au tennis, jouer du piano, nager,
> chanter, skier, parler en public, dessiner, conduire

1. _____

2. _____

3. _____

4. _____

5. _____

6. _____

SAM 07-13   Qu'est-ce qu'ils savent faire ?

Choose the statements that explain most accurately what the following people know how to do.

1. Une pop-star : _____
   a. Elle sait chanter et danser.
   b. Elle sait cuisiner.
   c. Elle sait nager.

2. Les chauffeurs de taxi : _____
   a. Ils savent bien convaincre.
   b. Ils savent bien cuisiner.
   c. Ils savent bien conduire.

3. Un vendeur : _____
   a. Il sait bien convaincre.
   b. Il sait bien cuisiner.
   c. Il sait bien conduire.

4. Un psychologue : _____
   a. Il sait comment gagner de l'argent.
   b. Il sait écouter les autres.
   c. Il sait travailler en équipe.

5. Les pâtissiers : _____
   a. Ils savent parler en public.
   b. Ils savent préparer des fêtes.
   c. Ils savent faire des gâteaux.

6. Un avocat : _____
   a. Il sait chanter.
   b. Il sait parler en public.
   c. Il sait dessiner.

SAM 07-14   Savoir ou connaître ?

Romain and Tristan are talking about celebrities. Complete their dialogue using **savoir** and **connaître**.

ROMAIN :   Tristan, tu (1) _____ le groupe Coldplay ?

TRISTAN :   Oui, c'est un groupe que j'aime beaucoup. Et tu (2) _____ que le chanteur de Coldplay, Chris Martin, était marié avec l'actrice Gwyneth Paltrow ?

ROMAIN :   Oui, je (3) _____. Et ils sont divorcés maintenant.

TRISTAN :   Ah bon ! Et j'imagine que tu (4) _____ les Rolling Stones, bien entendu. Eh bien, est-ce que tu (5) _____ que Mick Jagger (6) _____ très bien parler français ?

ROMAIN :   Oui, oui ! J'ai vu une interview à la télé, toute en français ! Il est super doué ! Et je suppose que tu (7) _____ l'actrice américaine Jodi Foster ?

TRISTAN :   Ah oui ! Elle est géniale !

ROMAIN :   Eh ben, Jodi Foster, elle (8) _____ parler français couramment.

TRISTAN :   Ouah ! C'est trop bien ! Et tu sais que Bono, le chanteur de U2, il a une maison dans le sud de la France ?

ROMAIN :   Ah non, je ne savais pas.

TRISTAN :   Ouais, mais Bono, il ne (9) _____ pas très bien parler français.

ROMAIN :   Non, mais il (10) _____ bien chanter ! Et au fait, tu (11) _____ le sud de la France toi ?

TRISTAN :   Non, je n'y suis jamais allé. Je ne (12) _____ pas cette région.

SAM 07-15   Le CV de Sophie.

Look closely at Sophie's resume and indicate whether the following statements are true or false.

Sophie Ducoin
26 ans (Tours, France)

ÉTUDES

⌐ **2002** Baccalauréat, Lycée Marie Curie, Toulouse

⌐ **2005** Licence de russe, Université de Moscou

⌐ **2007** Mastère « La Perestroïka », Université de Columbia, New York, États-Unis

EXPÉRIENCES PROFESSIONNELLES

⌐ **2007-2009** Secrétaire dans une entreprise franco-russe à Strasbourg

⌐ **2010** Professeur de russe (École de langues Matriochka, Paris)

LANGUES

⌐ **Russe :** parlé et écrit couramment (niveau C1) (séjour de deux ans à Moscou, entre 2003 et 2005)

⌐ **Anglais :** écrit et parlé (niveau B2)

1. Sophie a étudié à l'université dans des pays différents. _____

2. Sophie ne parle pas russe. _____

3. Sophie parle anglais. _____

4. Sophie n'est jamais allée aux États-Unis. _____

5. Sophie a travaillé comme secrétaire. _____

6. Elle enseigne le russe à Moscou. _____

7. Elle a enseigné l'anglais. _____

SAM 07-16 Participes passés.

Write the past participles of the following verbs:

MODEL: étudier : *étudié*

1. parler : _____

2. finir : _____

3. partir : _____

4. dormir : _____

5. prendre : _____

6. vendre : _____

7. boire : _____

8. faire : _____

9. être : _____

10. avoir : _____

11. naître : _____

12. vivre : _____

13. aller : _____

14. mourir : _____

15. écrire : _____

16. devoir : _____

17. vouloir : _____

18. savoir : _____

19. rester : _____

20. connaître : _____

SAM 07-17 Auxiliaires.

Indicate whether the following verbs are conjugated with the auxiliary **être** or **avoir**.

1. jouer _____

2. manger _____

3. partir _____

4. aller _____

5. travailler _____

6. voir _____

7. se lever _____

8. se coucher _____

9. devoir _____

10. naître _____

11. arriver _____

12. entrer _____

13. dormir _____

14. vouloir _____

15. sortir _____

16. tomber _____

17. étudier _____

18. se dépêcher _____

19. mourir _____

20. voyager _____

SAM 07-18 Le passé composé avec avoir.

Match the verb forms of **avoir** with the correct subjects.

1. Les étudiants _____

2. Nous _____

3. J' _____

4. Mon frère _____

5. Vous _____

6. Tu _____

    a. ai pris le bus ce matin.

    b. as bu du café à midi.

    c. avez vu ce film ?

    d. a joué au foot avec ses copains ce matin.

    e. avons mangé une pizza hier soir.

    f. ont étudié toute la nuit.

SAM 07-19 Le passé composé avec être.

Match the verb forms of **être** with the correct subjects.

1. Nous _____

2. Mes tantes _____

3. Tu _____

4. Vous _____

5. Je _____

6. Mon père _____

    a. sont allées en Égypte l'été dernier.

    b. est arrivé en avion.

    c. suis partie en vacances avec une amie.

    d. sommes allés au marché ce matin.

    e. êtes né où ?

    f. es sorti hier soir ?

SAM 07-20   Conjugaisons au passé composé.

Change the verbs from the present to the **passé composé**. Be careful with the agreement of the past participle with verbs using **être** as an auxiliary.

MODEL: Nous mangeons : *nous avons mangé*

1. Elle fait : _____

2. Nous étudions : _____

3. Vous marchez : _____

4. Je bois : _____

5. Tu veux : _____

6. Elles prennent : _____

7. Il doit : _____

8. Tu es : _____

9. Nous allons : _____

10. Elles sortent : _____

11. Ils tombent : _____

12. Elle se réveille : _____

SAM 07-21   Verbes pronominaux au passé composé.

Rewrite the following sentences in the **passé composé**. Remember that all reflexive verbs use the auxiliary **être**.

1. Je me réveille tôt.

_____

2. Est-ce que tu te laves ?

_____

3. Mon frère se couche tard.

_____

4. Mes amis se disputent.

_____

5. Ma mère se dépêche.

_____

6. Les enfants se lavent.

_____

7. Je me perds.

SAM 07-22   Les vacances de Valérie.

Valérie wrote her friend a letter during her last vacation, but she forgot to conjugate a few verbs. Complete the letter by conjugating the verbs in the **passé composé**.

Salut Vincent !

Je reviens juste de vacances en Espagne. C'était super ! Je (1) _____
(partir) avec mes parents et nous avons pris l'avion pour aller à Madrid. Ensuite, nous

(2) _____ (aller) à Barcelone et nous (3) _____ (visiter)

la ville. On a très bien mangé et on (4)_____ (avoir) du très beau temps

pendant toutes les vacances ! Il y a des architectures incroyables à Barcelone. Après, nous

(5) _____ (prendre) le bateau pour aller à Ibiza, qui est une île superbe. Il y a

beaucoup de touristes, mais j'(6) _____ (beaucoup aimer) les paysages et nous

(7) _____ (faire) de très belles promenades. Je (8)_____

(sortir) tous les soirs, mais mes parents (9) _____(préférer) rester tranquillement

à l'hôtel. Et puis, on (10) _____(voir) l'île de Formentera aussi. Très chouette !

Nous (11) _____ (rentrer) il y a une semaine. C'est moins drôle ici, il pleut et il

fait froid! Enfin, j'espère que tu (12) _____ (passer) de bonnes vacances. Viens

me voir à Paris un de ces jours !

Bisous !
Valérie

SAM 07-23   Ils sont célèbres !

Look at the chart. The first column lists subjects, the second lists verbs and the third lists things and facts. Who has accomplished what? Write 7 logical sentences in the **passé composé** using these elements.

Personne	Verbe	Objet / Fait
Spielberg	jouer	*Harry Potter.*
Marie Curie	marcher	contre l'injustice.
Van Gogh	écrire	le rôle d'Édith Piaf.
J.K. Rowling	réaliser	sur la lune.
Neil Armstrong	faire	*E.T.*
Gandhi	peindre	des découvertes scientifiques.
Hergé	lutter	*Tintin.*
Marion Cotillard	créer	*Les Tournesols.*

MODEL: *Hergé a créé Tintin.*

1. _____

2. _____

3. _____

4. _____

5. _____

6. _____

7. _____

SAM 07-24   Qu'est-ce qu'ils ont fait ce week-end ?

Listen to the dialogues and choose the statement that accurately represents what each person did during the weekend.

1. Raphaël _____
- a. est allé au cinéma.
- b. est allé à un concert.
- c. est allé au cimetière.

2. Nicolas _____
- a. a étudié tout le week-end.
- b. n'a pas étudié ce week-end.
- c. a dormi tout le week-end.

3. Florence _____
   a. a travaillé.
   b. a fait du vélo avec des copains.
   c. a fait une randonnée avec des copains.

4. Annie _____
   a. a dormi tout le week-end.
   b. a travaillé dimanche.
   c. a travaillé samedi.

5. Virginie _____
   a. a fait du sport samedi matin.
   b. a fait du sport dimanche soir.
   c. n'a pas fait de sport.

6. Yann _____
   a. est resté chez lui tout le week-end.
   b. est sorti samedi soir.
   c. est allé à la bibliothèque dimanche après-midi.

SAM 07-25   Mon week-end !

Write a paragraph describing what you did last weekend. Did you study? Did you see some friends? Did you go to the movies? You will need to use the **passé composé**.

_____

_____

_____

_____

_____

_____

_____

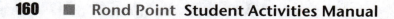

SAM 07-26   Biographies !

Research the following people on the Internet and write a four or five-sentence biography for each of them. You will need to use the verbs **naître** and **mourir** as well as other verbs of your choice, in the **passé composé**.

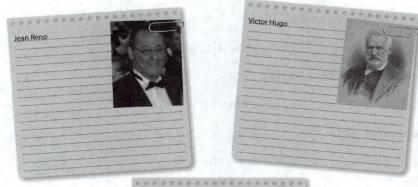

1. Jean Reno

_____

_____

_____

_____

2. Victor Hugo

_____

_____

_____

_____

3. Claude Monet

_____

_____

_____

_____

SAM 07-27 La négation du passé composé.

Rewrite the sentences in the negative.

> **MODEL:** J'ai étudié ce matin.
> *Je n'ai pas étudié ce matin.*

1. J'ai mangé au restaurant hier soir.

   _____ au restaurant hier soir.

2. Nous nous sommes dépêchés ce matin.

   _____ ce matin.

3. Tu es rentré tard cette nuit.

   _____ tard cette nuit.

4. Il a vécu en France.

   _____ en France.

5. Ils se sont disputés ce week-end.

   _____ ce week-end.

6. Elle a aimé le film.

   _____ le film.

7. Vous avez fait vos devoirs.

   _____ vos devoirs.

8. Il est mort jeune.

   _____ jeune.

SAM 07-28 Bien, mal, jamais, toujours.

Listen to the dialogues and choose the option that best completes each statement.

1. Arnaud a [bien ; mal] joué au tennis. _____

2. En ce moment, il [joue toujours ; ne joue jamais] mal. _____

3. Arnaud a [bien ; mal] dormi hier soir. _____

4. Arnaud [dort toujours ; ne dort jamais] bien. _____

5. Achille a [bien ; mal] travaillé. _____

6. Achille [a toujours ; n'a jamais] de bonnes notes. _____

7. Arnaud [a toujours ; n'a jamais] de bonnes notes. _____

SAM 07-29   Adverbes et passé composé.

Rewrite the sentences, placing the adverbs correctly.

> **MODEL:**   Nous avons mangé (beaucoup)
> *Nous avons beaucoup mangé.*

1. J'ai mangé. (assez)

_____

2. Tu as dormi. (mal)

_____

3. Ils se sont détendus. (beaucoup)

_____

4. Il a voulu être acteur. (toujours)

_____

5. Nous sommes allés au cinéma. (souvent)

_____

6. Elle a joué. (bien)

_____

SAM 07-30   Conversation

Choose a partner in the class and together, record a conversation using the **passé composé**. Possible topics are what you did yesterday, what you did last weekend, or what you did on your last vacation. Prepare a few questions to ask your partner.

_____

_____

_____

_____

_____

SAM 07-31   Exprimer le passé !

Choose the expression that is most logical.

1. Victor Hugo a vécu _____.

2. Je suis fatiguée parce que je suis arrivée à Paris _____, après un long voyage.

3. Mon frère est parti en Chine _____. Il m'a téléphoné il y a trois jours : il est bien arrivé et tout va bien !

4. Mes grands-parents se sont mariés _____.

5. Mon petit frère est né _____.

    a. hier matin

    b. la semaine dernière

    c. en 2009

    d. au dix-neuvième siècle

    e. il y a longtemps

SAM 07-32   Déjà et jamais.

Complete the sentences with **déjà, pas encore**, and **jamais**.

1. Les médecins n'ont _____ la solution pour guérir tous les cancers.

2. Les astronautes ont _____ marché sur la Lune. Mais ils n'ont _____ marché sur Mars.

3. Moi je ne vais _____ voyager dans l'espace ! Je n'aime pas cette idée.

4. On a _____ cloné des animaux.

5. Est-ce que vous avez _____ voyagé en France ? Moi, je n'ai _____ voyagé en Europe.

6. Quand mes grands-parents étaient jeunes, les iPhones n'existaient _____.

7. Mes parents n'ont _____ escaladé le Mont Everest. Moi non plus !

SAM 07-33 Avez-vous déjà voyagé en Europe ?

Answer the following questions using **déjà, pas encore**, and **jamais**.

1. Avez-vous déjà voyagé dans un pays étranger ?

_____

2. Êtes-vous déjà allé(e) à Disneyland ?

_____

3. Êtes-vous déjà parti(e) en vacances avec des amis ?

_____

4. Avez-vous déjà mangé des escargots ?

_____

5. Avez-vous déjà pris le train ou l'avion ?

_____

6. Avez-vous déjà visité un très grand musée ?

_____

SAM 07-34 À, en, au

Marianne and Thierry are talking about vacation plans. Choose the correct prepositions in the following dialogue.

MARIANNE : Tu sais où vous allez en vacances cet été ?

THIERRY : Pas encore, mais j'aimerais partir (1) [au ; en ; à] _____ Inde.

MARIANNE : C'est loin ! Est-ce que Marco est d'accord ?

THIERRY : Pas vraiment. Il veut voyager (2) [dans ; au ; en] _____ Danemark mais on n'a pas encore décidé. Et toi? Tu pars (3) [à ; en ; au] _____ Cuba ou tu restes (4) [en ; à l' ; dans] _____ Europe ?

MARIANNE : Ni l'un, ni l'autre. J'ai changé d'avis et je prépare un voyage (5) [en ; dans le ; au] _____ Maroc.

THIERRY : C'est génial ! Tu vas aller (6) [en ; à ; au] _____ Casablanca ?

MARIANNE : Non, je vais faire un circuit pour visiter tout le pays. Et tu sais où Patrick part en vacances ? (7) [Au ; En ; Aux] _____ États-Unis ?

THIERRY : Non, je crois qu'il va (8) [à ; en ; au] _____ Brésil avec sa nouvelle copine. Ses parents habitent (9) [en ; à ; au] _____ Rio.

MARIANNE : Enfin, vivement les vacances !

SAM 07-35   Où sont-ils allés ?

A group of friends is just back from various trips. Complete their dialogue with the correct prepositions.

SOPHIE :   Salut Virginie ! Alors, ces vacances (1) _____ Pérou ? C'était bien ?

VIRGINIE :   C'était merveilleux, merci. Et toi ?

SOPHIE :   Moi, je suis allée (2) _____ Suisse pour voir ma grand-mère et puis après, au mois d'août, Alain et moi sommes partis (3) _____ Canada.

VIRGINIE :   Vous êtes allés dire bonjour à Claudie (4) _____ Montréal ?

SOPHIE :   Oui, et puis on est allé (5) _____ Vancouver.

VIRGINIE :   Vous êtes descendus (6) _____ États-Unis ? Il y a une super ville au sud de Vancouver il paraît.

SOPHIE :   Tu veux dire Seattle ? Non, nous ne sommes pas allés (7) _____ Seattle. On n'a pas eu le temps. Ce sera pour une prochaine fois ! Mais l'année prochaine, moi je voudrais aller (8) _____ Italie.

VIRGINIE :   Moi aussi ! Peut-être qu'on peut aller ensemble (9) _____ Florence ou (10) _____ Venise ?

SOPHIE :   Bon, on va voir, on a encore le temps de s'organiser pour l'été prochain !

SAM 07-36   [ʒə] ou [ʒɛ] ?

Listen to the sentences. Indicate whether you hear the sound [ʒə], as in **je**, or the sound [ʒɛ], as in **j'ai**.

1. _____   4. _____

2. _____   5. _____

3. _____   6. _____

SAM 07-37   Je prononce !

Practice pronouncing distinctly the following sentences and when you are ready, record them.

1. Je fais mes devoirs.

2. J'ai fait mes devoirs.

3. Je conduis.

4. J'ai conduit.

5. Je voyage.

6. J'ai voyagé.

SAM 07-38   Présent ou passé composé ?

🔊 **A.** Listen to the sentences and indicate whether you hear the **présent** or the **passé composé**.

1. _____

2. _____

3. _____

4. _____

5. _____

6. _____

B. Write the infinitive of the verbs you hear in the sentences.

7. _____

8. _____

9. _____

10. _____

11. _____

12. _____

SAM 07-39   Types de texte ?

a. texte 1	b. texte 2	c. texte 3

A. Take a look at the three texts without reading them. Try to identify what kind of text each one is.

1. Which text is a job offer? _____

2. Which text deals with statistics? _____

3. Which text is a real estate ad? _____

4. In which text would you be likely to find the word **château**? _____

5. In which text would you be likely to find the word **pluie**? _____

6. In which text would you be likely to find the word **client**? _____

SAM 07-40   Conversation

Choose a partner in the class and record a conversation about what profession or job you would like to do. Explain what qualities it requires and whether you have these qualities or not. Prepare a few questions to ask your partner.

_____

_____

_____

_____

_____

_____

SAM 07-41   Rédaction.

Think of three people you know (family, friends, acquaintances) who seem good at what they do for a living. Describe their professions and the qualities these people have. Finally, point out what you consider to be positive and negative aspects of their jobs. Write one short paragraph for each person.

> **MODEL:**   *Mon oncle André est médecin. Il est très intelligent et travailleur. Il travaille pour Médecins sans Frontières en Afrique. Il voyage beaucoup et il aide les gens. Son travail est difficile mais motivant.*

_____

_____

_____

_____

_____

_____

_____

_____

_____

_____

_____

_____

_____

SAM 07-42   Révisons !

Build sentences out of the following elements. You must conjugate the verbs in the **passé composé**, agree the adjectives and add articles and prepositions as needed.

> **MODEL:**   Josiane / acheter / nouveau / voiture / hier matin
> *Josiane a acheté une nouvelle voiture hier matin.*

1. Il y a / deux / an / Sarah / aller / Allemagne

_____

2. Elle / prendre / train

_____

3. Elle / rester / quatre / jour / Berlin

_____

4. Elle / rencontrer / étudiants / allemand

_____

5. Elle / faire / shopping / et / elle / sortir / soir

_____

6. Elle / visiter / musées

_____

7. Elle / aimer / ses vacances / Allemagne

_____

ANCRAGE

SAM 08-01   Nourriture.

Associate each picture with the correct food item.

1.

2.

3.

4.

5.

6.

7.

8.

9.

10.

a. des pommes de terre

b. des haricots verts

c. du raisin

d. du poisson

e. du poulet

f. du beurre

g. des pommes

h. du jambon

i. du chou-fleur

j. des moules

SAM 08-02   Cherchez l'intrus !

Indicate the food that does not belong in each series.

1. des carottes, de la salade verte, du chou-fleur, du beurre _____

2. du poisson, des haricots verts, de la viande, du poulet _____

3. de la moutarde, du sel, du poivre, des moules _____

4. du raisin, une pomme de terre, une orange, une pomme _____

5. des moules, du saumon, des huîtres, du jambon _____

6. de l'ail, un biscuit, un beignet, de la glace _____

EN CONTEXTE

SAM 08-03   Les rayons du supermarché…

Indicate in which aisles of the supermarket the following foods would be found.

Here is a list of possibilities:

Rayon Boissons

Rayon Poissonnerie

Rayon Fruits et Légumes

Rayon Confiserie-Sucre

Rayon Crémerie

Rayon Charcuterie

Rayon Boucherie

Rayon Épicerie

Rayon Produits Frais

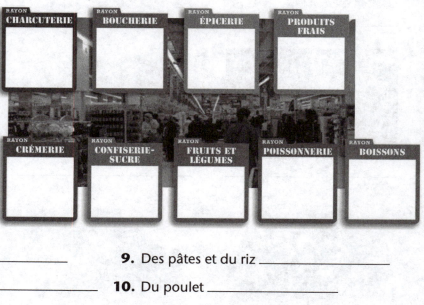

1. De l'eau minérale _____

2. Du fromage de chèvre _____

3. Des sucreries _____

4. Du lait _____

5. Des pommes de terre _____

6. Du saumon _____

7. Du saucisson _____

8. Des yaourts _____

9. Des pâtes et du riz _____

10. Du poulet _____

11. Des tablettes de chocolat _____

12. Du jambon _____

13. Des pommes _____

14. Des oignons _____

15. De la confiture _____

SAM 08-04   Ma liste de courses.

Look at your fridge and your pantry and make a list of what you need to buy at the supermarket next time you go grocery shopping. Indicate the various aisles where you will find the food items.

SAM 08-05   Recettes réussies !

Identify the item that does not belong in each recipe and that would be sure to ruin the whole cooking project.

1. Recette : Gâteau au chocolat _____
Ingrédients :

a. farine
b. œufs
c. lait

d. champignons
e. sucre
f. chocolat

2. Recette : Soupe de légumes _____
Ingrédients :

a. oignons
b. carottes
c. pommes de terre

d. céleri
e. tomates
f. crème chantilly

3. Recette : Salade de fruits _____
Ingrédients :

a. ail
b. pommes
c. oranges

d. raisin
e. ananas
f. fraises

SAM 08-06   Trouvez les mots !

Locate the following words related to food. Be sure to look for words horizontally, vertically, diagonally and backwards.

moutarde, escargot, fraise, huile, melon, vinaigre, thon, poireau

F	H	U	I	L	E	Q	D	S	D
M	R	Y	Z	A	U	S	D	E	P
E	G	A	N	O	H	T	F	S	A
L	P	O	I	R	E	A	U	C	L
O	C	T	I	S	I	Y	K	A	B
N	H	E	V	J	E	B	R	R	M
V	I	N	A	I	G	R	E	G	Y
X	N	K	O	W	H	Z	E	O	T
E	D	R	A	T	U	O	M	T	O

SAM 08-07   Au régime !

The spa *Les Thermes d'Ax* is offering a weight-loss program, helping people lose weight in a healthy way. Help them design three sample days of menus.

LES THERMES D'AX			
Petit-déjeuner			
Déjeuner - **Entrée** - **Plat principal** - **Dessert**			
Dîner - **Entrée** - **Plat principal** - **Dessert**			

JOUR 1 :

Petit déjeuner : _____

Déjeuner :   Entrée : _____

                Plat principal : _____

                Dessert : _____

Dîner :   Entrée : _____

                Plat principal : _____

                Dessert : _____

JOUR 2 :

Petit déjeuner : _____

Déjeuner :   Entrée : _____

                Plat principal : _____

                Dessert : _____

Dîner :   Entrée : _____

                Plat principal : _____

                Dessert : _____

JOUR 3 :

Petit déjeuner : _____

Déjeuner :   Entrée : _____

                Plat principal : _____

                Dessert : _____

Dîner :   Entrée : _____

                Plat principal : _____

                Dessert : _____

SAM 08-08   Mon amie végétarienne !

You are visiting a friend for a few days and decide to go grocery shopping and fill up her fridge for her while she is at work. However, you forgot that your friend is vegetarian (no meat, fish or eggs). What are the four items you will remove from the fridge? Write these items exactly as they are listed.

LISTE DE CE QUE VOUS AVEZ ACHETÉ :

un litre de lait

un litre de jus d'orange

cinq tranches de jambon

un kilo de tomates

3 kilos de pommes de terre

une salade

12 œufs

une tranche de saumon

du pain et des croissants

du raisin et des pommes

un saucisson

une bouteille de vin blanc

JE RETIRE DU FRIGO :

1. _____   3. _____

2. _____   4. _____

FORMES ET RESSOURCES

SAM 08-09   Quels ingrédients ?

A. Listen to the recipe for **poulet basquaise** and choose the ingredients that will be used.

1. tomates _____

2. pommes de terre _____

3. poireaux _____

4. épices _____

5. vin rouge _____

6. oignons _____

7. vin blanc _____

8. crème fraîche _____

9. poivrons _____

10. ail _____

11. beurre _____

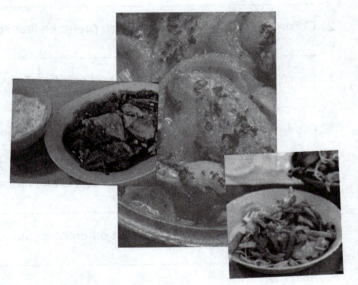

12. poulet _____

13. carottes _____

14. huile d'olive _____

B. Listen again, and choose the correct quantity/measure for the following ingredients:

1. Tomates _____
2. Poivrons _____
3. Vin blanc _____
4. Ail _____
5. Huile d'olive _____

a. 3 gousses
b. un verre
c. 4
d. 2
e. 4 cuillères à soupe

SAM 08-10   Repas !

A. Read the text and answer the questions.

> En France, les repas sont le petit-déjeuner, le déjeuner, le goûter et le dîner. En général, on prend le petit-déjeuner entre 6 h 30 et 8 h 30 ; on déjeune entre midi (12 h) et 13 h ; on goûte vers 16 h et on dîne entre 19 h et 20 h 30. Dans certaines régions de France et dans de nombreux pays francophones (Belgique, Suisse, etc.), c'est un peu différent : on dit qu'on dîne le midi et qu'on soupe le soir.

1. Comment s'appelle le repas qu'on prend en France entre 6h30 et 8h00 ?
   _____

2. Comment s'appelle le repas qu'on prend en France entre midi et 13h00 ?
   _____

3. Est-ce que le nom de ce repas est différent en Suisse et en Belgique ?
   _____

4. Comment s'appelle le petit repas qu'on prend à 16h00 ?
   _____

5. Comment s'appelle le repas qu'on prend en France entre 19h00 et 20h30 ?
   _____

6. Est-ce que le nom de ce repas est différent en Suisse et en Belgique ?
   _____

B. Write a few sentences comparing these times and these meals with what you do in your country. Are the customs identical?

_____

_____

_____

_____

SAM 08-11   Quel repas ?

Look at the various items and indicate whether they would be typically eaten for breakfast, lunch or dinner.

a. au petit-déjeuner	b. au déjeuner	c. au dîner

1. un croissant _____

2. de la viande _____

3. du chou-fleur _____

4. des céréales avec du lait _____

5. des pâtes _____

6. de la confiture _____

7. un biscuit _____

8. du pain grillé _____

9. des huîtres _____

10. de la glace _____

SAM 08-12   Emballages...

Identify the various packaging.

1.

2.

3.

_____   _____   _____

4.

5.

6.

_____   _____   _____

7.

8.

_____   _____

a. un verre	c. une douzaine	e. un pot	g. un sachet
b. une cuillère	d. une bouteille	f. une boîte	h. un paquet

SAM 08-13 Poids et mesures !

Choose the correct expressions of weights and measurements for the following food items.

1. Deux _____ de lait
   a. sachets
   b. litres
   c. tablettes

2. 250 _____ de fromage
   a. grammes
   b. boîtes
   c. litres

3. Une _____ de chocolat
   a. tranche
   b. douzaine
   c. tablette

4. Trois _____ de pommes
   a. kilos
   b. grammes
   c. boîtes

5. Un _____ de moutarde
   a. paquet
   b. litre
   c. pot

6. Cinq _____ de jambon
   a. tranches
   b. tablettes
   c. boîtes

7. Un _____ de sucre
   a. demi-litre
   b. paquet
   c. pot

8. Une _____ de haricots
   a. boîte
   b. cuillère
   c. tranche

SAM 08-14 Qu'est-ce qu'ils mangent ?

Listen to the conversation and choose the statements that correspond to what was said.

PREMIÈRE PERSONNE

1. Elle parle de son [petit-déjeuner ; déjeuner ; dîner]. _____

2. Elle mange [un peu ; beaucoup ; pas assez] pour ce repas. _____

3. Elle boit [du thé ; de l'eau ; du café]. _____

DEUXIÈME PERSONNE

4. Le matin, il mange [des céréales ; des croissants ; du pain grillé]. _____

5. Il ne boit pas de [thé ; jus de fruit ; café]. _____

TROISIÈME PERSONNE

6. Elle parle de son [petit-déjeuner ; déjeuner ; dîner]. _____

7. Elle met [de la viande ; des fruits ; du vinaigre] dans sa salade. _____

8. Elle prend toujours [un dessert ; une boisson chaude ; de l'eau]. _____

QUATRIÈME PERSONNE

9. Il mange [un peu ; beaucoup ; trop] le soir. _____

10. Comme dessert, il aime [les gâteaux ; les tartes aux fruits ; la glace] _____

SAM 08-15   Trop ou pas assez ?

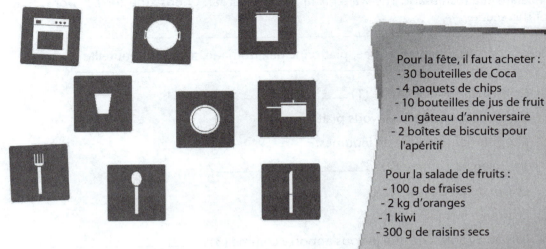

Pour la fête, il faut acheter :
- 30 bouteilles de Coca
- 4 paquets de chips
- 10 bouteilles de jus de fruit
- un gâteau d'anniversaire
- 2 boîtes de biscuits pour
  l'apéritif

Pour la salade de fruits :
- 100 g de fraises
- 2 kg d'oranges
- 1 kiwi
- 300 g de raisins secs

You are organizing a party for a friend's birthday and you have invited 10 guests. Here is a list of things to buy. Certain quantities seem reasonable, while others seem insufficient or exaggerated. Write a paragraph using the following adverbs of quantity to comment on the items on the list: **pas de, (un) peu de, beaucoup de, trop de, (pas) assez de, plus de, moins de etc.**

_____

_____

_____

_____

_____

_____

SAM 08-16   Les courses de Michaela !

Listen to the recording and complete the sentences, writing what Michaela is going to buy on her shopping trip.

D'abord elle va acheter du (1) _____. Ensuite, elle va acheter un (2) _____ de (3) _____ et un (4)_____ d'(5) _____. Comme fruits, elle va aussi essayer d'acheter des (6) _____. Après, elle va acheter des (7)_____ et des (8) _____ à la poissonnerie. Enfin, elle va acheter du (9) _____ et des (10) _____.

SAM 08-17   Au restaurant !

Marc and Virginie are at a restaurant. The waiter is taking their order. Choose the correct words that were left out of this scene.

> gâteau, dessert, boisson, entrée, plat principal, fromage, addition, bouteille

LE SERVEUR :   Que voulez-vous comme (1) _____ ?

VIRGINIE :   L'assiette de crudités s'il vous plaît.

MARC :   Et pour moi, la soupe de légumes.

LE SERVEUR :   Très bien, et comme (2) _____ ?

VIRGINIE :   Le canard à l'orange.

MARC :   Le poulet aux poivrons.

LE SERVEUR :   Parfait. Et qu'est-ce que je vous apporte comme (3) _____ ?

VIRGINIE :   Marc, tu veux du vin je suppose ?

MARC :   Oui s'il vous plaît, donnez-nous une (4) _____ de vin rouge. Du Bordeaux.

(UN PEU PLUS TARD)

LE SERVEUR :   Voulez-vous du (5) _____ ?

MARC :   Oui, avez-vous du roquefort ?

LE SERVEUR :   Oui bien sûr. Et pour Madame ?

VIRGINIE :   Non merci.

(UN PEU PLUS TARD)

LE SERVEUR :   Est-ce que je vous apporte l'(6) _____ ?

VIRGINIE :   Non, attendez, je voudrais un (7) _____ et un café.

MARC :   Oui, moi aussi s'il vous plaît. Qu'est-ce que vous nous proposez ?

LE SERVEUR :   Un excellent (8)_____ aux amandes et au chocolat.

MARC :   Parfait !

SAM 08-18   Conversation…

Choose a partner in the class and record a conversation about a dish you each like to make. Explain what it is called and what ingredients go in it.

Nom:_____ Date:_____

SAM 08-19   Articles !

Choose the correct articles (definite, indefinite, and partitive) to complete the sentences. Be careful with negative structures!

1. Bugs Bunny adore [les ; des] _____ carottes mais il n'aime pas [les ; de] _____ tomates.

2. En France, on boit [du ; de l'] _____ eau minérale pendant les repas.

3. Avez-vous remarqué que [le ; la] _____ poisson est souvent plus cher que [le ; la] _____ viande ?

4. Les Anglais boivent [le ; du] _____ thé toute la journée.

5. Les végétariens ne mangent pas [la ; de] _____ viande.

6. Aimez-vous [du ; le] _____ fromage de chèvre ?

7. En général, les enfants aiment [le ; du] _____ chocolat et [les ; des] _____ sucreries, mais ils n'aiment pas [les ; de] _____ légumes.

8. Le matin, en France, beaucoup de gens prennent [le ; du] _____ café, [le ; du] _____ pain, [le ; du] _____ beurre et [la ; de la] _____ confiture.

SAM 08-20   Quantités ?

Write answers to the questions in complete sentences using the following adverbs: **peu, trop, beaucoup, assez, un peu, pas assez, pas du tout**

> **MODEL:**   Est-ce que vous buvez du vin ?
> *Je bois peu de vin.*

1. Est-ce que vous mangez des légumes ?

_____

2. Est-ce que vous avez des devoirs ?

_____

3. Est-ce que vous mangez du pain ?

_____

4. Est-ce que vous buvez du lait ?

_____

5. Est-ce que vous mangez des chips ?

_____

6. Est-ce que vous mangez du poisson ?

_____

SAM 08-21   Méthodes de cuisson !

How do you cook the following things? Choose the best cooking method!

1. un gâteau _____

2. un steak _____

3. des crêpes _____

4. des carottes _____

5. des pâtes _____

    a. à la vapeur   d. bouillies

    b. au barbecue   e. à la poêle

    c. au four

SAM 08-22   Comment ça se boit et comment ça se mange ?

1. Une bière _____

2. Un café _____

3. De la glace _____

4. Du saucisson _____

5. Du coca _____

6. Un steak-frites _____

    a. Ça se boit avec des glaçons.

    b. Ça se boit bien frais.

    c. Ça se mange très froid.

    d. Ça se mange à température ambiante.

    e. Ça se boit très chaud.

    f. Ça se mange très chaud.

SAM 08-23 Qu'est-ce qu'ils veulent manger ?

🔊 These three friends are trying to figure out what to eat for dinner. Listen to the recording and choose the correct statements.

1. Charlie veut préparer _____
   a. du poulet et du chou-fleur.
   b. des moules et du chou-fleur.
   c. du poisson et du chou-fleur.

2. Nathalie n'aime pas _____
   a. la viande.
   b. le poisson.
   c. le chou-fleur.

3. SAM n'aime pas _____
   a. la viande.
   b. le poisson.
   c. le chou-fleur.

4. Ils vont manger _____
   a. un steak-frites.
   b. un poulet-frites.
   c. un poisson-frites.

5. Comme dessert, ils vont manger
   _____
   a. des fraises avec de la crème chantilly.
   b. des fruits avec de la glace.
   c. un gâteau aux fraises.

6. Charlie et SAM _____
   a. n'aiment pas les desserts.
   b. adorent les desserts.
   c. préfèrent les légumes.

SAM 08-24 De quoi parlent-ils ?

What are they talking about? Try to choose the items represented by the direct object pronouns in the following sentences.

> **MODEL:** Nous l'aimons comme notre famille.
> *Le chien*

1. Vous pouvez l'acheter dans une parfumerie. _____

2. Vous les mangez comme dessert ou pour un anniversaire. _____

3. Vous les mettez sur votre nez pour lire, pour conduire, pour voir des films. _____

4. On l'utilise pour se laver les cheveux. _____

5. Vous l'utilisez pour payer mais ce n'est pas de l'argent. _____

6. Vous pouvez les manger dans un restaurant ou chez vous. _____

7. On les lit chez soi, dans l'autobus, au salon de coiffure. _____

8. On les porte pour protéger nos pieds. _____

   a. les gâteaux
   b. les magazines
   c. les chaussures
   d. les lunettes

   e. les pizzas
   f. le parfum
   g. la carte de crédit
   h. le shampoing

SAM 08-25   Pronoms d'objet direct !

Your friend is sick and you went shopping for her. You are now trying to put everything away in her kitchen. Complete the sentences with the correct direct object pronouns (**le, la, l', les**).

VOUS : Tu le ranges où, le pot de confiture ?

VOTRE AMIE : Tu peux (1) _____ mettre dans le placard.

VOUS : Et le fromage ?

VOTRE AMIE : Eh bien, tu (2) _____ ranges dans le frigo !

VOUS : D'accord, je (3) _____ mets dans le frigo. Et la boîte de sauce tomate, tu (4) _____ mets aussi dans le frigo ?

VOTRE AMIE : Non, on va faire des pâtes pour le dîner. Tu peux même déjà (5) _____ ouvrir.

VOUS : Ah oui, et les tomates ?

VOTRE AMIE : Tu (6) _____ laisses sorties. Comme ça, on fera une salade. Tu as bien pris les olives et les concombres ?

VOUS : Zut, les olives ! Je crois que je (7) _____ ai oubliées. Mais les concombres, je (8) _____ ai mis sur l'étagère, là-bas. J'ai aussi acheté du jus de fruit. Tu en bois, j'espère.

VOTRE AMIE : Oui, de temps en temps. Et tu as pensé à acheter la crème fraîche ?

VOUS : Oui, je (9) _____ ai achetée.

VOTRE AMIE : Et les yaourts aussi ?

VOUS : Oh, non, je ne (10) _____ ai pas achetés. Désolée...

VOTRE AMIE : Bon, tu peux retourner au supermarché et acheter des yaourts ?

VOUS : Ah non, tant pis, on n'en mangera pas ce soir.

SAM 08-26   J'en prends un !

Two friends are meeting for coffee. Read the dialogue carefully, paying attention to the pronouns used, and choose the correct words.

ANNA : Tu veux un café ?

BERNARD : Oui s'il te plaît.

ANNA : Tu peux sortir (1) [les tasses ; le sucre] _____ ?

BERNARD : Oui. Tu les ranges où ?

ANNA : Elles sont dans le placard. Ah, et (2) [les cuillères ; le sucre] _____ aussi.

BERNARD : Je ne le vois pas.

ANNA : Mais si, juste à côté de la confiture.

BERNARD : D'accord, c'est bon.

ANNA : Sors aussi (3) [les cuillères ; le lait] _____ !

BERNARD : Elles sont où ?

ANNA : Sous le placard, dans le tiroir. Si tu veux (4) [du lait ; de la crème] _____ avec ton café, prends-le, il est dans le frigo.

BERNARD : Très bien, merci. Est-ce que tu as (5) [les biscuits ; les fraises] _____ que j'ai achetés ?

ANNA : Oui, ils sont aussi dans le frigo ! Sors-les.

SAM 08-27   Répondez aux questions !

Write answers to the following questions using direct object pronouns (**le, la, l', les**) to replace the words in bold.

MODEL: Est-ce que vous écoutez souvent **la radio** ?
Oui, je l'écoute souvent.

1. Est-ce que vous prenez souvent **l'autobus** ?

_____

2. Est-ce que vous regardez **la télévision** le soir ?

_____

3. Est-ce que vous faites **les courses** tous les jours ?

_____

4. Est-ce que vous aimez **vos cours** ce semestre ?

_____

5. Est-ce que vous buvez votre **café très** chaud ?

_____

6. Est-ce que vous prenez **votre petit-déjeuner** tôt le matin ?

_____

SAM 08-28   Pronoms et impératif.

Your grandfather is old and a little deaf. Your grandmother likes to tell him what to do, but he is never sure whether he heard it right the first time. Rewrite your grandma's repeated commands using direct object pronouns.

> **MODEL:**   **Mémé :** Lis cet article dans le journal !
> Pépé : _Quoi ?... le journal ?_
> Mémé: _Oui, lis-le !_

1. MÉMÉ :   Finis la soupe !

   PÉPÉ :   Quoi ?... la soupe ?

   MÉMÉ :   Oui, _____!

2. MÉMÉ :   Mets tes lunettes !

   PÉPÉ :   Quoi ?... les lunettes ?

   MÉMÉ :   Oui, _____!

3. MÉMÉ :   Bois ton café !

   PÉPÉ :   Quoi ?... mon café ?

   MÉMÉ :   Oui, _____!

4. MÉMÉ :   Ne regarde pas la télé !

   PÉPÉ :   Quoi ?... la télé ?

   MÉMÉ :   Oui, _____!

5. MÉMÉ :   Prends tes médicaments !

   PÉPÉ :   Quoi ?... mes médicaments ?

   MÉMÉ :   Oui, _____ !

6. MÉMÉ :   Ne mange pas tous les biscuits !

   PÉPÉ :   Quoi ?... les biscuits ?

   MÉMÉ :   Oui, _____ tous !

SAM 08-29   Faire des crêpes !

To make good crêpes, match the beginnings and ends of the sentences. Make sure to consult the recipe!

1. Mélangez _____

2. Laissez _____

3. Mettez _____

4. Versez _____

5. Étalez _____

6. Retournez
_____

7. Ajoutez _____

a. les ingrédients (sucre, chocolat, confiture) de votre choix avant de manger la crêpe !

b. du beurre dans la poêle pour la graisser et faites-la chauffer.

c. la pâte.

d. la crêpe quand elle n'est plus liquide.

e. les deux farines avec les œufs, le sucre, le beurre fondu, le sel et le lait.

f. la pâte reposer quelques heures (toute une nuit par exemple).

g. un peu de pâte dans la poêle.

La recette des crêpes bretonnes

Si vous voulez essayer de la faire chez vous, voici les ingrédients pour 4 personnes :

♩ 500 g de farine de froment

♩ 1 cuillérée à soupe de farine de sarrasin (optionnel mais si vous en avez, c'est mieux)

♩ 1 pincée de sel

♩ 240 g de sucre

♩ 3 œufs

♩ 50 g de beurre

♩ 1,75 l de lait

Si vous préférez les crêpes salées, ne mettez pas de sucre.

SAM 08-30   D'abord, ensuite…

For this recipe to be a success, there are various steps to follow. Place the sequencing words in a logical order.

> enfin, puis, après, d'abord, ensuite

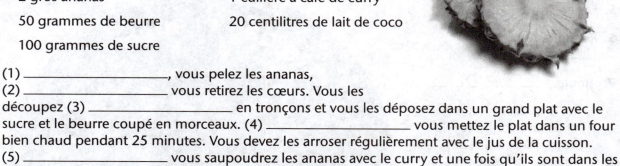

Les Ananas au curry, une recette facile pour 4 personnes

Ingrédients :

2 gros ananas	1 cuillère à café de curry
50 grammes de beurre	20 centilitres de lait de coco
100 grammes de sucre	

(1) _____, vous pelez les ananas,
(2) _____ vous retirez les cœurs. Vous les découpez (3) _____ en tronçons et vous les déposez dans un grand plat avec le sucre et le beurre coupé en morceaux. (4) _____ vous mettez le plat dans un four bien chaud pendant 25 minutes. Vous devez les arroser régulièrement avec le jus de la cuisson. (5) _____ vous saupoudrez les ananas avec le curry et une fois qu'ils sont dans les assiettes, vous versez du lait de coco sur le tout.

SAM 08-31   Singulier ou pluriel ?

Listen to the sentences and indicate whether they are in the singular or in the plural.

1. _____
2. _____
3. _____
4. _____
5. _____
6. _____
7. _____
8. _____

SAM 08-32   Dictée !

Listen to the recording and write the words that are missing.

Hier midi, j'ai mangé de très bonnes (1) _____. Je les ai mangées avec de la (2) _____ , c'était délicieux. Mais avant ça, j'ai pris des (3) _____ et un sandwich au (4) _____. L'après-midi, ma mère a acheté des (5) _____ et j'en ai mangé deux. Super bon ! Par contre, le soir, elle a cuisiné des (6) _____. Je n'aime pas du tout ça. Alors j'ai juste mangé du (7) _____ et un peu de (8) _____.

SAM 08-33   [ʃ] comme chou ou [s] comme soupe ?

You are going to hear 10 words. Listen and indicate whether you hear the sound [ʃ] as in **chou** or the sound [s] as in **soupe**.

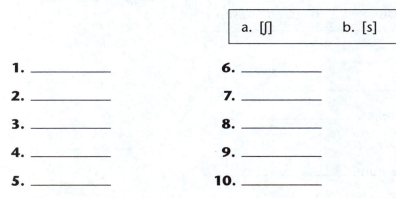

a. [ʃ]	b. [s]

1. _____   **6.** _____

2. _____   **7.** _____

3. _____   **8.** _____

4. _____   **9.** _____

5. _____   **10.** _____

SAM 08-34   Ça sonne !

You will hear a series of two similar words, one that has the [ʃ] sound (as in **chocolat**) and one that has the [s] sound (as in **soupe**). Indicate the order in which they are pronounced, A being the first word and B the second.

1. sous _____ chou _____

2. soie _____ choix _____

3. mars _____ marche _____

4. sac _____ chaque _____

5. baisse _____ bêche _____

6. bus _____ bûche _____

7. mousse _____ mouche _____

8. sa _____ chat _____

SAM 08-35   Je prononce !

Practice saying the following words and when you are ready, record yourself saying them.

> chou-fleur, mousse au chocolat, saucisson, champignon,
> saumon, carotte, fraise, pomme de terre

SAM 08-36   Liaisons...

Indicate whether you hear a liaison between elements of the following sentences.

a. liaison	b. pas de liaison

1. Ils adorent les gâteaux. _____

2. Ses copines aiment le chocolat. _____

3. Les enfants mangent trop de sucreries. _____

4. Elles ont mal dormi. _____

5. Les professeurs sont allés au restaurant. _____

6. Les parents de Sylvain sont partis mardi. _____

7. J'aime les petits chiens. _____

8. Mon amie Marion habite à Bruxelles. _____

9. Ma voiture est vieille. _____

10. Ils ont aimé ce film. _____

SAM 08-37   Conversation !

Choose a partner in the class and record a conversation explaining what you ate and drank yesterday. You can ask each other a few questions.

SAM 08-38   Ma recette préférée !

Write your favorite recipe. Indicate the name of the recipe, list the ingredients, and then write a paragraph explaining how you prepare it. Include words of sequencing (**d'abord, après**...). Note that a recipe can be as simple as making a sandwich. If you don't have a favorite recipe, you can make one up.

_____

_____

_____

_____

_____

_____

_____

_____

_____

SAM 08-39   Les jeunes et la cuisine.

Five teenagers talk about food preferences and meal habits. Read the following texts and choose the correct statements.

Les jeunes et la cuisine

RACHID, 17 ANS : « Moi, ce que j'adore, ce sont les plats que ma grand-mère me prépare. C'est très différent des choses qu'on mange habituellement en France. Elle fait des tajines et puis son couscous est excellent. J'aime bien la nourriture épicée. De temps en temps, je vais dans les fast-foods avec mes copains, mais je n'aime pas trop ça. »

AMANDINE, 16 ANS : « J'ai beaucoup de mal à manger des légumes verts. Ma mère me force parfois à manger des épinards. C'est vraiment horrible ! De toute façon, mon truc à moi, c'est grignoter dans ma chambre. Je déteste m'asseoir pour prendre un repas à table avec mes parents. »

GIULIA, 17 ANS : « Moi, c'est un peu comme Amandine. Souvent, je prends un paquet de chips et je m'installe devant la télé. Mes parents n'aiment pas ça. À mon avis, ils n'ont pas complètement tort mais je m'ennuie quand je mange avec eux. Et puis, je ne mets jamais les pieds dans la cuisine. Je ne sais pas du tout cuisiner. »

CYRILLE, 18 ANS : « Je ne suis pas complètement d'accord avec les filles. J'apprécie les bons petits plats que ma mère cuisine. Quand on se retrouve le week-end chez les amis, j'essaie de préparer des recettes. Je sais que certains trouvent ça ridicule, mais j'aime bien cuisiner de temps en temps. »

GÉRALDINE, 18 ANS : « Tout le monde parle de plats salés ici ! Moi, mon truc, c'est les pâtisseries. J'en raffole ! Les gâteaux au chocolat sont mes desserts préférés. J'en fais de temps en temps. Par contre, il faut faire attention à sa ligne ! Mais qu'on ne m'oblige pas à manger de la viande, je déteste ça ! »

1. La grand-mère de Rachid prépare [des plats traditionnels français ; des plats qui ne sont pas traditionnels]. _____

2. Rachid [aime ; n'aime pas] les fast-foods. _____

3. Amandine [aime ; n'aime pas] les épinards. _____

4. Elle préfère manger [seule ; avec sa famille]. _____

5. Giulia [aime cuisiner, n'aime pas cuisiner]. _____

6. Cyrille [aime cuisiner, n'aime pas cuisiner]. _____

7. Géraldine préfère [la viande ; les gâteaux]. _____

SAM 08-40   Manger comme un ogre !

There are several idiomatic expressions involving eating and various foods in French. Do you know what they might mean?

1. Manger comme un ogre _____
- a. manger beaucoup
- b. manger très peu
- c. manger de la viande

2. Manger comme un oiseau _____
- a. manger beaucoup
- b. manger très peu
- c. manger des fruits

3. Avoir une faim de loup _____
- a. avoir envie de manger de la viande
- b. ne pas avoir faim
- c. avoir très faim

4. Manger comme un cochon _____
- a. manger beaucoup
- b. manger salement
- c. manger des légumes

5. Être haut comme trois pommes _____
- a. être petit
- b. être grand
- c. aimer les pommes

6. Tomber dans les pommes _____
- a. trouver des belles pommes au marché
- b. manger beaucoup de pommes
- c. perdre connaissance, s'évanouir

ANCRAGE

SAM 09-01   Les villes.

These places can be found in any city. Find a matching word for each image.

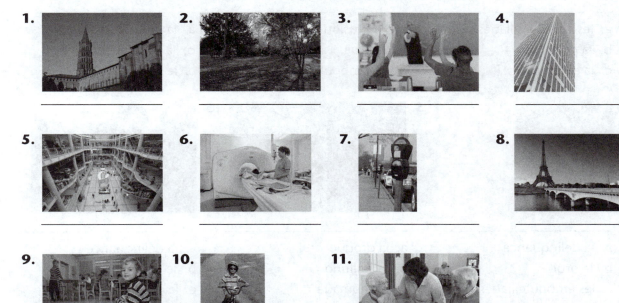

a. l'hôpital

b. le lycée

c. la crèche

d. la piste cyclable

e. la maison de retraite

f. le trottoir

g. le pont

h. l'espace vert

i. les gratte-ciel

j. le centre commercial

k. l'église

EN CONTEXTE

SAM 09-02   Problèmes des grandes villes.

Large cities have some problems. Find a matching word for each image.

1.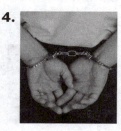

a. les embouteillages
b. la pollution
c. la délinquance

2.

a. l'exclusion sociale
b. le bruit
c. les embouteillages

3.

a. la pollution
b. la circulation
c. le bruit

4.

a. la délinquance
b. le bruit
c. les embouteillages

5.

a. la drogue
b. la pollution
c. le chômage

6.

a. la délinquance
b. le chômage
c. la pollution

7.

a. le bruit
b. l'exclusion sociale
c. les embouteillages

8.

a. la circulation
b. les embouteillages
c. le chômage

FORMES ET RESSOURCES

SAM 09-03 Trouvez l'intrus !

Find the word that does not belong in each list!

1. l'espace vert, la forêt, l'océan, le jardin, le gratte-ciel _____

2. la crèche, l'usine, l'école, le lycée, le collège _____

3. l'embouteillage, la circulation, le bouchon, la campagne, le trafic _____

4. accueillant, dangereux, dur, sale, pollué _____

5. l'église, le musée, l'hôpital, la plage, le centre commercial _____

SAM 09-04   Les contraires…

Match these adjectives with their opposites.

1. chaud _____

2. sale _____

3. ennuyeux _____

4. faux _____

5. neuf _____

6. privé _____

7. agréable _____

8. interdit _____

9. utile_____

   a. public
   b. ancien
   c. vrai
   d. inutile
   e. propre

   f. autorisé
   g. désagréable
   h. intéressant
   i. froid

SAM 09-05   Logique.

Choose the correct words to complete the following sentences:

1. Quand on perd son travail, on est au [gratte-ciel ; chômage ; siège]. _____

2. Quand une maman travaille et qu'elle a un enfant très jeune, elle doit le laisser à [la crèche ; la maison de retraite ; l'usine] pendant ses heures de travail. _____

3. Les maisons sont souvent moins chères [en banlieue ; dans les espaces verts ; au centre commercial]. _____

4. En ville, on ne peut pas marcher sur la route. On doit marcher sur les [trottoirs ; ponts ; pistes cyclables] pour éviter les voitures. _____

5. Quand on a 16 ans, on va [à la crèche ; au lycée ; à l'école primaire]. _____

6. Si on est victime d'un crime, il faut aller [au commissariat ; à la gare ; aux alentours]. _____

7. Pour prendre le train, on doit aller [au centre-ville ; à l'église ; à la gare]. _____

8. Certaines personnes n'aiment pas la ville, elles préfèrent habiter [à la campagne ; au jardin ; à la maison de retraite].

SAM 09-06   Qu'est-ce que c'est ?

Indicate the following places on the map of this imaginary town.

> le stade, le pont, l'hôtel de ville, l'usine, le fleuve, la gare, le parc, le centre commercial, le stade, la cathédrale

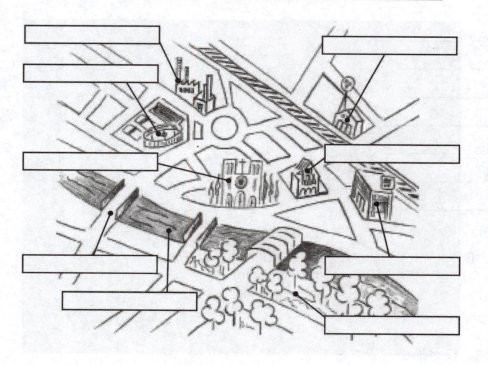

© 2016 Pearson Education, Inc.

SAM 09-07   Ma ville.

What's in your city or town? Look at the list below and write complete sentences using adverbs of quantity such as **peu de**, **un peu de**, **beaucoup de**, **quelques**, **pas de**, **pas** and **assez de** in your description.

> touristes, délinquance, usines, problèmes sociaux, espaces verts, universités, crèches, circulation, embouteillages, hôpitaux, monuments, vie culturelle, pollution, centres commerciaux, problèmes de drogue, musées, églises, cinémas, gratte-ciel, chômage

MODEL: *Dans ma ville, il y a beaucoup de centres commerciaux, mais il y a peu de monuments. Il y a quelques musées etc...*

_____

_____

_____

_____

_____

_____

_____

SAM 09-08   Vrai ou faux ?

Three friends are spending the weekend together in a little house that Richard has just purchased. They are arguing about the advantages and disadvantages of living in the city versus in the countryside. Read their dialogue and say whether the following statements are true (**vrai**) or false (**faux**).

RICHARD : Moi, je préfère vraiment la campagne, c'est pour cela que j'ai acheté une maison dans ce petit village. C'est génial ici !

PHILIPPE : Oh là là, moi je ne pourrais pas vivre longtemps dans ce trou paumé... il n'y a rien à faire, on s'ennuie comme des rats morts ici !

BERNARD : Moi je trouve que Richard a raison, on est beaucoup mieux ici qu'en ville. Ce n'est pas pollué, il n'y a pas de circulation, c'est très calme...

PHILIPPE : Oui, ben, il y a juste les vaches et les moustiques ! Moi je préfère le dynamisme de la ville. Il n'y a pas de vie culturelle ici ! Et tu ne peux même pas faire de sport, il n'y a pas de salles de sport.

RICHARD : Ben si, tu peux faire du sport en plein air : tu peux te promener, faire du vélo, faire du jogging... Et puis quand je veux aller au cinéma ou visiter un musée, je prends ma voiture et je vais en ville. Et quand je veux être tranquille, je reste ici chez moi à la campagne ! Et franchement je préfère la compagnie des vaches plutôt que celle de certaines personnes en ville !

BERNARD : Ben ouais, la délinquance est incroyable en ville. Tiens, la semaine dernière, quelqu'un a essayé de voler ma voiture pendant la nuit ! Heureusement, le voisin l'a vu et lui a fait peur ! Moi, j'en ai marre de la ville ! Je vais commencer à visiter des maisons dans les alentours. Peut-être que j'aurai de la chance, comme Richard.

PHILIPPE : D'accord, mais tous ces déplacements en voiture, c'est franchement trop long. En ce qui me concerne, la vie à la campagne, ce n'est pas pour moi.

1. La maison que Richard a achetée est dans le centre-ville. _____

2. Philippe préfère la ville parce qu'il n'y a pas de rats. _____

3. Quelqu'un a essayé de voler la voiture de Bernard récemment. _____

4. Richard préfère la campagne parce qu'il aime le calme. _____

5. Philippe ne veut pas vivre à la campagne parce qu'il trouve ça ennuyeux. _____

6. Bernard veut habiter dans la maison de Richard pour être à la campagne. _____

7. Philippe pense que la vie à la campagne est une bonne solution pour lui. _____

SAM 09-09   Imagine !

Imagine you have discovered some new land and along with a group of other people you decide to establish a city. Think of eight things that you would consider absolutely necessary to build or have in your new, ideal city and justify your choices. Are there some things that you would not want to have in your city?

Dans ma ville, je veux _____

_____

_____

_____

_____

_____

_____

SAM 09-10   Questions.

Someone is asked a few questions about their city in France. Listen to the interview and choose the correct statements.

1. Nantes est [au sud ; à l'est ; à l'ouest] de Paris. _____

2. À Nantes, [il y a un fleuve ; il y a une petite rivière ; il n'y a pas de fleuve]. _____

3. Il y a [500,000 ; 300,000 ; 100,000] habitants. _____

4. Les restaurants sont [excellents ; intéressants ; mauvais]. _____

5. Le château est [à la campagne ; en banlieue ; dans le centre-ville]. _____

6. À Nantes, le climat est [dur ; extrême ; agréable]. _____

7. Dans certaines rues du centre-ville de Nantes, les voitures sont [interdites ; autorisées ; tolérées].
   _____

8. L'océan Atlantique est [près de Nantes ; un peu loin de Nantes ; très loin de Nantes].
   _____

SAM 09-11   Où sont les mots ?

Locate the following francophone countries. Be sure to look for words horizontally, vertically, diagonally and backwards. There will be no accents in the word search puzzle, even though the words may have an accent.

Sénégal, Gabon, Mali, Guinée, Belgique, Suisse, Burundi, Bénin

B	A	Q	Y	S	W	G	G	T	B
O	B	E	N	I	N	U	A	G	U
V	E	U	R	O	E	I	B	D	R
R	L	J	R	U	P	N	O	H	U
B	G	G	A	U	K	E	N	K	N
U	I	M	M	L	N	E	U	W	D
I	Q	G	A	B	O	N	E	O	I
R	U	L	L	E	S	S	I	U	S
K	E	I	I	F	N	O	J	B	I
Q	S	E	N	E	G	A	L	F	H

SAM 09-12 Pays francophones.

Match the facts with the correct francophone regions and countries!

1. La capitale de ce pays est Dakar. _____

2. C'est un tout petit pays, au sud de la France. _____

3. On parle français, italien et allemand dans ce pays. _____

4. C'est une région francophone du Canada. _____

5. C'est un département français qui est en Amérique du Sud. _____

6. C'est une île française en Polynésie. _____
   a. La Suisse
   b. Tahiti
   c. La Guyane française
   d. Monaco
   e. Le Sénégal
   f. Québec

SAM 09-13 Dictée.

Listen to the recording and write the missing words.

Bonjour, je m'appelle Sylvain et je viens de Lyon, qui est une grande ville en France. À Lyon, les
(1)_____ sont excellents et c'est facile de (2)_____. La ville
est très belle et le (3)_____ est agréable. Il y a de (4)_____
restaurants qui s'appellent des bouchons. Lyon est la (5)_____ gastronomique
de la France, donc on (6) _____ mange très bien ! La qualité de vie est très
bonne à Lyon. Il y a beaucoup d'(7)_____ et de très jolis quartiers. Il y a
quelques problèmes bien entendu. La ville peut être (8) _____ en été. Il y a des
(9)_____ comme dans toutes les grandes villes. Mais c'est une belle région et
une belle ville.

SAM 09-14 Conversation.

Choose a partner and together, record a conversation describing what can be found in your city.
Think of positive things and negative ones.

SAM 09-15 Manque et excès.

Think of the city where you currently live or the city you come from originally. You can also choose your neighborhood or town if you prefer. In one paragraph, explain what the city or neighborhood lacks and what there is too much of.

> **MODEL:**   *Mon quartier manque d'espaces verts. Il y a trop de maisons et d'appartements. Il y a beaucoup de cafés, mais nous manquons de restaurants. Etc.*

_____

_____

_____

_____

_____

_____

_____

SAM 09-16 Les pays les plus peuplés.

How many people live in the following countries? Complete the numbers you hear, using numerals. Note that these numbers are approximate.

1. La Chine: un milliard _____ millions.

2. L'Inde: un milliard _____ millions.

3. Les États-Unis: trois cent _____ millions.

4. L'Indonésie: deux cent _____ millions.

5. Le Brésil: deux cent _____ millions.

6. Le Pakistan: cent _____ millions

7. Le Nigéria: cent _____ millions.

8. Le Bangladesh: cent _____ millions.

9. La Russie: cent _____ millions.

10. Le Japon: cent _____ millions.

SAM 09-17   Comparons les pays !

Observe the following data regarding the number of inhabitants in a few countries, and choose the phrases that accurately reflect these numbers.

LA FRANCE :	64,641,000
L'ALLEMAGNE :	82,652,000
LA SUISSE :	8,157,000
L'ITALIE :	61,070,000
LE CANADA :	35,524,000
LA TUNISIE :	11,116,000
LE MAROC :	33,492,000

1. L'Allemagne est le pays [le plus peuplé ; le moins peuplé] de cette liste. _____

2. La France est [plus ; moins] peuplée que l'Allemagne. _____

3. Le Maroc est pratiquement [aussi ; plus] que le Canada. _____

4. Il y a [moins ; plus] d'habitants en Tunisie qu'au Maroc. _____

5. L'Italie est beaucoup [plus ; moins] peuplée que le Canada, mais le Canada est beaucoup [moins ; plus] grand que l'Italie. _____

6. La Suisse est le pays [le plus ; le moins] peuplé de cette liste. _____

SAM 09-18   Deux amies différentes.

Céline and Virginie have been best friends for a long time. They are both eighteen years old and they go to the same school. However, they are quite different in many ways. Indicate whether the statements are true (**vrai**) or false (**faux**), taking the following facts into account:

- Céline mesure un mètre soixante-quinze. Virginie mesure un mètre soixante.

- Céline a de très bonnes notes au lycée mais Virginie n'aime pas beaucoup étudier et ses notes sont médiocres.

- Virginie adore le sport, elle joue au football, au tennis et elle fait de la natation. Le seul sport que Céline aime est le badminton.

- Céline a trois frères et deux sœurs mais Virginie a juste un frère.

- Virginie aime chanter. Elle chante tout le temps ! Céline n'aime pas chanter, elle n'est pas musicienne.

- Virginie a deux chats et un chien mais Céline a juste un poisson rouge.

- Céline apprend l'anglais au lycée et elle le parle très bien. Virginie n'aime pas les langues étrangères et elle ne parle pas bien anglais.

- Céline et Virginie ont toutes les deux une Honda Civic rouge.

1. Céline est moins sportive que Virginie. _____

2. Virginie a de meilleures notes que Céline au lycée. _____

3. Virginie est plus grande que Céline. _____

4. Virginie a plus d'animaux que Céline. _____

5. Céline a autant de frères que Virginie. _____

6. Céline parle mieux anglais que Virginie. _____

7. Céline chante plus souvent que Virginie. _____

8. Virginie a la même voiture que Céline. _____

SAM 09-19 Comparons les chiens.

Look at the following pairs of images and write comparative statements based on what you observe and using the expression in parentheses.

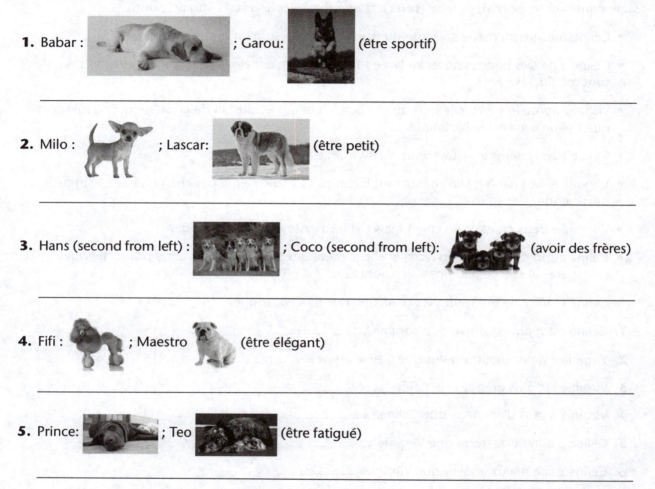

1. Babar : ; Garou: (être sportif)

_____

2. Milo : ; Lascar: (être petit)

_____

3. Hans (second from left) : ; Coco (second from left): (avoir des frères)

_____

4. Fifi : ; Maestro (être élégant)

_____

5. Prince: ; Teo (être fatigué)

_____

SAM 09-20 La vie au 18e siècle.

Think about life in the 18th century. Do we live longer now? Do we eat better? Do we have more or fewer children? Do we work more or less? Think of various aspects of life and write six comparisons following the model below and using: **plus, moins, autant, aussi, mieux, meilleur,** and **pire**.

MODEL: Aujourd'hui, _les gens vivent plus vieux._

1. Aujourd'hui, _____

2. Aujourd'hui, _____

3. Aujourd'hui, _____

4. Aujourd'hui, _____

5. Aujourd'hui, _____

6. Aujourd'hui, _____

SAM 09-21   Mieux ou meilleur ?

Complete the following sentences with **mieux** or **meilleur(e)(s)**.

1. Richard : À mon avis, on vit bien à la campagne.

Philippe : Oui, mais pour moi, on vit _____ en ville.

2. Sophie : Le climat est-il bon dans le nord de la France ?

Hervé : Pas vraiment, il est vraiment _____ dans le sud.

3. La qualité de la vie est _____ dans une petite ville que dans une grande métropole.

4. On mange_____ dans les restaurants des petits villages que dans certains restaurants en ville.

5. Les transports publics sont _____ dans les grandes villes que dans les petits villages.

6. Bruno : Personnellement, je me sens très bien quand je suis au bord de la mer.

Gaëlle : Eh bien moi, je me sens _____ quand je suis à la montagne !

7. La qualité de l'air est _____ dans les Alpes qu'à Paris !

8. L'espérance de vie est _____ à Okinawa que partout ailleurs dans le monde.

SAM 09-22   Le plus important.

Complete the following statements with the appropriate option.

1. La personne la plus importante dans la vie d'Anna est _____
  a. sa grand-mère.   b. sa tante.   c. sa mère.

2. La personne la plus importante dans la vie de Frédéric est _____
  a. sa grand-mère.   b. sa tante.   c. sa mère.

3. Le meilleur aspect de la personnalité de Monique est _____
  a. son caractère austère et sérieux.
  b. son caractère amusant et joyeux.
  c. sa gentillesse et sa patience.

4. La mère d'Anna est toujours _____
  a. gentille et patiente.   b. bavarde et drôle.   c. tendue et impatiente.

5. Le Louvre est _____
  a. le plus grand musée de France.
  b. le plus petit musée de Paris.
  c. le meilleur musée du monde.

SAM 09-23   Mon opinion.

React to the following statements using the expressions **je pense que**..., **pour moi**,..., and **à mon avis**,... Start your sentence by saying whether you agree (**je suis d'accord**) or disagree (**je ne suis pas d'accord**).

> **MODEL:**   Paris est une ville polluée.
> *Je suis d'accord, je pense que Paris est une ville polluée.*

1. Le Canada est très peuplé.

_____

2. La délinquance est un problème important dans les grandes villes.

_____

3. Il est essentiel d'être sincère avec ses amis.

_____

4. Il n'y a pas beaucoup d'embouteillages à Paris.

_____

5. Les transports publics sont excellents en France.

_____

6. Les espaces verts sont très importants dans les grandes villes.

_____

SAM 09-24   Pointe-à-Pitre.

You are planning a trip to Guadeloupe with some friends and you want to visit Pointe-à-Pitre. Read the text on this information site and indicate whether the following statements are true (**vrai**) or false (**faux**).

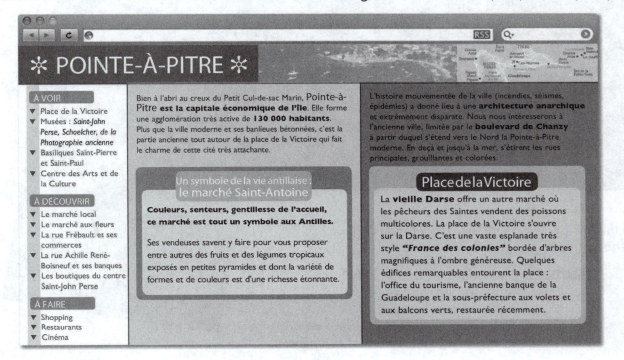

1. Pointe-à-Pitre est la capitale économique de la Guadeloupe. _____

2. C'est une ville aussi grande que Paris. _____

3. La partie moderne de la ville fait le charme de Pointe-à-Pitre. _____

4. Il y a un marché aux fleurs à Pointe-à-Pitre. _____

5. L'architecture de la ville est complètement homogène. _____

6. Il y a un marché aux poissons à Pointe-à-Pitre. _____

SAM 09-25   Le même.

Fill in the blanks with **le même, la même** and **les mêmes**.

1. Le climat de la France est très varié. Il n'est pas _____ dans le sud et dans le nord, à l'est ou à l'ouest.

2. Les transports publics ne sont pas _____ à Paris et à Nantes. À Paris, on utilise beaucoup le métro, mais aussi le bus et le tramway, tandis qu'à Nantes on utilise beaucoup le tramway et le bus. Il n'y a pas de métro.

3. Il y a une Statue de la Liberté à Paris, mais ce n'est pas exactement _____ qu'à New-York. Elle est plus petite.

4. Le français qu'on parle au Québec n'est pas tout à fait _____ qu'en France. L'accent n'est pas _____ et certains mots ne sont pas _____.

5. La vie culturelle n'est pas _____ à Paris et dans une petite ville.

SAM 09-26   Le pronom relatif où.

Link the following sentences together using the
pronoun **où**.

> **MODEL:**   Strasbourg est une ville d'Alsace.
> À Strasbourg, on trouve le siège
> du Parlement européen.
> *Strasbourg est une ville d'Alsace **où** on
> trouve le siège du Parlement européen.*

1. Toulouse est une grande ville. À Toulouse, il y a deux lignes de métro.

Toulouse est une grande ville _____.

2. Nîmes est une belle ville. À Nîmes, on peut visiter de célèbres arènes.

Nîmes est une belle ville _____.

3. Carnac est une petite ville. À Carnac, on peut voir les menhirs de Kermario.

Carnac est une petite ville _____.

4. La Normandie est une belle région. En Normandie, on peut boire un cidre excellent.

La Normandie est une belle région _____.

5. La Tunisie est un pays du Maghreb. En Tunisie, on parle très bien français.

La Tunisie est un pays du Maghreb _____.

6. La Suisse est un petit pays. En Suisse, on parle plusieurs langues.

La Suisse est un petit pays _____.

7. La Bretagne est une région splendide. En Bretagne, on mange de bonnes crêpes.

La Bretagne est une région splendide _____.

SAM 09-27   C'est une ville où …

You work in a travel agency and you are preparing some advertisements. What would you say about the following places? Use the pronoun **où** as in the model.

> **MODEL:**   *Bruxelles est une ville où il pleut 217 jours par an.*

1. Pointe-à-Pitre _____.

2. Montréal _____.

3. Abidjan _____.

4. Genève _____.

5. Bruxelles _____.

6. Nantes _____.

7. Lyon _____.

8. Paris _____.

SAM 09-28   Le pronom y.

Answer the following questions using the pronoun **y**.

> **MODEL:**   Avez-vous déjà voyagé en Afrique ?
> *Oui, j'y ai voyagé l'année dernière.*

1. Êtes-vous déjà allé au Maroc ?

_____.

2. Aimez-vous aller au cinéma ?

_____.

3. Allez-vous voyager en France cet été ?

_____.

4. Vos parents habitent-ils à New York ?

_____.

5. Voulez-vous vivre à la campagne ?

_____.

SAM 09-29   Le, la, les, y.

Amélie and Aurélie are great fans of Bradley Cooper. Complete their dialogue using the correct pronouns (**le, la, les, l'**, and **y**).

AMÉLIE :   Tu as vu Bradley Cooper hier soir à la télé ?

AURÉLIE :   Oui, je (1) _____ ai vu. Il était super !

AMÉLIE :   Tu as vu tous ses films ?

AURÉLIE :   Oui, je (2) _____ ai tous vus ! Et toi ?

AMÉLIE :   Moi aussi. Et tu sais qu'il parle bien français ?

AURÉLIE :   Oui, je sais qu'il (3) _____ parle bien.

AMÉLIE :   Tu sais qu'il a habité en France ?

AURÉLIE :   Oui, oui, il (4) _____ a habité pendant 6 mois.

AMÉLIE :   Et pourquoi on ne lui écrit pas une lettre en français ?

AURÉLIE :   À Bradley ?!! Quelle idée !

AMÉLIE :   Moi, je (5) _____ trouve géniale mon idée !

AURÉLIE :   Tu sais, les stars comme lui, il y a beaucoup de gens qui leur écrivent, mais ils ne répondent pas... Et ta lettre, où est-ce que tu vas (6) _____ envoyer ?

AMÉLIE :   Je ne sais pas ! Bonne question. À Los Angeles ?

AURÉLIE :   Je ne sais pas s'il (7) _____ habite. Et puis il faut une adresse, pas juste une ville !

AMÉLIE :   Bon tant pis pour mon idée. Je (8) _____ abandonne.

SAM 09-30   Le bon pronom.

Choose the correct answer for each question.

1. Est-ce que vous regardez la télé ?
   a. Non, je ne vais pas la regarder.
   b. Non, je ne la vois pas.
   c. Non, je ne la regarde pas souvent.

2. Est-ce que vous connaissez les musées de votre ville ?
   a. Oui, je les connais bien.
   b. Oui, je le connais.
   c. Oui, je vais y aller.

3. Est-ce que vous allez souvent au théâtre ?
   a. Je n'y suis pas allée le week-end dernier.
   b. J'y vais rarement.
   c. Je le connais.

4. Est-ce que vous aimez écouter la radio ?
   a. Oui, j'aime l'écouter quand je conduis.
   b. Oui, je les écoute à la radio.
   c. Oui, j'y vais régulièrement.

5. Est-ce que vous êtes déjà allé au Mexique ?
   a. Oui, je vais y aller l'été prochain.
   b. Non, je n'y vais pas souvent.
   c. Non, je n'y suis jamais allé.

6. Est-ce que vous parlez le français avec vos parents ?
   a. Non, ils ne les connaissent pas.
   b. Non, nous ne le parlons pas ensemble.
   c. Oui, ils y vont.

SAM 09-31 Venir de, être en train de...

Complete the following sentences with the expressions **être en train de** and **venir de**. You will need to conjugate the verbs.

1. Il est difficile de discuter avec des amis quand on _____ faire ses devoirs.

2. Non merci, je n'ai pas faim. Je _____ manger.

3. Marine, je suis désolé ! Georges _____ partir et tu ne lui as pas dit au revoir !

4. En ce moment, je suis très occupée parce que je _____ passer des examens. Je vais finir la semaine prochaine.

5. Zut alors, tu as manqué Éric ! Il _____ téléphoner.

6. Est-ce que tu _____ manger du chocolat ? Tu as des traces sur la bouche.

7. Ne fais pas de bruit ! Le bébé _____ dormir.

8. Aujourd'hui, Pierre est en vacances. Il_____ finir un grand projet à son travail.

SAM 09-32 Quelles sont les différences ?

Look at the two images and try to find at least six differences. Write about them using the expressions **être en train de** and **venir de**. Follow the model.

> **MODEL:** *Sur la première image, un homme est en train de lire, mais sur la deuxième image, il est en train de dormir. Il vient de finir son livre.*

_____

_____

_____

_____

_____

_____

SAM 09-33 Publicité pour ma ville.

You want to create a radio advertisement for your city or your region. Think of interesting places to visit, describe the climate, and include whatever information you would like to present to encourage tourists to visit. Use vocabulary from the chapter. When you are ready, record your advertisement.

SAM 09-34 [r] et [g] comme le rouge-gorge.

Listen to each word and indicate whether you hear the sound [r] as in **rat** or [g] as in **gâteau**.

1. _____

2. _____

3. _____

4. _____

5. _____

6. _____

7. _____

8. _____

SAM 09-35 Pratiquons le son [r].

Listen to the following sentences and practice repeating them. When you are ready, record yourself pronouncing them.

1. Il travaille trop.

2. Ce camion est garé sur le trottoir.

3. Elle adore dormir.

4. Ce riz est très bon.

5. Il y a trop de bruit.

SAM 09-36   Des mots avec le [r].

🔊 You are going to hear some words. Indicate whether you hear the sound [r] or not.

1. _____

2. _____

3. _____

4. _____

5. _____

6. _____

7. _____

8. _____

9. _____

10. _____

a. J'entends le son [r].

b. Je n'entends pas le son [r].

SAM 09-37   La ville ou la campagne ?

Read the following text and write a paragraph about your opinion on the subject. Do you agree with Laetitia Lamour?

L'AVIS DES STARS

Vous préférez

vivre en **ville** ou à la **campagne?**

Même si pour certains, la vie à la campagne est plus saine, je pense que vivre en ville présente beaucoup plus d'avantages: on peut aller aux spectacles, profiter de la vie culturelle, des boutiques et des services en tout genre. Les inconvénients de la campagne sont évidents: les insectes, le manque d'intimité qui caractérise en général les petits villages, etc. Toutefois, l'idéal peut être une solution intermédiaire: il s'agit d'alterner la vie à la campagne et la vie en ville. Mais tout le monde ne peut pas se le permettre; ou pour des raisons économiques (cela coûte beaucoup plus cher) ou professionnelles (on peut être obligé de rester en ville ou, au contraire, à la campagne).

Laetitia Lamour
Actrice. Paris.

_____

_____

_____

_____

_____

SAM 09-38   Connaissez-vous Paris ?

Read the text about Paris in your textbook on pages 142–143, and choose the correct answers for each of the following questions.

1. Est-ce que Paris a toujours été Paris ? _____
   a. Non, la ville s'appelait Lutèce.
   b. Oui, Paris a toujours été Paris.

2. Quand est-ce que l'université de Paris a été créée ? _____
   a. Au 19ème siècle.
   b. Au 12ème siècle.

3. Au 19ème siècle, les rues de Paris étaient encore _____
   a. sombres et étroites.
   b. ouvertes et lumineuses.

4. Comment s'appelle la personne qui a transformé Paris au 19ème siècle ? _____
   a. Haussmann.
   b. Napoléon III.

5. Pourquoi a-t-on construit la Tour Eiffel ? _____
   a. Pour avoir un monument moderne à Paris.
   b. Pour l'exposition universelle de 1889.

6. Aujourd'hui, près de Paris, _____
   a. on peut trouver des gratte-ciel.
   b. on ne peut pas trouver de gratte-ciel.

SAM 09-39   Paris.

Complete the following paragraph using **au**, **en**, **de**, **à**, and **le**.

C'est (1) _____ printemps qu'il faut visiter Paris. La lumière y est superbe. Mais (2) _____ hiver il peut y avoir de la neige et il fait très froid. Quel que soit le moment de l'année pour votre visite, il faut voir les musées et aussi les bâtiments construits pas Haussmann (3) _____ 19ème siècle. Il faut aussi voir la tour Eiffel, construite (4) _____ 1887 (5) _____ 1889. Si vous voulez visiter d'autres bâtiments, comme le palais de l'Élysée, alors il faut venir à Paris pour la Journée du patrimoine, qui est (6) _____ septembre. Très exactement, (7) _____ troisième week-end de septembre.

SAM 09-40   Moi, je préfère…

Choose a partner in your class and together, record a conversation about your preferences regarding living in the city or in the countryside. Discuss the advantages and disadvantages of both.

Unité 10
À QUOI ÇA SERT ?

ANCRAGE

SAM 10-01 Qu'est-ce que c'est ?

Find the correct name for each of these objects.

1. _____

2. _____

3. _____

4. _____

5. _____

6. _____

7. _____

8. _____

9. _____

10. _____

a. des lunettes de soleil

b. des ciseaux

c. un cahier

d. un ouvre-boîte

e. un grille-pain

f. un lave-vaisselle

g. un réveille-matin

h. une gomme

i. une ampoule

j. un parapluie

SAM 10-02   Taille et forme.

Choose the right words to describe the shape and size of the following objects.

1.

_____

a. La roue est carrée et lourde.

b. La roue est ronde et lourde.

c. La roue est ronde et légère.

2.

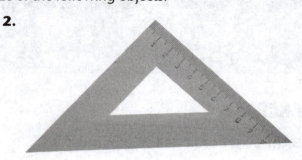

_____

a. Cet objet est triangulaire et petit.

b. Cet objet est rectangulaire et petit.

c. Cet objet est rectangulaire et grand.

3.

_____

a. Voici un carré de chocolat.

b. Voici un rond de chocolat.

c. Voici un rectangle de chocolat.

4.

_____

a. Cette tablette de chocolat est carrée.

b. Cette tablette de chocolat est ronde.

c. Cette tablette de chocolat est rectangulaire.

5.

_____

a. Cette route est courte et montagneuse.

b. Cette route est longue et plate.

c. Cette route est petite et plate.

SAM 10-03   Ça sert à quoi ?

Match the objects with the correct statements that explain what the objects are for.

1. Des ciseaux : _____

2. Un frigo : _____

3. Un livre : _____

4. Un parapluie : _____

5. Un sac-à-dos : _____

6. Un gant de toilette : _____

7. Une brosse à dents : _____

8. Un fauteuil : _____

a. C'est utile pour conserver la nourriture au froid.

b. Ça permet de s'asseoir confortablement.

c. C'est utile pour se protéger quand il pleut.

d. C'est indispensable pour couper.

e. C'est pratique pour se brosser les dents.

f.   Ça sert à transporter des choses.

g. Ça permet de lire.

h. C'est utile pour se laver.

EN CONTEXTE

SAM 10-04   C'est utile pour…

Explain what the following objects are used for. Vary the expressions you use.

1. Un verre : _____.

2. Une chaise : _____.

3. Un stylo : _____.

4. Un avion : _____.

5. Un téléphone portable : _____.

6. Une montre : _____.

SAM 10-05   Tu utilises souvent ton stylo ?

Writing complete sentences, explain how frequently you use the following objects, using expressions such **as une fois par semaine, deux fois par jour, tout le temps, souvent, jamais, parfois, quelquefois, rarement, fréquemment, sans cesse, etc.**

> **MODEL:** *J'utilise mon téléphone portable sans cesse !*

1. Une machine à laver : _____.

2. Un vélo : _____.

3. Une voiture : _____.

4. Un rasoir : _____.

5. Des patins à roulettes : _____.

FORMES ET RESSOURCES

SAM 10-06   C'est quelle matière ?

Which material are these objects most often made of?

1. une assiette : _____
2. un livre : _____
3. l'extérieur d'un train : _____
4. une chaise : _____
5. une bouteille d'eau : _____
6. une bouteille de vin : _____
7. un sac à main : _____
8. une chemise : _____
9. une boîte pour transporter de la nourriture : _____

a. en métal
b. en plastique
c. en verre
d. en papier
e. en porcelaine
f. en bois
g. en cuir
h. en carton
i. en tissu

SAM 10-07   C'est en quoi ?

Choose what the following objects are made of.

1. Mon jean est _____
   a. en tissu.
   b. en plastique.
   c. en bois.

2. Ma boîte de thon est _____
   a. en plastique.
   b. en fer.
   c. en cuir.

3. Mes chaussures sont _____
   a. en cuir.
   b. en fer.
   c. en porcelaine.

4. Pour aller au bal, Cendrillon (*Cinderella*) met des chaussures _____
   a. en bois.
   b. en carton.
   c. en verre.

5. Ma maison est _____
   a. en fer.
   b. en bois.
   c. en tissu.

6. Mes lunettes de soleil sont _____
   a. en plastique.
   b. en papier.
   c. en cuir.

7. Mes ciseaux sont _____
   a. en fer.
   b. en tissu.
   c. en carton.

8. Ma jolie vaisselle est _____
   a. en métal.
   b. en plastique.
   c. en porcelaine.

SAM 10-08 Ça se lave ?

Select the correct phrase for each sentence.

1. Un sèche-cheveux, [ça se lave ; ça ne se lave pas]. _____

2. Une ampoule, [ça se casse ; ça ne se casse pas] facilement. _____

3. Un pull, [ça se lave ; ça ne se lave pas]. _____

4. Une porte automatique, [ça s'ouvre ; ça ne s'ouvre pas] tout seul. _____

5. Des lunettes de soleil, [ça se porte ; ça ne se porte pas] quand il pleut. _____

6. Une boîte de conserve, [ça s'ouvre ; ça ne s'ouvre pas] avec un ouvre-boîte. _____

7. Un sac à dos, [ça se porte ; ça ne se porte pas] sur la tête. _____

8. Un téléphone portable, [ça se casse ; ça ne se casse pas] si on le fait tomber trop souvent.

SAM 10-09 Quel objet ?

Match the correct object with each of the following definitions.

le parapluie, le réveille-matin, la casquette, la montre, le trombone, le casque, le canapé

1. Définition : Cet objet fait du bruit à une certaine heure que vous avez programmée. Il sert à vous réveiller.

Objet : _____

2. Définition : Cet objet est très utile pour savoir l'heure. Il est rond et a un bracelet. On le porte sur son bras.

Objet : _____

3. Définition : Cet objet est très pratique quand on se promène et qu'il pleut. Il est en tissu, en métal et en plastique. Il est léger et il sert à vous protéger de la pluie.

Objet : _____

4. Définition : Cet objet permet de protéger votre tête quand vous faites du vélo. Il est en plastique et est léger.

Objet : _____

5. Définition : C'est un objet généralement confortable, sur lequel on s'assoit pour regarder la télé ou lire le journal. Il peut être en tissu ou en cuir.

Objet : _____

6. Définition : Cet objet se porte sur la tête. Il est en tissu et est très léger. Cet objet peut avoir des symboles d'équipes de baseball ou de football américain.

Objet : _____

7. Définition : C'est un petit objet en métal ou en plastique qui est utile pour assembler des papiers et les maintenir ensemble. On le trouve souvent sur des bureaux.

Objet: _____

SAM 10-10   Descriptions.

Describe the following objects, giving as many details as possible. What are they used for? What are they made of? Can you wash them? Where can you buy them?

1. un grille-pain :

_____

_____

_____

2. une carte à puce :

_____

_____

_____

3. un sac à dos :

_____

_____

_____

SAM 10-11   Objets et adjectifs.

How would you describe the following objects? Choose the adjectives that make the most sense.

> plat, rond, carré, long, petit, grand, court, lourd, léger, pratique, incassable, jetable, efficace, imperméable, lavable, utile, confortable, durable, maniable, neuf, vieux, puissant

1. Un rasoir : _____
   a. léger et jetable
   b. incassable et lourd
   c. imperméable et vieux

2. Un parapluie : _____
   a. utile et imperméable
   b. utile et lourd
   c. efficace et lavable

3. Un téléphone portable : _____
   a. rond et durable
   b. carré et lavable
   c. rectangulaire et pratique

4. Un ballon de football : _____
   a. carré et lourd
   b. rond et léger
   c. triangulaire et léger

5. Une bouteille d'eau en plastique : _____
   a. maniable et durable
   b. lourde et triangulaire
   c. pratique et jetable

6. une voiture : _____
   a. lourde et puissante
   b. efficace et jetable
   c. lavable et neuve

SAM 10-12   Grâce à...

Daily life has been made easier thanks to various inventions. Match the objects and the sentences.

1. Grâce à cet objet, on n'a pas besoin de faire la vaisselle. _____

2. Grâce à cet objet, je peux me déplacer plus rapidement que quand je marche. _____

3. Grâce à cet objet, je peux contacter ma famille et mes amis quand je ne suis pas chez moi. _____

4. Grâce à cet objet, on n'a pas besoin de laver ses vêtements à la main. _____

5. Grâce à cet objet, nous pouvons voyager très loin rapidement. _____

6. Grâce à cet objet, je peux lire des livres sans avoir de livres en papier. _____

7. Grâce à cet objet, nous pouvons payer sans avoir d'argent liquide. _____

   a. la carte à puce
   b. la machine à laver
   c. la tablette
   d. le lave-vaisselle

   e. le vélo
   f. l'avion
   g. le téléphone portable

SAM 10-13   Grâce à quoi ?

Can you identify the positive causes that make the following things possible? Use the expression **grâce à** and choose from the following list.

> mon casque, ma calculatrice, l'Internet, mes yeux,
> mon frigo, mes jambes, mon ouvre-boîte, l'avion

MODEL: *Je peux taper mon texte rapidement, grâce à mon ordinateur.*

1. Nous pouvons voyager partout dans le monde _____.

2. Je peux ouvrir cette boîte de conserve _____.

3. Je peux voir _____.

4. Je peux communiquer avec mes amis en France _____.

5. Mes aliments restent froids _____.

6. Ma tête est protégée quand je fais du vélo _____.

7. Je peux marcher _____.

8. Je peux faire des additions rapidement _____.

SAM 10-14   Couleurs et associations.

Which colors come to mind when you read the following words:

1. une banane : _____

2. les arbres : _____

3. la neige : _____

4. la nuit : _____

5. le ciel : _____

6. les nuages : _____

7. les fleurs : _____

8. Halloween : _____

SAM 10-15 Couleurs et accords.

How would you write the following adjectives of color? Reuse the adjective of color that was used, and make the necessary agreements. Think in terms of number and gender. Also pay attention to the fact that some colors never change to agree with the subject.

MODEL: *J'ai un cahier vert et une voiture verte.*

1. J'ai un vélo bleu et une voiture _____.

2. J'ai une valise noire et des chaussures _____.

3. J'ai des patins à roulettes roses et une brosse à dents _____.

4. J'ai un sèche-cheveux gris et une casquette _____.

5. J'ai une brosse à dents rouge et des cahiers _____.

6. J'ai un réveille-matin blanc et une montre _____.

7. J'ai un fauteuil gris et des ciseaux _____.

8. J'ai un canapé marron et une chaise _____.

SAM 10-16 Qu'est-ce que c'est ?

Listen to the dialogues and identify which object is being discussed in each one.

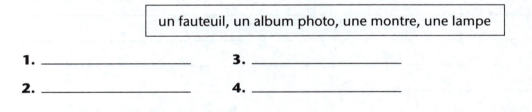

un fauteuil, un album photo, une montre, une lampe

1. _____   **3.** _____

2. _____   **4.** _____

SAM 10-17 Objets perdus.

Charles has lost an important possession at school this morning, and he is talking to the custodian about it. Listen and identify which object he is talking about.

1. L'objet que Charles a perdu est l'objet numéro _____.

2. En quelle matière est cet objet ? Il est en _____.

3. Dans quelle salle est-ce qu'il l'a laissé ? La salle _____.

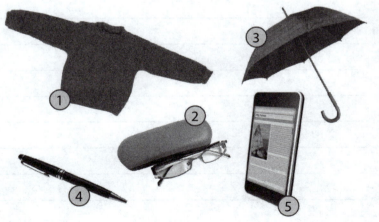

SAM 10-18   Charles écrit.

Charles lost his glasses at school this morning. He is going to post a note on the bulletin board describing them and explaining where he left them, in the hope someone finds them. Write his note!

SAM 10-19   Charades…

Look at the example and try to solve the other four one-word charades. You only need to write the answer, not the separate syllables.

   MODEL :   *pyramide*

Ma première syllabe est un oiseau blanc et noir. (*pie*)

Ma deuxième est un animal que les hommes détestent. (*rat*)

Ma troisième est la partie blanche du pain. (*mie*)

Ma quatrième est le chiffre qui suit « un ». (*deux*)

Mon tout est en Égypte.

1. _____

   Ma première syllabe est un métal précieux.

   Ma deuxième est représentée par un enfant qui a des ailes.

   Mon tout est un fruit.

2. _____

   Ma première syllabe est l'impératif du verbe **aller** pour la forme tu.

   Ma deuxième est un prénom féminin qui commence avec un L.

   Mon tout est très utile pour transporter des choses quand on voyage.

3. _____

   Ma première syllabe est un synonyme du mot **erreur**.

   Ma deuxième est sur le haut du visage et il sert à voir. C'est le singulier du mot **yeux**.

   Mon tout est très utile pour regarder la télévision confortablement.

4. _____

   Ma première syllabe est un type de viande que certaines religions interdisent.

   Ma deuxième est un adjectif démonstratif masculin.

   Ma troisième est une matière qui pousse sur certains animaux et qu'on utilise pour faire des pulls.

   Mon tout est très délicat et est utilisé pour fabriquer de la vaisselle élégante.

SAM 10-20   Petites annonces.

Take a look at the following objects and choose two. Write a short *for sale* ad for each one, following the model given for the **ouvre-boîte**.

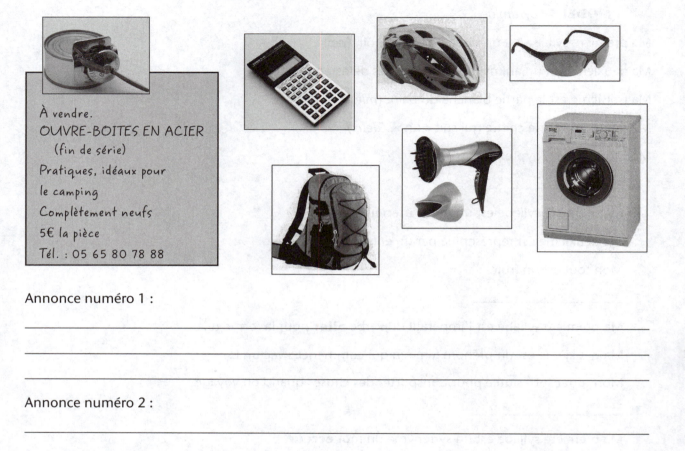

À vendre.
OUVRE-BOITES EN ACIER
    (fin de série)
Pratiques, idéaux pour
le camping
Complètement neufs
5€ la pièce
Tél. : 05 65 80 78 88

Annonce numéro 1 :

_____

_____

_____

Annonce numéro 2 :

_____

_____

_____

SAM 10-21 Questions.

Alain's young nephew, Olivier, is spending the day with his uncle and is going around the house, asking questions about various objects. Read the answers and choose the questions that correspond to them.

1. OLIVIER : _____

   ALAIN : Non, ça marche avec des piles.

2. OLIVIER : _____

   ALAIN : Il est noir et rectangulaire.

3. OLIVIER : _____

   ALAIN : En coton.

4. OLIVIER : _____

   ALAIN : Ça sert à écouter de la musique quand je ne suis pas chez moi.

5. OLIVIER : _____

   ALAIN : Elles sont en cuir.

6. OLIVIER : _____

   ALAIN : Ça marche à l'essence.

   a. Elles sont en quoi, tes chaussures ?
   b. C'est en quoi ?
   c. Comment ça marche ?

   d. Est-ce que ça marche à l'électricité ?
   e. Il est comment ton portable ?
   f. Ça sert à quoi ?

SAM 10-22 Devinez les objets !

Maryse and Michel are playing a guessing game. Can you guess what objects they are talking about?

1. Le premier objet de Maryse est _____.

2. Michel parle de ses _____.

3. Le deuxième objet de Maryse est _____.

4. Le deuxième objet de Michel est _____.

   a. lunettes de soleil
   b. un cahier
   c. un appareil-photo
   d. un tapis

SAM 10-23   Qui ou que ?

Complete the following sentences using the relative pronouns **qui** and **que**.

1. Prends la pizza _____ est dans le congélateur !

2. Voici un tapis _____ j'aime beaucoup.

3. Le grille-pain _____ je viens d'acheter ne marche pas bien.

4. C'est le prof de maths _____ a dit qu'on pouvait utiliser une calculatrice.

5. C'est l'ouvre-boîte _____ je cherche, pas le sèche-cheveux.

6. Les lunettes de soleil _____ sont sur la table sont celles de Nicole.

SAM 10-24   Qui, que et où.

Complete the following sentences using the relative pronouns **qui**, **que** and **où**.

1. Veux-tu manger dans le restaurant _____ nous sommes allés la semaine dernière ?

2. J'aime beaucoup le livre _____ je viens de lire.

3. Est-ce que c'est la carte à puce _____ était sur le piano ?

4. Nous avons choisi l'hôtel _____ vous avez logé pendant vos vacances.

5. Voici le vélo _____ j'ai eu pour mon anniversaire.

6. Où est la brosse à dents _____ est rouge et verte ?

SAM 10-25   Groupons les objets !

Here is a list of objects. Try to find a common point between some of them and explain how you grouped them. Write 5 sentences.

> **MODEL:**   *Ce sont des objets que je porte toujours sur moi : un stylo, des mouchoirs en papier, un téléphone portable.*

---

un ordinateur, un bracelet, du scotch, un jeu de cartes, une lampe, un livre, un réveille-matin, une voiture, une montre, une photo, des ciseaux, un journal, une radio, une lettre, un verre, un ouvre-boîte, un cahier, une carte à puce, un casque de vélo, un parapluie, un portefeuille, un trombone, un stylo, des lunettes de soleil, des chaussures, un sac à dos, un sèche-cheveux, une brosse à dents, un téléphone portable, un gant de toilette, un grille-pain, un lave-vaisselle, un rasoir

---

1. _____

2. _____

3. _____

4. _____

5. _____

SAM 10-26   Complétez les phrases !

Complete the following questionnaire by writing complete sentences.

> **MODEL:**   une fleur que vous aimez : *Les roses sont les fleurs que je préfère.*

1. Un restaurant que vous recommandez : _____

_____

2. Un livre que vous avez lu plusieurs fois : _____

_____

3. Un film qui a beaucoup de succès dans votre pays : _____

_____

4. Un pays que vous voulez visiter un jour : _____

_____

5. Une chose qui vous passionne : _____

_____

6. Une personne que vous admirez : _____

_____

7. Un groupe de musique que vous aimez beaucoup : _____

_____

8. Un objet qui est très important pour vous : _____

_____

SAM 10-27   Pouvez-vous deviner ma devinette ?

Prepare a few sentences to describe an object <u>without</u> naming it. Your teacher will try to guess what object it is. Use vocabulary and structures you have learned in this chapter. When you are ready, record your **devinette**.

_____

_____

_____

_____

_____

SAM 10-28   Mon objet fétiche.

Write a paragraph about an object that is very important to you. How did you get the object? How long have you had it? Why is it important to you? What does it look like? Give as many details as possible.

_____

_____

_____

_____

_____

_____

_____

SAM 10-29   Le futur simple.

Marc and Valentin have just bought a lottery ticket and they are now dreaming about what they will do with the money if they win. Read their dialogue and conjugate all the verbs in the future tense.

Valentin : Ce (1) _____ (être) la belle vie. D'abord, on (2) _____ (partager) l'argent, et moi, je (3) _____ (placer) ma part dans une banque. Puis avec mes meilleurs amis, nous (4) _____ (faire) le tour du monde. Nous (5) _____ (aller) dans des hôtels quatre étoiles. Je (6) _____ (s'arrêter) de travailler et je (7) _____ (donner) une partie de l'argent à mes parents. Ils (8) _____ (faire) ce qu'ils (9) _____ (vouloir) avec.

Marc : Moi, je (10) _____ (continuer) à travailler, mais je (11) _____ (prendre) beaucoup de vacances et j'(12) _____ (acheter) une grande maison à la plage où il y (13) _____ (avoir) de grandes fêtes tous les week-ends. Je (14) _____ (ne plus devoir) m'inquiéter pour mes finances. Marie et moi nous (15) _____ (pouvoir) voyager et nous (16) _____ (voir) plein de choses intéressantes.

SAM 10-30 Complétez le tableau !

Review the future tense of irregular verbs and complete the chart. Three forms are missing for each of the following irregular verbs.

avoir	vouloir	faire	être	devoir	aller	voir	pouvoir
j'(1) ___	je (4) ___	je ferai	je (10) ___	je (13) ___	j'(16) ___	je verrai	je (22) ___
tu auras	tu voudras	tu (7) ___	tu seras	tu devras	tu (17) ___	tu (19) ___	tu pourras
il/elle/on (2) ___	il/elle/on voudra	il/elle/on fera	il/elle/on (11) ___	il/elle/on devra	il/elle/on ira	il/elle/on (20) ___	il/elle/on (23) ___
nous aurons	nous (5) ___	nous ferons	nous (12) ___	nous devrons	nous (18) ___	nous verrons	nous (24) ___
vous (3) ___	vous voudrez	vous (8) ___	vous serez	vous (14) ___	vous irez	vous (21) ___	vous pourrez
ils/elles auront	ils/elles (6) ___	ils/elles (9) ___	ils/elles seront	ils/elles (15) ___	ils/elles iront	ils/elles verront	ils/elles pourront

deir	aller	voir	pouvoir
je (13) _____	j'(16) _____	je verrai	je (22) _____
tu devras	tu (17) _____	tu (19) _____	tu pourras
il/elle/on devra	il/elle/on ira	il/elle/on (20) _____	il/elle/on (23) _____
nous devrons	nous (18) _____	nous verrons	nous (24) _____
vous (14) _____	vous irez	vous (21) _____	vous pourrez
ils/elles (15) _____	ils/elles iront	ils/elles verront	ils/elles pourront

SAM 10-31 La boule de cristal.

You are visiting a fortune teller and she is reading her crystal ball and telling you what will happen to you. Take a look at what she is predicting for you and complete the paragraph with the missing verbs. Note that the verbs on the list are not in order.

Verbs: **gagner, se marier, avoir** (*twice*), **être, faire** (*twice*), **rencontrer**

Votre santé (1) _____ excellente et vous
(2) _____ beaucoup de sport comme d'habitude.
Dans quelques mois, vous (3) _____ une très grande
surprise parce que la même semaine, vous (4) _____ une
personne très intéressante et vous (5) _____ la loterie.
Avec cet argent vous (6) _____ un grand voyage dans un pays lointain. À votre retour,
vous (7) avec cette personne et vous (8) _____ six enfants.

SAM 10-32   Présent ou futur ?

Indicate whether the verbs are in the future or in the present tense.

1. prends _____

2. saurai _____

3. fermera _____

4. inviteras _____

5. raconteront _____

6. pouvez _____

7. travaillerez _____

8. pourrez _____

9. vivez _____

10. arriverons _____

11. apprendrai _____

12. donnons _____

SAM 10-33   Changeons de temps !

These sentences are all in the present tense. Change the verbs into the future tense.

1. Tu viens avec nous ce soir ? ® Tu _____ avec nous demain soir ?

2. Elle arrive à quelle heure ? ® Elle _____ à quelle heure ?

3. Je pars dans deux heures. ® Je _____ dans deux mois.

4. Nous regardons la télévision. ® Nous _____ la télévision.

5. Cette année, ils ont beaucoup de travail. ® L'année prochaine, ils _____ beaucoup de travail.

6. On mange vers 20 heures le soir. ® On _____ vers 20 heures demain soir.

7. Je finis mes devoirs. ® Je _____ mes devoirs demain matin.

8. Nous sortons au restaurant ce soir. ® Nous _____ au restaurant demain soir.

SAM 10-34   Présent ou futur ?

Indicate whether the sentences you hear are in the present tense or the future tense.

1. _____

2. _____

3. _____

4. _____

5. _____

6. _____

7. _____

8. _____

Nom: _____ Date: _____

SAM 10-35 Ma vie dans 20 ans.

Write a paragraph using the future tense, explaining how you imagine your life twenty years from now.

_____
_____
_____
_____
_____

SAM 10-36 Conversation.

Choose a partner in the class and together, record a conversation about your plans for the future. It could be your plans for your next vacation, or for your career, or any other future time you wish to discuss. You will need to use the future tense. You may want to prepare some questions for your partner.

_____
_____
_____
_____

SAM 10-37 Enchaînement consonantique avec le r.

Read the sentences and listen to their pronunciation. You will hear how a word ending with the consonant **r** and the following word starting with a vowel are linked. The [r] sound carries over to the next word. This phenomenon is called **enchaînement consonantique** and it could happen with other consonants such as **s** or **t**. Listen carefully and write the two words that are linked in each sentence.

1. Leur ami est très grand. _____

2. Leur avion est arrivé à deux heures. _____

3. Il est parti sur un bateau. _____

4. Il s'est assis sur une chaise. _____

5. La mer est très belle aujourd'hui. _____

6. Il faut prendre l'avion pour aller en France. _____

SAM 10-38   Je prononce.

Practice pronouncing the following sentences, making sure to link the [r] sound with the following word that starts with a vowel. Record yourself when you are ready.

1. Je prends l'avion pour aller en France.

2. Les ciseaux sont sur un livre dans le salon.

3. Leur ami est français.

4. La mer est belle aujourd'hui.

SAM 10-39   Enchaînement vocalique.

Read the sentences and listen to their pronunciation. You will notice that when a word ends with a vowel sound that is <u>identical</u> to the vowel sound that starts the following word, the sound is simply prolonged without breaking the two words. This phenomenon is called **enchaînement vocalique**. Listen carefully and write the two words that are linked in each sentence.

1. Il travaillera à Paris. _____

2. Elle arrivera à Toulouse. _____

3. Il étudiera à la bibliothèque. _____

4. Son mari y est allé. _____

5. Tu iras à Londres cet été ? _____

6. Son ami y a vécu. _____

SAM 10-40   Je prononce.

Practice pronouncing the following sentences, making sure to link the two words that end and begin with the same vowel sound. Record yourself when you are ready.

1. Tu iras à Paris.

2. Son mari y travaille.

3. Elle étudiera à la bibliothèque.

4. Il travaillera à Londres.

Unité 11
VACANCES EN FRANÇAIS

ANCRAGE

SAM 11-01   Les pays francophones.

Your French teacher traveled around the world last year and visited many French-speaking countries. She took many photos but unfortunately, she forgot to write where a few of them were taken and now she cannot remember. Look at the photos and try to match the pictures with the correct places.

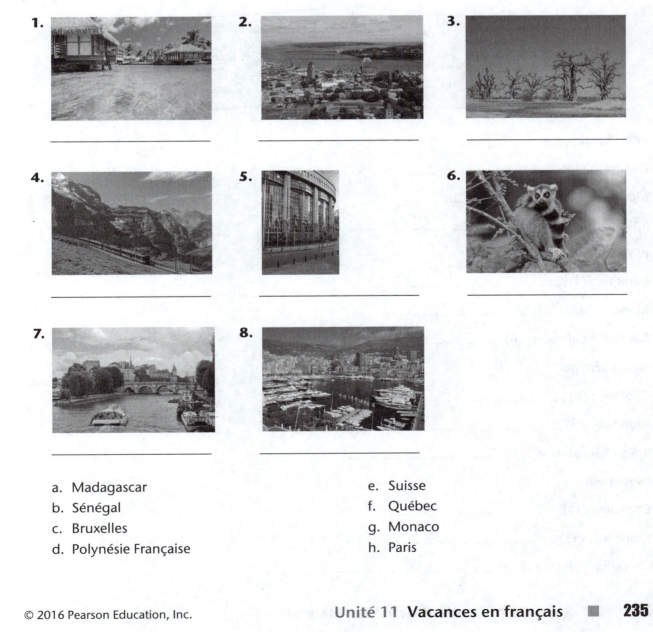

1. _____

2. _____

3. _____

4. _____

5. _____

6. _____

7. _____

8. _____

a. Madagascar
b. Sénégal
c. Bruxelles
d. Polynésie Française

e. Suisse
f. Québec
g. Monaco
h. Paris

SAM 11-02   Carte d'identité.

What do you know about the four following French-speaking countries? Complete the information cards for each of these countries using the words from the list.

> Dakar, le franc CFA, la fondue au fromage, la gourde, le riz djon-djon, Bruxelles, Port-au-Prince, l'euro, les moules-frites, le poulet yassa, le franc suisse, Berne

PAYS: Belgique

Capitale : (1) _____

Monnaie : (2) _____

Spécialité culinaire : (3) _____

PAYS : Suisse

Capitale : (4) _____

Monnaie : (5) _____

Spécialité culinaire : (6) _____

PAYS : Sénégal

Capitale : (7) _____

Monnaie : (8) _____

Spécialité culinaire : (9) _____

PAYS: Haïti

Capitale : (10) _____

Monnaie : (11) _____

Spécialité culinaire : (12) _____

SAM 11-03   Développer ses compétences.

Here are some activities that you can do to practice your French. In your opinion, which skill would each activity help you develop: reading, writing, speaking or listening? Keep in mind that these activities would all be in French and that some activities could develop several skills at once.

1. lire des BD : _____

2. regarder la télé : _____

3. consulter l'Internet : _____

4. voyager dans un pays francophone : _____

5. écouter des chansons : _____

6. écrire des courriels : _____

7. lire des magazines : _____

8. participer à un club de français : _____

    a. l'expression écrite (écrire)

    b. l'expression orale (parler)

    c. la compréhension écrite (lire)

    d. la compréhension orale (écouter)

    e. la culture (apprendre des choses sur la culture)

    f. toutes les compétences listées

EN CONTEXTE

SAM 11-04 Formules vacances/études.

Here are three options for traveling to France to study the language. Read the texts and choose the best answers.

TOUJOURS EN FRANÇAIS

http://www.toujoursenfrançais.nrp

Apprenez le français efficacement ! Nous vous proposons une grande variété de séjours linguistiques pour faire des progrès en français : cours de langue standards, intensifs ou spécialisés.

FRANÇAIS + VACANCES EN FAMILLE
Le matin, vous pourrez suivre des cours de français adaptés à vos besoins. La méthode d'enseignement est ludique et interactive. Tous les après-midi seront libres. Vous pourrez vous détendre en famille ou participer à des activités proposées par l'école.
+ D'INFOS

FRANÇAIS + TRAVAIL
Idéal pour améliorer votre niveau de français et pour acquérir en même temps une expérience professionnelle internationale dans les secteurs de l'hôtellerie, du tourisme et des métiers de l'accueil.
+ D'INFOS

FRANÇAIS + THÉÂTRE
Programme spécial du mois de juillet en immersion totale au sein d'une troupe de théâtre amateur. Vous vivrez 24 heures sur 24 avec les membres de la troupe. Vous ferez un travail sur le corps et la voix, sur la mémoire et l'improvisation. À la fin du séjour, votre troupe présentera son travail en public.
+ D'INFOS

AUTRES FORMULES
Français + yoga
Français + pêche
Séjours à la carte : vous avez un besoin, un désir particulier ? Nous vous proposons la formule la mieux adaptée à vos désirs. N'hésitez pas à nous contacter.

1. Dans la formule français + vacances en famille, les cours de français sont _____
   a. juste le matin.
   b. juste l'après-midi.
   c. toute la journée.

2. Dans la formule français + vacances en famille, les après-midi sont _____
   a. occupés par des activités obligatoires.
   b. libres.
   c. occupés par des visites.

3. Dans la formule français + travail, _____
   a. tous les secteurs de travail sont possibles.
   b. on ne travaille pas.
   c. trois secteurs de travail sont possibles.

4. La formule français + théâtre _____
   a. est pour deux mois.
   b. est pour tout l'été.
   c. est pour un mois.

5. Dans la formule français + théâtre, _____
   a. toute la troupe de théâtre habite ensemble.
   b. une partie de la troupe habite ensemble.
   c. vous vivez seul dans un hôtel.

6. À la fin de cette formule français + théâtre, _____
   a. vous ferez une autre formule.
   b. vous ferez un spectacle.
   c. vous ferez une immersion.

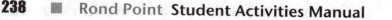

SAM 11-05   Ma formule idéale

Observe the different study-abroad program options proposed in these texts. Imagine two more options: the first one will be **français + randonnée** and the second one will be **français + art**. How long will your program be? Where will it take place? What will the content and the schedule be? Complete the following advertisements for these new programs.

TOUJOURS EN FRANÇAIS

http://www.toujoursenfrançais.nrp

Apprenez le français efficacement ! Nous vous proposons une grande variété de séjours linguistiques pour faire des progrès en français : cours de langue standards, intensifs ou spécialisés.

FRANÇAIS + VACANCES EN FAMILLE
Le matin, vous pourrez suivre des cours de français adaptés à vos besoins. La méthode d'enseignement est ludique et interactive. Tous les après-midi seront libres. Vous pourrez vous détendre en famille ou participer à des activités proposées par l'école.
+ D'INFOS

FRANÇAIS + TRAVAIL
Idéal pour améliorer votre niveau de français et pour acquérir en même temps une expérience professionnelle internationale dans les secteurs de l'hôtellerie, du tourisme et des métiers de l'accueil.
+ D'INFOS

FRANÇAIS + THÉÂTRE
Programme spécial du mois de juillet en immersion totale au sein d'une troupe de théâtre amateur. Vous vivrez 24 heures sur 24 avec les membres de la troupe. Vous ferez un travail sur le corps et la voix, sur la mémoire et l'improvisation. À la fin du séjour, votre troupe présentera son travail en public.
+ D'INFOS

AUTRES FORMULES
Français + yoga
Français + pêche
Séjours à la carte : vous avez un besoin, un désir particulier ? Nous vous proposons la formule la mieux adaptée à vos désirs. N'hésitez pas à nous contacter.

1. Programme français + randonnée

Durée du programme : _____

Lieu : _____

Contenu du programme : _____

_____

_____

Rythme :

- Matin : _____

- Après-midi : _____

- Soirée : _____

- Week-end : _____

2. Programme français + art

Durée du programme : _____

Lieu : _____

Contenu du programme : _____

_____

_____

Rythme :

- Matin : _____

- Après-midi : _____

- Soirée : _____

- Week-end : _____

SAM 11-06   Des mots qui font voyager.

These six words are used very commonly in French but they came from other countries and cultures. Try to identify each word's meaning and origin.

1. un robot _____

2. un manga _____

3. bravo _____

4. le ski _____

5. l'ananas _____

6. le pantalon _____

   a. expression pour montrer de l'enthousiasme - mot d'origine italienne

   b. machine qui accomplit des tâches automatiquement - mot d'origine tchèque

   c. bande dessinée japonaise - mot d'origine japonaise

   d. vêtement qui couvre les jambes - mot d'origine italienne

   e. sport où on glisse sur la neige - mot d'origine norvégienne

   f. fruit exotique très sucré - mot d'origine tupi

FORMES ET RESSOURCE

 SAM 11-07   Les vacances de Max.

What is Max going to do this summer? Listen and choose the correct answers.

1. Où est-ce que Max va aller cet été ? _____
   a. Il va aller en France.
   b. Il va aller en Finlande.
   c. Il va rester aux États-Unis.

2. Quelle est la date de son arrivée à Paris ?
   a. Il va arriver le 17 juillet.
   b. Il va arriver le 27 juillet.
   c. Il va arriver le 7 juillet.

3. Est-ce qu'il va uniquement faire du tourisme à Paris ?
   a. Oui, il va seulement visiter des musées.
   b. Non, il va aussi prendre des cours de français.
   c. Non, il va aussi travailler dans un musée.

4. Qu'est-ce qu'il a envie de faire à Paris ?
   a. Il veut aller au cinéma.
   b. Il veut visiter des musées et des quartiers.
   c. Il veut étudier et se reposer.

5. Est-ce qu'il restera à Paris jusqu'à son retour aux États-Unis ?
   a. Non, il voyagera dans le sud de la France.
   b. Oui, il restera à Paris tout l'été.
   c. Non, il ira en Italie.

6. Quelle est la date de son retour aux États-Unis ?
   a. Il rentrera le 5 septembre.
   b. Il rentrera le 20 septembre.
   c. Il rentrera le 15 septembre.

SAM 11-08   Révisons le présent !

Nicolas explains what he does on the weekend. Conjugate the verbs in the present tense.

Le samedi matin, je (1) _____ (dormir) assez tard, mais pas trop tard parce que je
(2) _____ (aller) au marché vers 10h30. Je (3) _____ (faire) mes courses et puis je
(4) _____ (retourner) chez moi pour préparer mon déjeuner. Mon frère (5) _____
(venir) souvent chez moi le samedi midi, donc nous (6) _____ (manger) ensemble et puis
l'après-midi, nous (7) _____ (se promener) un peu ou bien nous (8) _____ (aller)
au cinéma. En été, nous (9) _____ (jouer) au foot avec des copains. Le samedi soir, je
(10) _____ (sortir) toujours avec des amis, donc je (11) _____ (se coucher) tard et le
dimanche, je (12) _____ (être) fatigué. Je (13) _____ (se reposer) et mes amis et moi,
nous (14) _____ (étudier) parfois ensemble.

SAM 11-09 Écrire au présent.

Write a paragraph using the present tense. Write about something that is going on in your life currently, or about something that you and your friends like to do.

_____

_____

_____

_____

_____

_____

_____

SAM 11-10 Lire au présent.

Indicate whether the following sentences are describing something that is happening right now or are describing a recurrent situation.

a. happening right now	b. recurrent situation

1. Il neige depuis ce matin. _____

2. Elle va à Londres tous les jours. _____

3. Paul est au téléphone, on ne peut pas le déranger. _____

4. Ils ont un cours de chimie tous les matins. _____

5. Ils ne parlent jamais français à la maison, c'est dommage. _____

6. Claire est sous la douche. _____

7. Nous allons nous promener dans ce parc tous les dimanches. _____

8. Nous partons à l'aéroport. _____

SAM 11-11 Révisons le futur !

Étienne is going to do something exciting next summer. Conjugate the verbs in the future tense.

L'été prochain, ma copine Sylvie et moi, nous (1) _____ (aller) en Italie pour faire du bénévolat dans une ferme bio. Nous (2) _____ (travailler) quelques heures pendant la journée et puis nous (3) _____ (pouvoir) explorer les environs pendant notre temps libre. Nous (4) _____ (avoir) une chambre dans la ferme où nous (5) _____ (faire) du bénévolat. Après cela, moi, je (6) _____ (prendre) le train pour aller à Montpellier voir mes grands-parents, et Sylvie (7) _____ (rester) en Italie pour visiter Rome et Naples. Ses parents la (8) _____ (retrouver) à Rome et ils (9) _____ (faire) du tourisme ensemble. Je (10) _____ (rentrer) à Paris fin août et je (11) _____ (chercher) un emploi. Je pense que je (12) _____ (être) un peu stressé parce que ce n'est pas facile de trouver du travail. Mais pour le moment, je pense aux vacances! Elles (13) _____ (être) excellentes!

Nom: _____ Date: _____

SAM 11-12 Et demain ?

Answer the following questions, writing complete sentences and using the future tense.

1. Que ferez-vous l'été prochain ?

_____

2. Que feront vos parents ou vos amis l'été prochain ?

_____

3. Qu'est-ce que vous ferez quand vous finirez l'université ?

_____

4. Imaginez un voyage que vous ferez plus tard. Où irez-vous et que ferez-vous ?

_____

5. Que ferez-vous demain ?

_____

SAM 11-13 Révisons le passé composé !

Marie is having a difficult morning. Conjugate the verbs in the **passé composé**.

Ce matin, Marie (1) _____ (se réveiller) à 6h00 mais elle était vraiment très fatiguée, alors elle (2) _____ (se rendormir) jusqu'à 7h30. Donc, quand elle (3) _____ (se lever), elle était en retard pour son premier cours. Elle (4) _____ (ne pas manger), elle (5) _____ (ne pas prendre) de douche. Elle (6) _____ (s'habiller) et elle (7) _____ (sortir) de son appartement très rapidement. Elle (8) _____ (courir) mais le bus était parti. Alors elle (9) _____ (devoir) marcher jusqu'au campus. Quand elle (10) _____ (arriver), elle (11) _____ (voir) une petite note sur la porte de sa salle de classe : le professeur était malade et le cours était annulé ! Marie (12) _____ (rentrer) chez elle, mais elle (13) _____ (ne pas pouvoir) se rendormir. Alors, elle (14) _____ (faire) ses devoirs.

SAM 11-14 Hier sur les Champs-Elysées.

Complete the text with verbs from the list. They should all be conjugated in the **passé composé**.

arriver, vouloir, parler, boire, décider, manger, commencer, s'amuser, aller, crier

Hier, mes amis et moi, nous (1) _____ sur les Champs-Elysées pour voir l'arrivée du Tour de France. Nous (2) _____ deux heures en avance pour pouvoir être le plus près possible de la ligne d'arrivée. En attendant les coureurs, nous (3) _____ entre nous et avec des gens. Nous (4) _____ du coca, et nous (5) _____ des sandwichs que nous avions préparés. Quand les coureurs (6) _____ à arriver, tout le monde (7) _____ pour les encourager. Nous (8) _____! Puis mes amis (9) _____ aller dans une crêperie pour manger des crêpes, mais moi, j'(10) _____ de rentrer chez moi parce que j'étais fatigué.

Unité 11 Vacances en français ■ **243**

SAM 11-15 Les bonnes réponses.

🔊 Listen to the questions and match each one with the correct response. Note that in some cases, more than one response is correct.

1. _____

2. _____

3. _____

4. _____

5. _____

6. _____

   a. Je regarderai la télé avec ma mère.

   b. J'irai au Canada cet été.

   c. En général, je mange dans un petit restaurant japonais.

   d. J'ai regardé la télé avec ma mère.

   e. Je fais mes devoirs.

   f. Je suis allé au restaurant.

SAM 11-16 Présent, futur ou passé composé ?

Complete the following sentences by conjugating the verbs in the **présent, futur** or **passé composé**. Pay attention to clues given in the sentence.

1. Il y a deux mois, je/j'_____ (aider) mon amie Corinne à déménager.

2. Dans deux semaines, nous_____ (offrir) un cadeau à notre sœur pour son anniversaire.

3. Chaque jour, tu _____ (rire) avec tes collègues au travail.

4. Hier, je/ j'_____ (faire la queue) à la poste pendant 40 minutes.

5. Nous _____ (aller) à la montagne en vacances chaque année.

6. Mon frère _____ (faire) un séjour linguistique en Espagne l'été prochain.

7. La semaine dernière, je/j'_____ (lire) une BD amusante.

8. Après-demain, mes parents _____ (partir) en voyage en Indonésie.

SAM 11-17 Cherchons les mots !

Locate the following expressions of time. Be sure to look for words horizontally, vertically, diagonally and backwards. There will be no accents or apostrophes in the word search puzzle, even though the words may have some.

aujourd'hui, hier, année, prochaine, dernier, demain, jour, mois

P	R	O	C	H	A	I	N	E	A
N	I	A	M	E	D	P	X	J	U
B	I	L	E	M	E	R	D	G	J
A	N	N	E	E	R	P	X	H	O
Q	E	V	Y	O	N	O	W	V	U
V	H	C	M	H	I	E	R	U	R
B	N	E	R	Q	E	S	V	Z	D
Z	P	U	T	B	R	F	M	Y	H
E	O	W	S	I	O	M	A	E	U
J	R	K	U	Y	I	R	Q	A	I

SAM 11-18 Expressions temporelles.

Choose the correct time phrases in the following sentences.

1. Aujourd'hui j'ai beaucoup de travail, mais [dans deux ans ; demain] _____ je vais pouvoir me reposer.

2. J'ai décidé de partir en vacances [le mois prochain ; l'année dernière] _____ .

3. [L'année dernière ; Après-demain] _____ , je me suis mise à faire de la musculation et maintenant, je suis bien musclée!

4. Aujourd'hui, ça va, mais [il y a deux jours ; il y a quatre ans] _____ j'ai été malade!

5. Mes parents sont arrivés [avant-hier ; chaque jour] _____ .

6. Dans mon cours de français, nous avons un petit contrôle sur les verbes [la semaine dernière ; chaque semaine] _____ .

SAM 11-19 Exprimer ses sentiments.

Choose the sentence that is best suited for the following situations.

1. Vous voulez absolument acheter ces nouvelles chaussures parce qu'elles sont très belles. _____
   a. Vous avez envie de ces chaussures.
   b. Vous avez besoin de ces nouvelles chaussures.
   c. Vous avez du mal à acheter des chaussures.

2. Vos chaussures sont très vieilles et très usées et il faut absolument en acheter une nouvelle paire. _____

   a. Vous n'arrivez pas à acheter des chaussures.

   b. Vous avez besoin de nouvelles chaussures.

   c. Vous avez du mal à acheter des chaussures.

3. J'essaie de comprendre ce théorème dans mon cours de mathématiques, mais je ne peux pas. Je ne comprends pas. _____

   a. Je n'essaie pas de comprendre.

   b. J'arrive bien à comprendre.

   c. Je n'arrive pas à comprendre.

4. Je ne sais pas très bien nager, mais je vais prendre des cours de natation pour m'améliorer. _____

   a. J'essaie de faire des progrès.

   b. Je n'arrive pas à nager.

   c. Je n'ai pas envie de faire du sport.

5. Les conjugaisons françaises ne sont pas faciles. Je travaille beaucoup pour les mémoriser, mais ce n'est pas toujours facile. _____

   a. Je n'essaie jamais de les mémoriser.

   b. Je n'arrive jamais à les mémoriser.

   c. J'ai du mal à les mémoriser.

SAM 11-20   Exprimer le besoin.

🔊 You will hear five friends talk about their problems. Listen and decide who needs to do what.

> Carole, Barnabé, Didi, Alfred, Oscar

1. Qui a besoin de partir en vacances ? _____

2. Qui a besoin de trouver un travail rapidement ? _____

3. Qui a besoin d'aller chez le docteur ? _____

4. Qui a besoin d'étudier plus ? _____

SAM 11-21   Avoir envie de ou avoir besoin de ?

🔊 Listen to the short dialogues and decide which statement makes the most sense for each person.

1. Christine [a envie ; a besoin] _____ d'acheter une nouvelle voiture.

2. Jacques [a envie ; a besoin] _____ d'acheter une nouvelle voiture.

3. Christine [a envie ; a besoin] _____ d'aller en France.

4. Jacques [a envie ; a besoin] _____ d'aller en France.

SAM 11-22 Les sentiments des chiens.

Observe the dogs on the pictures and find the best statement for each picture.

1.

a. Il a besoin de se dépêcher.
b. Il n'arrive pas à dormir.

2.

a. Il a envie de manger.
b. Il a du mal à dormir.

3.

a. Il a besoin de manger le chat.
b. Il essaie d'être gentil avec le chat.

4.

a. Il n'arrive pas à jouer.
b. Il a envie de jouer.

5.

a. Il a du mal à traverser la rivière.
b. Il a envie de se baigner.

6.

a. Il a besoin d'utiliser l'ordinateur.
b. Il n'arrive pas à utiliser l'ordinateur.

7.

a. Il a envie de dormir.
b. Il n'arrive pas à dormir.

SAM 11-23 Exprimons les sentiments des animaux !

Look at the pictures and write a sentence explaining how each animal is feeling, using the expressions **avoir envie de, avoir besoin de, avoir du mal à, essayer de, ne pas arriver à**.

1.

_____

2.

_____

3.

_____

4.

_____

5.

_____

SAM 11-24   Quels sont vos sentiments ?

Answer the questions in complete sentences.

1. De quoi avez-vous besoin pour bien parler français ?

_____

2. Qu'avez-vous du mal à faire en général ?

_____

3. Qu'est-ce que vous n'arrivez jamais à faire ?

_____

4. Qu'est-ce que vous essayez de faire ?

_____

SAM 11-25   Les études de Stéphane et Emmanuelle.

Two students are talking about their studies at the university. Listen and choose the correct statements.

1. Emmanuelle suit _____
  a. un cours d'espagnol, un cours de français et un cours d'histoire.
  b. un cours d'espagnol, un cours d'anglais et un cours d'histoire.
  c. un cours d'espagnol, un cours de maths et un cours d'histoire.

2. Stéphane prend _____
  a. deux cours de maths et un cours de musique.
  b. deux cours de maths et un cours de langue.
  c. deux cours de musique et un cours de maths.

3. Emmanuelle _____
  a. a besoin de parler à sa prof d'espagnol.
  b. a du mal à faire ses devoirs d'espagnol.
  c. a du mal à comprendre sa prof d'espagnol.

4. Elle n'arrive pas _____
  a. à lire les textes.
  b. à prononcer les r.
  c. à parler avec les autres.

5. Stéphane _____
  a. a besoin de prendre un cours de langue.
  b. a envie de prendre un cours de langue.
  c. a du mal à apprendre une langue.

6. Il va essayer _____
  a. de prendre un cours d'italien.
  b. de prendre un cours de chinois.
  c. de prendre un cours d'espagnol.

SAM 11-26   Les pronoms d'objet indirect (COI).

Malia feels like organizing a party. She is talking to one of her friends about it. Choose the correct indirect object pronouns to complete the sentences.

> lui, leur, me/m', te/t', nous, vous

J'ai envie de faire une fête avec nos copains. Je vais (1) _____ téléphoner. Ma mère sait bien cuisiner. Je vais (2) _____ demander de préparer quelque chose pour la fête. Mais elle va peut-être (3) _____ dire qu'elle n'a pas le temps. Et ta grand-mère ? Est-ce que tu penses qu'on peut (4) _____ demander de préparer un gâteau ? Ils sont super bons ses gâteaux ! S'il te plaît, dis-(5) _____ qu'elle peut (6) _____ envoyer un SMS pour confirmer. Est-ce que tu veux aussi inviter tes cousins ? Tu veux (7) _____ parler de cette fête ? Parfait !

SAM 11-27   Pronoms d'objet direct ou indirect ?

Which pronouns would you use in the answers to these questions? Select a direct object pronoun (**le, la, l', les**) or an indirect object pronoun (**lui, leur**).

1. - Est-ce que vous prenez souvent l'autobus ?

   - Oui, je [lui ; le ; la] _____ prends tous les jours.

2. - Est-ce que vous avez téléphoné à votre père ce matin ?

   - Non, je ne [les ; lui ; leur] _____ ai pas téléphoné.

3. - Est-ce que vous aimez faire les courses ?

   - Oui, j'aime [les ; la ; leur] _____ faire.

4. - Est-ce que vous écoutez la radio ?

   - Non, je ne [lui ; la ; l'] _____ écoute pas souvent.

5. - Est-ce que vous offrez des cadeaux à vos parents ?

   - Oui, je [les ; leur ; la] _____ offre des cadeaux à Noël.

6. - Est-ce que vous aidez vos amis ?

   -Oui, je [les ; leur ; le] _____ aide toujours.

Nom: _____ Date: _____

SAM 11-28   Cadeaux de Noël.

Luc and Paul, two brothers, are choosing Christmas presents for their family. Fill in the blanks with pronouns (**le, la, l', les, lui** or **leur**).

> **MODEL:**   PAUL : Qu'est-ce que nous pouvons acheter à la tante Agnès ?

LUC :   Nous pouvons *lui* acheter un foulard.

LUC :   Et à la tante Josette? Le livre sur son acteur préféré ?

PAUL :   Oui, bonne idée, on peut (1) _____ acheter ce livre. Et pour l'oncle René et la tante Colette ?

LUC :   Je ne sais pas. On peut prendre un CD peut-être ?

PAUL :   D'accord, on va (2) _____ offrir un CD.

LUC :   Et Grand-Mère ? Qu'est-ce qu'on achète à Grand-Mère ?

PAUL :   Comme d'habitude, les chocolats belges qu'elle aime beaucoup.

LUC :   D'accord, je vais (3) _____ acheter quand je sortirai. Je passe devant la boutique de chocolats. Elle va être contente parce qu'elle (4) _____ adore.

PAUL :   Et le petit Sylvain, je crois qu'il veut la même casquette que son frère.

LUC :   D'accord mais je ne (5) _____ ai pas vue, cette casquette. Alors c'est un peu difficile.

PAUL :   Pas de problème. J'irai (6) _____ chercher. Je sais ce qu'il veut.

LUC :   Bon, et Papa et Maman, tu as une idée pour eux ?

PAUL :   Non, je ne sais jamais quoi (7) _____ offrir.

LUC :   Et si on achetait des places de cinéma ?

PAUL :   Excellente idée. Tu peux (8) _____ acheter quand tu iras chercher les chocolats ? Le cinéma est juste à côté de la boutique de chocolats.

SAM 11-29   Pronoms COD et COI.

Answer the questions using direct object or indirect object pronouns as necessary.

1. Est-ce que vous téléphonez souvent à vos parents ?

_____

2. Est-ce que vous aimez les BD ?

_____

3. Est-ce que vous regardez les films étrangers en v.o. ou traduits ?

_____

4. Est-ce que vous avez déjà visité les grottes de Lascaux ?

_____

5. Est-ce que vous parlez souvent à votre prof de français ?

_____

6. Est-ce que vous prenez le bus pour vous déplacer ?

_____

7. Est-ce que vous regardez souvent la télévision ?

_____

SAM 11-30   Réflexion sur mon apprentissage du français.

Write a paragraph about your experience learning French. Explain what is easy for you, what you have had trouble with, what you usually feel like doing in class, and what you think you need to do to improve. Include expressions learned in this chapter, such as **avoir du mal à**, **avoir besoin de**, etc.

_____

_____

_____

_____

_____

_____

SAM 11-31   Les sons [bl] and [pl].

Listen and indicate whether you hear the sound [bl] as in **blanc** or the sound [pl] as in **plante**.

> a. [bl]   b. [pl]

1. _____   **6.** _____

2. _____   **7.** _____

3. _____   **8.** _____

4. _____   **9.** _____

5. _____   **10.** _____

SAM 11-32   Dictée.

Listen and write the missing words.

Dans ma chambre, il y a des placards (1) _____ et (2) _____. Il y a aussi une (3) _____ verte. J'ai décidé d'acheter une plante (4) _____ pour mon salon. Je vais aussi y mettre un nouveau (5) _____. J'aime la peinture. Je vais souvent voir des (6) _____ avec des amis. Mon appartement est (7) _____ mais je le décore avec de l'art (8) _____.

Nom: _____ Date: _____

SAM 11-33   Je prononce.

Practice pronouncing the following sentences and when you are ready, record yourself.

1. J'ai une plante verte et un placard bleu.

2. Mon frère est blond et ma sœur est brune.

3. J'ai un nouveau tableau dans ma chambre.

4. J'aime l'art contemporain.

SAM 11-34   Conversation.

Choose a partner in the class and together, talk about which francophone country you would like to visit. Explain your choice as well as what you would like to do there. If you have already visited a francophone country besides France, make sure to talk about it!

_____

_____

_____

_____

_____

SAM 11-35   Qu'est-ce que je peux faire ?

Read the texts in your textbook on pages 170–171. When you are done, listen to these four students, and based on what you hear, recommend one of the activities from the texts for each of them.

1. Pour Karim, je recommande _____

2. Pour Hélène, je recommande _____

3. Pour Hector, je recommande _____

4. Pour Michèle, je recommande _____

a. Le Tour de France
b. Le festival d'Avignon
c. Les grottes de Lascaux
d. Le musée du Louvre

SAM 11-36   Les problèmes des ados.

Raoul has a radio show in which he gives advice to teenagers. Listen to his show and say whether the following statements are true of false.

1. Virginie veut partir en vacances avec sa famille. _____

2. Raoul pense que Virginie est un peu jeune pour partir sans ses parents. _____

3. Jérémy veut conduire une voiture. _____

4. Raoul suggère de toujours conduire la nuit. _____

5. Nora fait du babysitting. _____

6. Raoul pense que Nora peut travailler pour gagner un peu d'argent. _____

SAM 11-37   Lire le journal.

Here are some article titles from a newspaper. In which section of the paper would you be likely to find these articles? Match each title with a section from the paper.

1. De nombreux Sénégalais se rendent aux urnes pour le référendum. _____

2. Un train déraille au Québec : heureusement, il n'y a pas de victimes. _____

3. Le cinéma africain à l'honneur du festival de Cannes. _____

4. Essence et dérivés du pétrole : les prix flambent. _____

5. Lyon écrase Auxerre et conserve la tête du championnat. _____

6. Une météorite va s'écraser sur la Terre en 2030 selon les experts. _____

    a. Politique

    b. Culture

    c. Sciences

    d. Économie

    e. Sports

    f. Société

SAM 11-38   Trois films.

Read the three texts and indicate whether the following statements are true or false.

1.
Je suis allé voir **Master and Commander**. C'est un film qui se déroule dans les mers du Sud. Il y a un navire, le Surprise qui est commandé par un capitaine impétueux. C'est un grand vaisseau de la Marine Britannique. Le Surprise affronte l'Achéron, un magnifique bateau corsaire.

J'ai beaucoup aimé l'histoire. Je trouve que les scènes de batailles navales sont vraiment bien faites. On dirait des vraies. Et puis Russell Crowe est excellent !

Je conseille aux spectateurs qui adorent l'aventure et les belles images de ne pas manquer ce film.

Cédric, Poitiers.

2.
L'autre jour, j'ai vu la troisième partie du **Seigneur des Anneaux**. C'est un très bon film que je recommande. On suit Frodon dans ses péripéties pour arriver à la crevasse et, jusqu'au dernier moment, on se demande s'il pourra jeter l'anneau et vaincre le mal. Les combats du siège de Minas Tirith sont très bien faits. On a beaucoup parlé de l'araignée : personnellement, je pense qu'on exagère, elle ne fait pas vraiment peur.

Romain, Besançon.

3.
Après le monde des oiseaux, voici celui des baleines avec **La Planète bleue**. Franchement, je n'ai pas du tout aimé. C'est vrai que les images sont jolies : on voit comment vivent les baleines et d'autres mammifères marins, mais qu'est-ce qu'on s'ennuie ! Je sais que ce n'est pas facile de filmer les animaux et j'imagine qu'il a fallu beaucoup de temps mais c'est bien pour un documentaire à la télé, pas au cinéma. Et puis, c'est peut-être joli le chant des baleines mais j'aimerais bien en apprendre plus sur leur vie.

Je crois qu'un film comme ça, c'est fait pour s'endormir au cinéma ou partir avant la fin de la séance (moi, je suis partie) ! Si les lecteurs ne l'ont pas encore vu, qu'ils se rassurent, ils n'ont rien raté.

Fatiha, Toulouse.

1. Ces textes sont des lettres entre amis. _____

2. Ces textes sont des lettres adressées à la rubrique Courrier des lecteurs d'un site web ou d'un journal. _____

3. Cédric a beaucoup aimé le film *Master and Commander*. _____

4. Romain n'a pas aimé le film *le Seigneur des Anneaux*. _____

5. Fatiha n'a pas aimé le film *la Planète Bleue*. _____

SAM 11-39 Essai.

Describe a film you have seen recently. Write a paragraph explaining whether you liked it or not, and why.

_____

_____

_____

_____

_____

_____

SAM 11-40 Conversation.

In your textbook, on pages 170–171, you can read about five interesting things to do in France. Choose a partner from the class and discuss which of these activities seem appealing to you and why.

_____

_____

_____

_____

_____

_____

Unité 12
PETITES ANNONCES

ANCRAGE

SAM 12-01   Les pièces d'une maison.

Identify the rooms in the pictures.

1. _____

2. _____

3. _____

4. _____

5. _____

6. _____

7.

_____

a. la salle de bains
b. le salon
c. la cuisine
d. les W.C.

e. le balcon
f. la salle à manger
g. la chambre

SAM 12-02 Qu'est-ce qu'on trouve dans une maison ?

Identify all these things that can be found in and around a house.

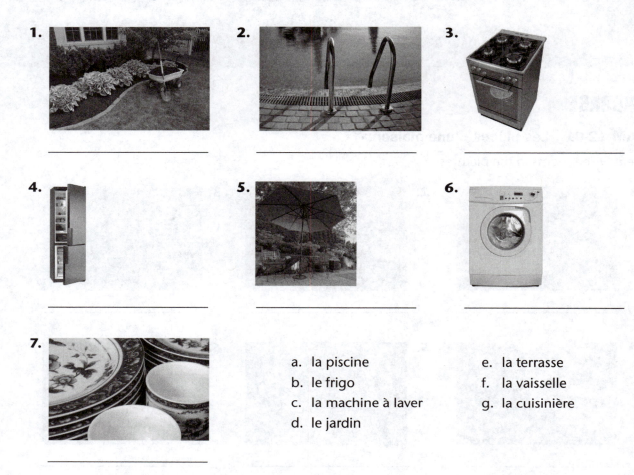

1. _____

2. _____

3. _____

4. _____

5. _____

6. _____

7. _____

a. la piscine
b. le frigo
c. la machine à laver
d. le jardin

e. la terrasse
f. la vaisselle
g. la cuisinière

SAM 12-03 Comment est ton logement ?

Amélie, Olivia and Paula talk about their places. Listen and select the correct statements.

1. Olivia a trouvé [une maison ; un studio] _____.

2. Elle a une cuisine et [une salle à manger ; une salle de bains] _____.

3. Elle va vivre [seule ; avec une colocataire] _____.

4. Amélie et Paula ont [cinq ; trois] _____ colocataires.

5. Elles ont une [petite ; grande] _____ maison.

6. Elles ont un jardin et [une piscine ; un salon] _____.

7. Olivia aimerait habiter [avec ses amies ; seule] _____.

EN CONTEXTE

SAM 12-04   Annonce.

Read this advertisement and indicate whether the statements are true (**vrai**) or false (**faux**).

APPARTEMENT
HAUT STANDING
150 m² + BALCON 25 m², CALME, ENSOLEILLÉ. 3 CHAMBRES (F3),
GRANDE SALLE À MANGER, SALON, CUISINE, SALLE DE BAINS ET WC
TOTALEMENT REFAITS À NEUF. CENTRE-VILLE. LIBRE TOUT DE SUITE.

1. Cet appartement est sombre. _____

2. Il y a trois chambres. _____

3. Il faut attendre deux mois pour louer cet appartement. _____

4. Cet appartement est en banlieue. _____

5. Cet appartement est plutôt moderne et en bon état. _____

SAM 12-05   Lexique du logement.

Put these syllables back together to build 6 words related to the home. Once you have found them,
list the words in alphabetical order.

con, ter, cham, lon, bre, sa, cui, ment, rasse, parte, sine, bal, ap

1. _____

2. _____

3. _____

4. _____

5. _____

6. _____

FORMES ET RESSOURCES

SAM 12-06   Deux plans de maison.

Here are the floor plans for two different houses. Choose one of them, identify it and describe the rooms in a short paragraph (for instance, there are three bedrooms).

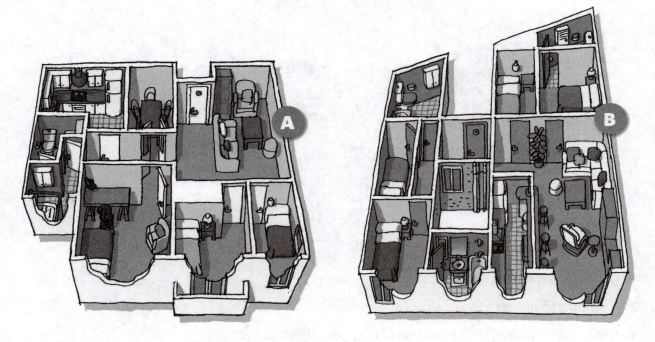

_____

_____

_____

_____

_____

_____

SAM 12-07   Colocataires.

What would a good roommate be like? How about a terrible one? Choose the adjectives that make the most sense.

1. Un bon colocataire est [aimable ; antipathique] _____.

2. Un bon colocataire est [sale ; propre] _____.

3. Un bon colocataire est [amusant ; ennuyeux] _____.

4. Un mauvais colocataire est [ordonné ; désordonné] _____.

5. Un mauvais colocataire est [calme ; bruyant] _____.

6. Un mauvais colocataire est [stupide ; intelligent] _____.

SAM 12-08   Mon logement et mes colocataires.

Do you live by yourself or do you have roommates? Describe your house or apartment and your living arrangements. What are its advantages and disadvantages? Write a paragraph.

_____

_____

_____

_____

_____

_____

SAM 12-09   Cherche colocataire...

Imagine you want to share your living space with a roommate. Write an ad that you would place on a bulletin board. Briefly describe your apartment/house. State what you are looking for in a roommate (for instance, non-smoking, cat OK, no dogs, etc.)

_____

_____

_____

_____

_____

_____

SAM 12-10   La colocation.

You will hear four people talk about their living arrangements. Listen and say whether the statements are true (**vrai**) or false (**faux**).

1. Alain vit dans une maison avec 5 colocataires. _____

2. Il y a une salle de bains que tout le monde partage. _____

3. Julien a un colocataire. _____

4. Julien et son colocataire ont une grande cuisine. _____

5. Marine aimerait avoir un colocataire. _____

6. Elle vit dans un studio. _____

7. Vivianne a deux colocataires. _____

8. La maison est grande mais le loyer est cher. _____

SAM 12-11   Il a l'air fatigué !

Look at the images and choose the expression that makes the most sense for each photo.

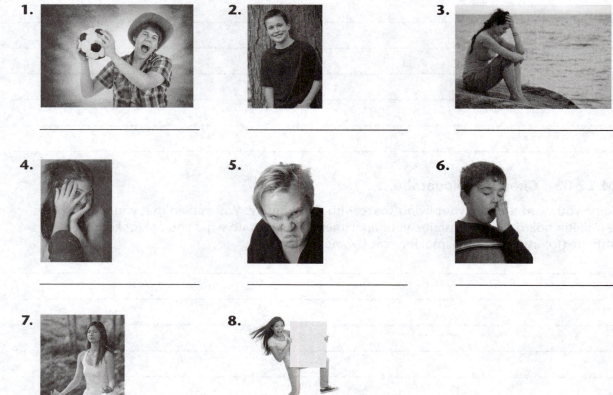

1. _____

2. _____

3. _____

4. _____

5. _____

6. _____

7. _____

8. _____

a. Elle a l'air triste.
b. Il a l'air antipathique.
c. Elle a l'air timide.
d. Il a l'air content.
e. Il a l'air bruyant.
f. Elle a l'air calme.
g. Elle a l'air dynamique.
h. Il a l'air fatigué.

SAM 12-12   Il n'a pas l'air commode !

Read the dialogues and complete the sentences with the adjectives that make sense. Agree the adjectives as needed.

> fatigué, antipathique, amusant, fâché, nul, charmant

DIALOGUE 1:

- Paul, ne fais pas cette tête-là ! Tu as l'air très (1)_____. Tu t'es encore disputé avec ta coloc ?

- Pas du tout! Je suis furieux parce que ma facture d'électricité a encore augmenté.

DIALOGUE 2:

- Tu as vu le nouveau voisin ?

- Oui, il est très aimable et très poli. Je le trouve (2)_____!

DIALOGUE 3:

- La nouvelle assistante ? Je ne la connais pas bien, mais j'ai une mauvaise impression. Elle a l'air (3)_____.

- Mais pas du tout! Elle est super gentille !

DIALOGUE 4:

- Oh là là, qu'est-ce qui se passe ? Tu es malade ? Tu as vraiment l'air (4)_____!

- Oui, je me suis couché très tard hier...

DIALOGUE 5:

- On devrait organiser une fête surprise pour son anniversaire ! C'est une excellente idée, non ?

- Ah ben non... moi je la trouve (5)_____, ton idée ! Tu sais bien qu'elle n'aime pas du tout les fêtes !

DIALOGUE 6:

- Je me suis beaucoup amusée hier soir! Qu'est-ce qu'on a ri !

- Oui, on a beaucoup ri avec ta nouvelle amie. Je la trouve très (6)_____.

SAM 12-13　Le bon verbe.

Choose the correct verbs in the following sentences.

1. Il peut être difficile de [rencontrer ; louer] _____ un appartement qui correspond exactement à ce qu'on désire.

2. L'année prochaine, Virginie va [s'installer ; s'entendre] _____ dans un petit appartement avec sa meilleure amie.

3. Les colocataires peuvent être durs à [supporter ; irriter] _____ s'ils sont désordonnés ou bruyants.

4. En colocation, il vaut mieux ne pas [accueillir ; gêner] _____ les autres en faisant trop de bruit.

5. Je pense que ces deux étudiants vont bien [s'entendre ; entendre] _____ quand ils partageront un appartement l'année prochaine. Ce sont de bons amis.

6. Allons visiter cet appartement, je suis sûre qu'il va te [gêner ; plaire] _____ ! Il est splendide.

7. Est-ce que vous aimeriez [déranger ; partager] _____ votre appartement avec quelqu'un ?

SAM 12-14　Histoires d'appartement.

Complete the sentences by choosing the correct verb and conjugating it. Make sure to identify the correct subject of each verb.

1. Les annonces qui nous _____ (intéresser, lire, vendre) sont à la fin du journal.

2. Si cet appartement vous _____ (plaire, énerver, gêner), louez-le tout de suite !

3. Si le bruit vous _____ (gêner, plaire, intéresser) pour dormir, ne prenez pas de colocataire.

4. Les fêtes que ses voisins organisent la _____ (déranger, plaire, énerver) parce qu'elle essaie d'étudier.

5. Les fuites d'eau et la mauvaise isolation sont les problèmes qui nous _____ (plaire, intéresser, gêner) dans cet appartement.

6. Mes colocataires m'_____ (intéresser, agacer, amuser)! Ils font trop de bruit !

7. Ce qui me _____ (déranger, plaire, agacer) dans cet appartement, c'est la luminosité et le calme.

8. Moi, les gens qui mettent la musique très tard, ils m' _____ (plaire, déranger, énerver).

SAM 12-15   Géraldine a des problèmes.

Géraldine is not having a good day. She is looking for a new apartment and feels very stressed. Conjugate the following verbs in the present tense, making sure to identify the subject of each verb.

> **MODEL:**   Les appartements qui m' _____ (intéresser) sont trop chers !
> Les appartements qui m'*intéressent* sont trop chers !

1. Le premier appartement que j'ai visité ne me _____ (plaire) pas, il est trop sombre !

2. Comme le bruit me _____ (gêner) pour dormir, je ne peux pas prendre le deuxième appartement. Il est en plein centre-ville.

3. Le propriétaire ne va pas me louer le troisième appartement parce que je vois bien que je ne lui _____ (plaire) pas.

4. Ces histoires d'appart m'_____ (irriter) énormément !

5. J'ai visité deux appartements qui me _____ (plaire) vraiment beaucoup mais ils sont trop chers.

6. J'aime bien l'appartement que j'ai maintenant, mais le chien des voisins aboie tout le temps. Il me _____ (déranger) tout le temps.

7. En plus, mes colocataires m'_____ (énerver) vraiment ! Ils sont très désordonnés.

SAM 12-16   Nos colocs.

Two friends are talking about their roommates. Complete their dialogue with the verbs below, making sure to use each verb only once. Conjugate them in the present tense.

> supporter, avoir l'air, adorer, énerver, déranger, trouver, agacer, plaire, partager

MONA: Tu vois, j'aime bien Sylvain, mais il m'(1) _____ à cause de son désordre. Je ne (2) _____ pas ça.

TANYA: Tu exagères peut-être, non ? Moi, je suis encore plus désordonnée que lui. Comme tu le sais, je (3) _____ un appart avec Mathieu et Thomas, et on s'entend tous bien.

MONA: Mathieu ? Ah, je le (4) _____ super sympa ! J'(5) _____ son sens de l'humour. En plus il (6) _____ très intéressant. Il me (7) _____ beaucoup ce Mathieu !

TANYA: Ouais, mais il fume et la fumée me (8) _____ .

MONA: Dis-lui de fumer dehors ou dans sa chambre.

TANYA: Tu sais, l'odeur du tabac est là quand même. Je sais que c'est un peu irrationnel, mais ses paquets de cigarettes m'(9)_____ !

SAM 12-17 Quel est le sujet ?

Choose the correct form of the verb for each sentence.

1. Ces appartements me [plaît ; plaisent] _____ beaucoup.

2. Ce film est excellent. Il nous [plaît ; plaisent] _____ énormément.

3. Pourquoi est-ce que nous t'[énerve ; énervons] _____ ?

4. Vous savez que vous nous [dérangeons ; dérangez] _____ ?

5. Cette annonce m'[intéresse ; intéressent] _____.

6. La fumée les [gêne ; gênent] _____.

SAM 12-18 Qu'est-ce qui vous dérange ?

Write a sentence for each image expressing how you feel about what is depicted. Use expressions learned in this chapter (**déranger, gêner, plaire, etc.**).

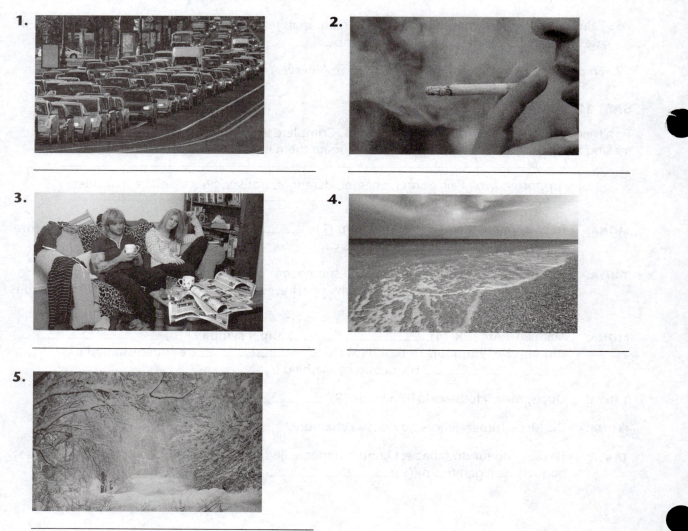

1. _____

2. _____

3. _____

4. _____

5. _____

SAM 12-19   Quels sont leurs sentiments ?

 Three roommates have a house meeting and discuss their feelings. Listen and choose the correct statements.

1. Mélanie aime _____.
   a. le désordre
   b. l'ordre
   c. le bruit

2. Le _____ ne dérange pas Vincent.
   a. désordre dans le salon
   b. désordre dans la cuisine
   c. désordre dans la salle de bains

3. C'est _____ qui gêne Ronan le matin.
   a. la fumée
   b. la musique
   c. le bruit

4. _____ irrite Mélanie.
   a. La musique
   b. La fumée
   c. Le bruit

5. _____ dérange Vincent le soir.
   a. La musique
   b. La télévision
   c. Le travail

SAM 12-20   Conversation.

Choose a partner in the class and together, have a conversation about your living arrangements. Do you live in an apartment or in a house? Do you live alone or with roommates? What are the advantages and disadvantages of either situation?

SAM 12-21   Intensité.

These expressions are used to add emphasis. Rephrase the sentence as indicated.

> **MODEL:**   Qu'est-ce qu'il est difficile, cet exercice! (si)
> *Cet exercice est si difficile que je n'arrive pas à le faire.*

1. Qu'est-ce qu'elle est contente, ma sœur ! (tellement)

Ma sœur _____ qu'elle pleure de joie !

2. Qu'est-ce qu'il fait froid ! (tellement)

Il _____ que j'ai mis deux pulls !

3. Gilles joue tellement bien au tennis ! (si)

Gilles _____ qu'il a été sélectionné pour le championnat.

4. Ma prof est très bonne en maths ! (qu'est-ce que)

_____ en maths, ma prof !

5. Je suis très fatigué. (si)

Je _____ que je pourrais m'endormir pendant le cours.

6. Qu'est-ce qu'elle est en désordre, sa chambre ! (tellement)

Sa chambre _____ qu'on ne peut plus entrer !

SAM 12-22   Conversation de palier...

Two friends are talking about their new neighbors. Complete their conversation with **si**, **tellement**, or **qu'est-ce que/qu'** to add emphasis.

- Tu as rencontré les nouveaux voisins ?

- Pas encore, je suis (1) _____ occupée au travail en ce moment ! Et toi, tu leur as parlé ? Ils sont comment ?

- Ils ont l'air sympa. Surtout elle. Ils sont venus me dire bonjour. Lui, il ne parle pas beaucoup, mais elle, (2) _____ elle est sympa !

- Ah oui ?

- Oui vraiment, elle est (3) _____ cool que je lui ai dit de venir à la piscine avec nous demain. Comme ça, tu feras sa connaissance.

- Et son mari ? Tu ne l'as pas trouvé trop sympa, c'est ça ?

- Il est probablement timide. Mais par contre, (4) _____ il est beau !

- Bon, je pense que ces voisins vont être beaucoup mieux que ceux qu'on avait avant. (5) _____ ce type était agaçant avec son chien et sa musique !

- Oh oui ! Il était (6) _____ désagréable que personne ne lui parlait !

SAM 12-23 Le conditionnel présent.

You are going to hear six sentences that use the following verbs in the **conditionnel présent**: **avoir**, **être**, **faire**, **pouvoir**, **vouloir**, and **aller**. As you listen to the sentences, choose the verb that you hear.

> avoir, être, faire, pouvoir, vouloir, aller

1. _____

2. _____

3. _____

4. _____

5. _____

6. _____

SAM 12-24 Conjuguons au conditionnel.

Stéphane would like to make some changes in his life. He is thinking of how things could be different. Complete his statements conjugating the verbs in the **conditionnel présent**.

> **MODEL:** Je _____ (vouloir) avoir un appartement un peu plus grand.
> Je *voudrais* avoir un appartement un peu plus grand.

Je crois que j'(1) _____ (aimer) avoir un meilleur travail. Je (2) _____ (préférer) un emploi mieux payé mais je (3) _____(vouloir) rester dans le même quartier. Ma femme et moi, nous (4) _____ (souhaiter) louer une petite maison. Nous (5) _____ (avoir) plus de place, et nous (6) _____ (pouvoir) avoir un jardin puisqu'elle aime jardiner. Et puis, pour moi, ce (7) _____ (être) formidable d'avoir un garage parce que je (8) _____ (pouvoir) y mettre ma moto et ma voiture. Bon, et puis nous (9) _____ (avoir) de la place pour recevoir nos amis plus facilement. On (10) _____ (faire) des fêtes chez nous. On (11) _____ (inviter) nos parents à manger le dimanche. Enfin, je crois qu'on (12) _____ (adopter) un chien. On (13) _____ (aller) le promener tous les jours.

SAM 12-25 Futur ou conditionnel ?

You are going to hear sentences that are in the **futur** and in the **conditionnel présent**. Listen and indicate which tense you hear.

> a. futur   b. conditionnel present

1. _____   4. _____

2. _____   5. _____

3. _____   6. _____

SAM 12-26 Si le prof était malade...

The professor is late and two friends are talking about what they would do if there was no class that day. Listen and choose whether the statements are true (**vrai**) or false (**faux**).

1. Le prof est malade aujourd'hui. _____

2. Caroline aimerait avoir du temps libre. _____

3. Elle voudrait aller à la piscine. _____

4. Elle irait à la bibliothèque. _____

5. Frédéric dormirait et irait au cinéma. _____

6. Caroline irait au cinéma avec Frédéric. _____

SAM 12-27 Changeons de temps !

These sentences are all in the **futur**. Change the verbs to the **conditionnel présent**.

1. Ce soir, nous sortirons le chien.

Si nous pouvions, nous _____ le chien ce soir.

2. Mes parents arriveront demain soir.

S'ils prenaient leur voiture, mes parents _____ demain soir.

3. Est-ce que tu viendras à la soirée de Myriam samedi soir ?

Est-ce que tu _____ à la soirée de Myriam si tu étais invité ?

4. J'irai à la fac en bus demain.

Si ma voiture ne marchait pas, j'_____ à la fac en bus.

5. Est-ce que vous voudrez voyager en avion ?

Est-ce que vous _____ voyager en avion ?

6. Elle sera dans le centre-ville demain midi.

Elle _____ dans le centre-ville si elle ne travaillait pas.

7. Les étudiants feront leurs devoirs ce soir.

Les étudiants _____ leurs devoirs si le prof leur en donnait.

8. Nous parlerons français pendant nos vacances en France.

Nous _____ français si nous allions en vacances en France.

SAM 12-28   Et vous ?

Answer each of the following questions in 2–3 sentences.

1. Aimeriez-vous habiter dans un autre pays ou dans une autre ville ? Expliquez où et pourquoi.

_____

_____

2. Si vo_s aviez $4,000, où voyageriez-vous ? Expliquez où et pourquoi.

_____

_____

3. Si vous pouviez rencontrer une personne célèbre, qui choisiriez-vous ? Pourquoi ?

_____

_____

SAM 12-29   Montréal.

Read the texts about Montréal in your textbook on pages 182–183 and select the correct answers.

1. Montréal est une ville où [il y a ; il n'y a pas] une grande diversité culturelle. _____

2. Le quartier portugais existe depuis environ [cinquante ans ; soixante ans]. _____

3. La communauté grecque est [inexistante ; importante] à Montréal. _____

4. [Deux-tiers ; Un tiers] de la population de Montréal est d'origine canadienne. _____

5. Les immigrants les plus nombreux sont les [Américains ; Italiens]. _____

6. La langue la plus courante, à Montréal, est [l'anglais ; le français]. _____

SAM 12-30   Si j'allais en vacances à Montréal…

Would you like to visit Montréal? Write a paragraph in the **conditionnel présent** explaining what you would do if you were going on vacation to Montréal.

_____

_____

_____

_____

_____

SAM 12-31   Le moment de l'entretien.

A group of roommates are interviewing a potential new roommate to share their house. Which questions would correspond to the following answers?

1. De Rome. _____

2. Oui, mais il est resté en Italie. _____

3. Pas de problème, moi aussi j'adore faire la fête le week-end.

4. Ah non, je ne supporte pas l'odeur du tabac. _____

5. Vers 7 heures.

6. Peut-être pendant les vacances. Mais pas pour longtemps.

    a. Est-ce que tu fumes ?

    b. Tu as un chat ou un chien ?

    c. À quelle heure tu te lèves d'habitude ?

    d. Est-ce que ta famille viendra te rendre visite ?

    e. D'où viens-tu ?

    f. Ça te dérange si on organise des soirées le samedi soir ?

SAM 12-32   Si on me donnait beaucoup d'argent...

Imagine that you were given a very large sum of money. What would you do? Prepare a few sentences and record them. Don't forget to use the **conditionnel**.

_____

_____

_____

_____

_____

SAM 12-33   Dictée.

Listen to the recording and fill in the missing words.

Mon ami et moi, nous avons un petit appartement avec deux (1) _____. Nous partageons la (2) _____ et la (3) _____. Nous avons aussi un petit (4) _____. Notre appart est (5) _____ et (6)_____. C'est moi qui fais le (7) _____ généralement. Mon coloc préfère cuisiner. Mon colocataire est (8) _____ mais de temps en temps, il a des amis qui viennent le voir et qui sont un peu (9) _____. Mais ce n'est pas grave, on (10) _____ bien en général.

SAM 12-34   Affirmation ou question ?

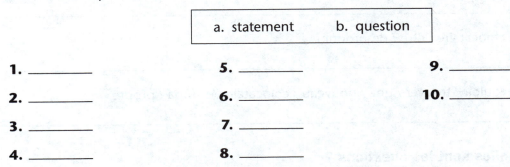

When someone makes a statement, the intonation falls at the end of the sentence. On the other hand, the intonation rises when someone asks a question. Listen and indicate whether you hear a statement or a question.

a. statement	b. question

1. _____   **5.** _____   **9.** _____

2. _____   **6.** _____   **10.** _____

3. _____   **7.** _____

4. _____   **8.** _____

SAM 12-35   Je prononce.

Practice saying the following questions and statements, and record yourself when you are ready.

1. Tes voisins sont français ?   **4.** Nous avons un nouveau colocataire.

2. Tu habites ici ?   **5.** Tu connais le nouveau voisin ?

3. J'habite ici.

SAM 12-36   Conversation.

Choose a partner in the class. You will each prepare five questions for your partner. Alternate asking questions and answering them, and make sure to use the correct intonation to indicate a question or a statement. Use the **conditionnel** in at least one of the questions.

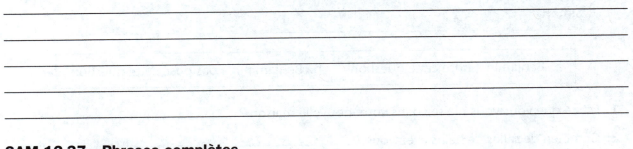

_____

_____

_____

_____

SAM 12-37   Phrases complètes.

Make complete sentences out of the following elements. Make all necessary agreements, conjugate the verbs, add prepositions where needed and make all necessary changes. All verbs are conjugated in the present tense.

1. Marie-Claire / partager / son appartement / trois / colocataire

_____

2. Elle / ne pas supporter / bruit

_____

3. Une colocataire / la / agacer

_____

4. Une autre colocataire / fumer / et / fumée de cigarettes / la / déranger

_____

5. Une troisième colocataire / être / désordonné

_____

6. Marie-Claire / vouloir / trouver / une / nouveau / colocataire / sympa / propre

_____

SAM 12-38   Quelles sont les questions ?

Read the following letter, which Simon wrote in reply to Benjamin. Based on the answers that Simon provides in this letter, indicate the questions that Benjamin must have asked.

> Cher Benjamin,
>
> Merci beaucoup pour ta lettre. Pour répondre à ta question, oui, nous nous plaisons beaucoup dans notre nouvelle maison. Nous nous y sommes installés il y a déjà 2 mois et elle est très agréable. Tu me demandes combien de chambres nous avons: il y en a 4, une pour nous, une pour Brigitte et une pour Aurélie. Donc oui, nous avons une chambre pour toi quand tu viendras nous voir   pendant les vacances! En ce qui concerne le meilleur moment pour ta visite, tu peux venir quand tu veux cet été, nous n'allons pas partir, donc tu choisis !
>
> Alors écris-nous pour nous dire quand tu veux venir et au plaisir de te revoir!
>
> Bien à toi,
> Simon

a. Benjamin a posé cette question	b. Benjamin n'a pas posé cette question

1. Est-ce que vous vous plaisez dans votre nouvelle maison ? _____

2. Combien de salles de bains avez-vous ? _____

3. Est-ce que je peux venir vous voir pendant les vacances ? _____

4. Quel serait un bon moment pour vous rendre visite ? _____

5. Est-ce que vous avez un beau jardin? _____

SAM 12-39   Essai.

What would your ideal living space be? Where would you live and with whom? What would your place be like? Use the **conditionnel** and write a paragraph about your dream home.

_____

_____

_____

_____

_____

_____

_____

Unité 13
RETOUR VERS LE PASSÉ

ANCRAGE

SAM 13-01   C'était en quelle année ?

 Do you know when these historical events took place? Listen to these two friends quizzing each other and write the years you hear.

1. Les femmes ont eu le droit de voter aux États-Unis en _____.

2. Neil Armstrong a marché sur la Lune en _____.

3. Le mur de Berlin est tombé en _____.

4. La révolution française a commencé en _____.

5. La déclaration d'indépendance des États-Unis était en _____.

SAM 13-02   Vocabulaire.

Corinne and Sabrina are talking and looking at photos and old clips from newspapers. Some words are missing in their dialogue. Complete the sentences with the correct words from the list. Don't forget to conjugate the verbs.

> le mur, la lune, se marier, la Coupe du Monde, incroyable, une brebis, remporter, une barbe

CORINNE : Regarde cette photo, c'est un mariage. Tu sais qui c'est ?

SABRINA : Eh bien oui, c'est mon frère et ma belle-sœur. Ils (1) _____ en 2010.

CORINNE : Ah bon, je ne savais pas que ton frère avait (2) _____ à cette époque ! Il a l'air plus vieux. Je le préfère sans. Et regarde cette photo. Pourquoi est-ce que ton frère a un drapeau sur la tête ?

SABRINA : Eh bien, il était très content parce que son équipe de foot venait de (3) _____ un match !

CORINNE : Ah bon, moi, tu sais, le foot ce n'est pas mon truc. Mon copain, lui, il adore le foot. Il regarde tous les matchs de (4) _____ en ce moment. Mais pas moi... Et cette photo ? Ça a l'air d'être un vieux journal ?

SABRINA : Si tu regardes bien, il y a un astronaute. C'est une photo qui date de 1969 quand ils ont marché sur (5) _____.

CORINNE : Et là, pourquoi il y a une photo d'(6) _____ ?

SABRINA : Ben, l'une d'elle s'appelle Dolly et c'était le premier clonage ! Donc un truc important au niveau scientifique.

CORINNE : Ah oui, mais elle est morte maintenant.

SABRINA : Et là, c'est quoi ce monument ?

CORINNE : C'est (7) _____ de Berlin qui divisait l'Allemagne de l'Est et l'Allemagne de l'Ouest.

SABRINA : Ah oui, cette photo est (8) _____ ! Vraiment historique !

EN CONTEXTE

SAM 13-03 Définitions.

Match each definition to the correct word or expression.

1. Ça se porte sur la tête. _____

2. C'est une personne qui a vu un accident ou un crime. _____

3. Certains hommes en portent une. Elle se situe juste au-dessus de la bouche. _____

4. Quelque chose qu'on a quand on est en bonne santé et qu'on se sent bien. _____

5. Quelque chose qu'on utilise pour aller sur l'eau. _____

6. Quelque chose qu'on doit faire quand il y a du monde dans un magasin ou à un guichet. _____

7. Le commissaire doit en mener une quand il y a eu un crime. _____

8. C'est ce qu'on est quand on est ni petit ni grand. _____

9. Certaines personnes aiment lire ce genre de livres. _____

10. Certaines personnes doivent en porter pour mieux voir. _____

a. faire la queue

b. des lunettes

c. un bateau

d. de taille moyenne

e. une enquête

f. avoir bonne mine

g. une moustache

h. un roman policier

i. un chapeau

j. un témoin

SAM 13-04   Les cheveux et les yeux.

Look at the images and choose the correct descriptions.

1.

_____

a. Cette petite fille a les cheveux longs et raides.
b. Cette petite fille a les cheveux longs et frisés.
c. Cette petite fille a les cheveux courts et frisés.

2.

_____

a. Cette petite fille a les cheveux longs, bruns et raides.
b. Cette petite fille a les cheveux courts, bruns et raides.
c. Cette petite fille a les cheveux longs, bruns et frisés.

3.

_____

a. Ce petit garçon a les yeux noirs.
b. Ce petit garçon a les yeux verts.
c. Ce petit garçon a les yeux bleus.

4.

_____

a. Ce jeune garçon a les cheveux longs et blonds.
b. Ce jeune garçon a les cheveux courts et roux.
c. Ce jeune garçon a les cheveux courts et noirs.

5.

_____

a. Cette petite fille a les cheveux courts et blonds, et elle a les yeux bleus.
b. Cette petite fille a les cheveux longs et blonds, et elle a les yeux bleus.
c. Cette petite fille a les cheveux longs et blonds, et elle a les yeux noirs.

SAM 13-05   Les vêtements.

Match the pictures with the correct clothing items.

1. _____

2. _____

3. _____

4. _____

5. _____

6. _____

7. _____

8. _____

9. _____

a. une casquette

b. une chemise

c. un pantalon

d. un chapeau

e. une robe

f. des chaussures

g. un costume

h. une cravate

i. un blouson

SAM 13-06   Les contraires.

Select the correct words!

1. Il n'est pas petit, il est [grand ; long] _____.

2. Il n'a pas les cheveux longs. Il a les cheveux [minces ; courts] _____.

3. Cet animal n'est pas gentil. Il est [féroce ; frisé] _____.

4. Cet homme n'est pas gros. Il est [mince ; chauve] _____.

5. Le pilote est calme en avion. Il n'est pas [populaire ; nerveux] _____.

6. Il a perdu tous ses cheveux! Il est [coupable ; chauve] _____.

7. Elle n'a pas les cheveux frisés. Elle a les cheveux [longs ; raides] _____.

8. Aujourd'hui, je ne me sens pas bien. Je suis [malade ; maigre] _____.

SAM 13-07   Descriptions.

Look at the images and choose the correct statements.

1.

_____

   a. Ce petit garçon est un peu plus grand que le chien.
   b. Ce petit garçon est plus petit que le chien.
   c. Ce petit garçon est beaucoup plus grand que le chien.

2.

_____

   a. Cet homme est un peu gros. Il porte un jean et un tee-shirt.
   b. Cet homme est très mince. Il porte un jean et un blouson.
   c. Cet homme est très mince. Il porte un jean et un tee-shirt.

3.

_____

   a. Cette femme est mince et de taille moyenne. Elle porte un chemisier et un chapeau.

   b. Cette femme est mince et de taille moyenne. Elle porte un chemisier et une jupe.

   c. Cette femme est grosse et grande. Elle porte un chemisier et une jupe.

4.

_____

   a. Cette femme porte des lunettes et elle a les cheveux gris.

   b. Cette femme porte des lunettes et elle a les cheveux roux.

   c. Cette femme porte une casquette et elle a les cheveux gris.

5.

_____

   a. Cet enfant porte un costume. Il a les cheveux longs et roux.

   b. Cet enfant porte un tee-shirt. Il a les cheveux courts et roux.

   c. Cet enfant porte une cravate. Il a les cheveux frisés et roux.

SAM 13-08   Débuts de phrases.

Match each sentence ending with the correct beginning.

1. grand. _____

2. longs et raides. _____

3. une jupe. _____

4. une cravate. _____

5. bleus. _____

6. rousse. _____

a. Il est

b. Elle est

c. Elle a les cheveux

d. Il a les yeux

e. Il porte

f. Elle porte

SAM 13-09   Les notes de l'inspecteur.

An inspector took some field notes but drew pictures instead of writing some of the words. Look at the pictures and replace them with the correct words. Note that some of the pictures are for adjectives of color. Make sure to do the agreements if necessary.

Trois personnes qui ont entre 30 et 50 ans. Le premier homme, d'une trentaine d'années, 1,80 m environ, était de corpulence moyenne, avait les (1) _____ (2) _____ et portait un (3) _____ (4) _____ avec une (5) _____ et une (6) _____ (7) _____. Il portait un (8) _____ et avait une (9) _____.

Le deuxième homme devait avoir la cinquantaine, il était de taille moyenne, mince et (10) _____. D'aspect négligé, il avait un (11) _____ (12) _____, un (13) _____ vert, des (14) _____ et une barbe de trois jours. Il avait une grosse (15) _____ à la main droite.

Le dernier suspect est une femme d'une trentaine d'années, plutôt petite et mince, brune et les (16) _____ châtains. Elle portait une (17) _____ rouge et des (18) _____ de la même couleur.

SAM 13-10   Portraits.

Here are two suspects. Write a description of each suspect that matches what you see. When you are ready, record your descriptions. Remember to include information on height, hair color, clothing, and any other differences you see.

1. _____

_____

_____

2. _____

_____

_____

SAM 13-11   Portraits de famille.

Complete the following sentences by explaining what you, two relatives, and two friends look like.

1. J'ai les cheveux _____ et _____.

2. J'ai les yeux _____ et je suis _____.

3. Pour aller à l'université, je porte souvent _____ et _____.

4. Ma _____ est _____ et elle a les cheveux _____.

5. Mon _____ est _____ et il a les yeux _____.

6. Mon ami s'appelle _____. Il est _____ et il a les cheveux _____ et _____.

7. Il porte souvent _____.

8. Mon amie s'appelle _____. Elle est _____ et elle a les yeux _____.

9. Elle porte souvent _____.

SAM 13-12   Cherchons les mots !

Locate the following words for clothing items. Be sure to look for words horizontally, vertically, diagonally and backwards. There will be no accents or apostrophes in the word search puzzle, even though the words may have some.

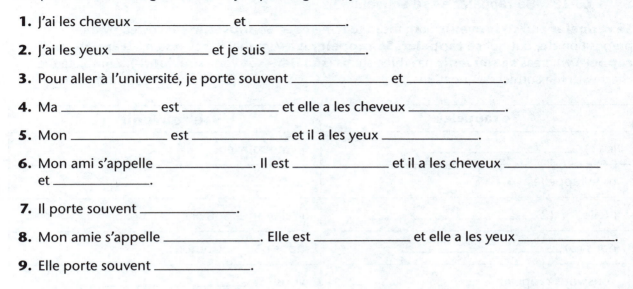

casquette, blouson, pantalon, robe, chapeau, chemise, costume, cravate

P	R	T	C	O	S	T	U	M	E
A	N	O	S	U	O	L	B	E	T
N	C	O	N	E	S	L	T	B	A
T	I	B	E	N	O	T	R	A	V
A	K	Y	N	E	E	B	X	V	A
L	U	V	P	U	O	I	P	W	R
O	N	R	Q	I	Y	M	L	R	C
N	Z	S	H	W	Q	O	Y	O	B
U	A	E	P	A	H	C	V	B	E
C	H	E	M	I	S	E	R	E	S

FORMES ET RESSOURCES

SAM 13-13 Se rappeler et se souvenir.

Se rappeler and **se souvenir** both mean to remember. **Se souvenir** is followed by the preposition **de**, but not **se rappeler**. **Se rappeler** is a verb that has two stems (**rappell-** and **rappel**-) whereas **se souvenir** has three stems (**souvien- souven- souvienn**-). Complete the chart with the correct conjugations.

se rappeler	se souvenir
je (1) _____	je me souviens
tu te rappelles	tu (5) _____
il/elle /on (2) _____	il/elle/on se souvient
nous (3) _____	nous nous souvenons
vous vous rappelez	vous (6) _____
ils/elles (4) _____	ils/elles (7) _____

SAM 13-14   Révisons le passé composé !

Annie and Sophie are talking about what they did recently. Conjugate the verbs in the **passé composé**.

ANNIE : Tu (1) _____ (passer) un bon week-end ?

SOPHIE : Oui, je (2) _____ (aller) au cinéma avec Luc. Et toi ?

ANNIE : Thierry et moi, nous (3) _____ (finir) un exposé pour notre cours d'histoire.

SOPHIE : En fait, je (4) _____ (sortir) tous les soirs la semaine dernière   et j' (5) _____ (voir) beaucoup d'amis.

ANNIE : Ben pas moi, j' (6) _____ (beaucoup étudier) et je (7) _____ (ne pas s'amuser).

SOPHIE : Tu (8) _____ (voir) Liliane et José ? Ils (9) _____ (venir) passer trois jours à Paris, et tu sais qu'ils ne viennent pas souvent depuis qu'ils habitent à Montréal.

ANNIE : Eh bien non, je (10) _____ (ne pas avoir) le temps de les voir malheureusement.

SOPHIE : Ah, c'est dommage, tu sais qu'ils (11) _____ (se marier) l'été dernier ?

ANNIE : Oui bien sûr, j'étais à leur mariage.

Nom: _____ Date: _____

SAM 13-15 Message secret.

Conjugate the following verbs in the **passé composé**. If a verb is conjugated with the auxiliary **avoir**, ignore the letter that precedes the sentence. Only keep the letters for the sentences where the verb is conjugated with the auxiliary **être**. If you do the exercise correctly, you will discover a secret message!

1. R   Qu'est-ce que tu _____ (faire) hier soir ?

2. E   Le week-end dernier, nous _____ (aller) à la plage.

3. J   Nous _____ (voir) un film formidable hier soir à la télé.

4. X   Ils _____ (se rencontrer) l'année dernière dans une discothèque.

5. Z   Nous _____ (manger) des spécialités régionales absolument délicieuses.

6. C   Ce matin, je _____ (ne pas se réveiller) à l'heure.

7. E   Elle est parisienne, mais elle _____ (ne jamais monter) à la Tour Eiffel.

8. D   J' _____ (oublier) mon sac avec tous mes papiers dans le train.

9. L   À quelle heure est-ce que vous _____ (rentrer) hier soir ?

10. U   Tu _____ (ne pas voir) ma chemise verte? Elle n'est pas dans l'armoire.

11. S   Ils _____ (marcher) pendant cinq heures sans s'arrêter et ils sont très fatigués.

12. L   Dimanche dernier, il faisait froid alors je _____ (rester) chez moi.

13. V   Vous _____ (finir) de travailler à quelle heure hier ?

14. E   Paul et Virginie _____ (se marier) en 1998.

15. B   Nous _____ (ne pas pouvoir) vous téléphoner, désolé.

16. N   Isabelle _____ (naître) à 23 heures le 31 décembre.

17. T   Ce concert est un échec, le public _____ (ne pas venir) très nombreux.

18. D   Je _____ (ne pas bien dormir) cette nuit, il faisait tellement chaud !

19. What is the secret message? _____

SAM 13-16   Répondez aux questions !

Answer the following questions in complete sentences using the **passé composé**.

1. Qu'est-ce que vous avez fait hier ?

_____

2. Est-ce que vous vous êtes réveillé(e) tôt ce matin?

_____

3. Quand est-ce que vous êtes allé(e) au cinéma pour la dernière fois avec des amis ? Quel film avez-vous vu ? L'avez-vous aimé ?

_____

4. Quel est le dernier voyage que vous avez fait ?

_____

5. Est-ce que vous avez déjà perdu quelque chose ?

_____

6. Quel est le dernier livre que vous avez lu ? L'avez-vous aimé ?

_____

SAM 13-17   Quel verbe ?

Complete these dialogues in the most logical way. You will need to choose the verbs and to conjugate them in the **passé composé**. Note that verbs can be used more than once.

| être, avoir, envoyer, se passer, perdre, aller, tomber |

DIALOGUE 1 :

- Tu as bonne mine ! Tu (1) _____ à la plage récemment ?

- Non, mais je (2) _____ à la montagne et il faisait beau.

DIALOGUE 2 :

- Tu as l'air fatigué !

- Oui, c'est normal, j'(3)_____ malade la nuit passée.

DIALOGUE 3 :

- Qu'est-ce que je dois faire ? Je ne peux pas rentrer chez moi ! J'(4)_____ mes clés !

- Appelle un serrurier !

DIALOGUE 4 :

- Tu as des nouvelles de Julien ?

- Oui, il m'(5)_____ un courriel ce matin.

DIALOGUE 5 :

- Pierre est à l'hôpital.

- Qu'est-ce qui (6) _____?

- Il (7)_____ de sa moto et il (8) _____ la jambe.

SAM 13-18 Passé composé et adverbes.

Choose the correct placement of the adverbs in the following dialogues.

DIALOGUE 1 :

- Vous avez terminé votre livre ?

- Non, je ne l'ai (1) [encore pas ; pas encore] _____ terminé.

DIALOGUE 2 :

- Ça va ?

- Non, j'ai [dormi mal ; mal dormi] _____.

DIALOGUE 3 :

- Tu n'as pas soif ?

- Si, je crois que j'ai [parlé trop ; trop parlé] _____.

DIALOGUE 4 :

- C'était bien, cette fête ?

- Oh oui ! Je me [suis beaucoup amusé ; beaucoup suis amusé] _____ !

DIALOGUE 5 :

- Pourquoi est-ce que tu as faim comme ça ?

- Je n'ai [pas beaucoup mangé ; beaucoup pas mangé] _____ ce matin.

SAM 13-19 Passé composé et accords.

Béatrice and Vincent are chatting. Conjugate the following verbs from their dialogue in the **passé composé**, paying special attention to potential past participle agreements. Look for the position of the object of the verb. Remember that if it precedes the verb, it will trigger an agreement with the past participle, even though the verb is conjugated with the auxiliary **avoir**.

BÉATRICE : Tu (1) _____ (voir) ces livres sur l'étagère ?

VINCENT : Oui, pourquoi ?

BÉATRICE : Tu les (2) _____ (lire) ?

VINCENT : Non, pas encore.

BÉATRICE : Au fait, les fraises que tu (3) _____ (acheter) au marché étaient délicieuses !

VINCENT : Ah oui? Je ne les (4) _____ (pas goûter). As-tu téléphoné à Nicole ?

BÉATRICE : Oui, je lui (5) _____ (téléphoner) ce matin. Elle m'(6) _____ (parler) des cours qu'elle prend.

VINCENT : Elle (7) _____ (passer) ses examens ?

BÉATRICE : Oui, elle les (8) _____ (passer) mais elle n'a pas encore les résultats.

VINCENT : Est-ce qu'elle a reçu la carte postale qu'on lui (9) _____ (envoyer) pendant nos vacances au Maroc ?

BÉATRICE : Oui, elle l' (10) _____ (recevoir).

SAM 13-20 L'imparfait.

Match the conjugations with the correct subject.

1. Mon amie Stéphanie _____

2. Je _____

3. Mes grands-parents _____

4. Mon mari et moi, nous _____

5. Est-ce que tu _____

6. Vous _____

a. aimais l'école quand tu étais petit ?

b. faisiez des randonnées pendant vos vacances ?

c. avions une grande maison, mais maintenant nous avons une petite maison.

d. vivaient près d'un grand parc en 1990.

e. habitait en France quand elle était petite.

f. prenais toujours mon vélo pour aller au travail.

SAM 13-21 Identifier les verbes.

Emma is a new popular singer. In this interview, she answers questions about her school days. Read the text and write the 14 verbs she uses in the **imparfait**, listing them in the order in which they appear in her answers. Do not list the verbs from the interviewer's questions. If a verb is used more than once, only list it once, the first time it appears in the text.

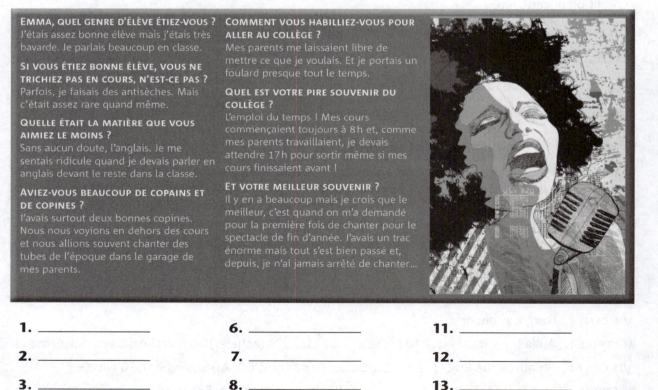

EMMA, QUEL GENRE D'ÉLÈVE ÉTIEZ-VOUS ?
J'étais assez bonne élève mais j'étais très bavarde. Je parlais beaucoup en classe.

SI VOUS ÉTIEZ BONNE ÉLÈVE, VOUS NE TRICHIEZ PAS EN COURS, N'EST-CE PAS ?
Parfois, je faisais des antisèches. Mais c'était assez rare quand même.

QUELLE ÉTAIT LA MATIÈRE QUE VOUS AIMIEZ LE MOINS ?
Sans aucun doute, l'anglais. Je me sentais ridicule quand je devais parler en anglais devant le reste dans la classe.

AVIEZ-VOUS BEAUCOUP DE COPAINS ET DE COPINES ?
J'avais surtout deux bonnes copines. Nous nous voyions en dehors des cours et nous allions souvent chanter des tubes de l'époque dans le garage de mes parents.

COMMENT VOUS HABILLIEZ-VOUS POUR ALLER AU COLLÈGE ?
Mes parents me laissaient libre de mettre ce que je voulais. Et je portais un foulard presque tout le temps.

QUEL EST VOTRE PIRE SOUVENIR DU COLLÈGE ?
L'emploi du temps ! Mes cours commençaient toujours à 8 h et, comme mes parents travaillaient, je devais attendre 17 h pour sortir même si mes cours finissaient avant !

ET VOTRE MEILLEUR SOUVENIR ?
Il y en a beaucoup mais je crois que le meilleur, c'est quand on m'a demandé pour la première fois de chanter pour le spectacle de fin d'année. J'avais un trac énorme mais tout s'est bien passé et, depuis, je n'ai jamais arrêté de chanter...

1. _____

2. _____

3. _____

4. _____

5. _____

6. _____

7. _____

8. _____

9. _____

10. _____

11. _____

12. _____

13. _____

14. _____

SAM 13-22   Souvenirs d'enfance.

Fiona talks about her childhood. Complete the following sentences by conjugating the verbs in the **imparfait**.

Quand j'(1) _____ (être) petite, nous (2) _____ (habiter) dans une grande maison avec mes parents et mes frères. Nous (3) _____ (avoir) un chat qui (4) _____ (s'appeler) Minou. Mes frères et moi, nous (5) _____ (aller) à l'école du quartier. Nous (6) _____ (devoir) marcher pour y aller parce que nos parents (7) _____ (travailler) et ne (8) _____ (pouvoir) pas nous accompagner. Sur le chemin, il y (9) _____ (avoir) une boulangerie, et après l'école, nous (10) _____ (acheter) des pains au chocolat pour notre goûter. J'(11) _____ (aimer) mon école élémentaire. Les enfants (12) _____ (jouer) tous ensemble pendant la récréation et on (13) _____ (s'amuser) bien ! Les enseignants (14) _____ (être) stricts, mais gentils.

SAM 13-23   Dans le temps.

Compare your life nowadays with what life was like for your grandparents when they were young.

> **MODEL:**   Aujourd'hui, *nous buvons du Coca.*
> Mais il y a 50 ans, mes grands-parents buvaient de l'eau.

1. Aujourd'hui _____.

   Mais quand mes grands-parents étaient jeunes, _____

   _____.

2. Aujourd'hui, _____.

   Mais en 1960, _____

   _____.

3. À notre époque, _____.

   Mais à l'époque de mes grands-parents, _____

   _____.

4. Aujourd'hui, les étudiants _____.

   Mais quand mes grands-parents étaient étudiants, _____

   _____.

SAM 13-24   Alibis.

There was a break-in at a jewelry store yesterday. Inspector Le Flair is conducting interviews and is asking suspects what they were doing in the morning between 8:30 and 9:30. Listen to the suspects give alibis and indicate who was where.

1. La première suspecte était _____
2. La deuxième suspecte était _____
3. Le troisième suspect était _____
4. La quatrième suspecte était _____
5. Le cinquième suspect était _____

    a. en route pour son cours à l'université.
    b. malade, dans son lit.
    c. dans le métro.
    d. au café.
    e. sur la route, dans un embouteillage.

SAM 13-25   Qu'est-ce qu'ils faisaient pendant le cours ?

What were all these students doing this morning while the teacher was writing on the board? Use the following expressions and conjugate the verbs in the **imparfait**.

> écouter de la musique, se maquiller, jeter un papier, téléphoner, lire un magazine, dessiner, ne pas écouter le professeur

Pendant que le prof écrivait au tableau, _____

_____

_____

_____

_____

_____

_____

SAM 13-26   Quand j'avais 10 ans.

Christine and Mathieu are talking about their childhoods. Listen to their conversation and indicate whether the statements are true **(vrai)** or false **(faux)**.

1. Christine habitait dans une très grande ville quand elle avait 10 ans. _____

2. Mathieu vivait dans une ville de l'est de la France. _____

3. Mathieu jouait au tennis. _____

4. Christine faisait de la randonnée le week-end. _____

5. Christine aimait l'école. _____

6. Mathieu aimait l'école aussi. _____

7. Christine n'avait pas d'animaux à la maison. _____

8. Mathieu avait plusieurs animaux à la maison. _____

SAM 13-27   Conversation.

Choose a partner in the class, and together, talk about your childhoods. Where did you live? Did you like school? Did you play any sports or do other activities? You will need to use the **imparfait**.

_____

_____

_____

_____

_____

_____

SAM 13-28   Changements.

Find the correct events that changed the following people's habits, tastes, looks or skills. Match the sentences.

1. Avant, je jouais au football trois fois par semaine. Mais _____ Maintenant je ne peux plus du tout jouer.

2. Avant, j'avais les cheveux longs. Mais _____ Alors j'ai coupé mes cheveux.

3. Quand j'étais petite, j'adorais les bananes flambées. Mais _____ Depuis ce jour, je ne mange plus de bananes.

4. Il y a quelques années, nous habitions à Chamonix dans les Alpes et en hiver, nous allions skier tous les week-ends. Mais _____ Aujourd'hui, nous allons skier seulement une fois par an.

5. Je n'aimais pas du tout l'anglais quand j'étais au collège et j'avais toujours de mauvaises notes. Mais _____Aujourd'hui, je parle anglais couramment.

a. un jour, j'en ai trop mangé et j'ai été très malade.

b. l'année dernière j'ai commencé l'armée.

c. un été, je suis tombée amoureuse d'un Anglais et nous sommes sortis ensemble pendant deux ans.

d. l'été dernier, je me suis cassé le pied.

e. il y a deux ans, mon père a changé d'emploi et nous sommes allés vivre à Paris.

SAM 13-29   Imparfait ou passé composé ?

Jeanne recently changed her living situation. Complete the story by conjugating the verbs in the **imparfait** and the **passé composé**.

L'année dernière, Jeanne (1) _____ (habiter) dans un petit studio. Elle (2) _____ (ne pas payer) cher, mais elle (3) _____ (se sentir) souvent très seule et (4) _____ (ne pas aimer) son studio. Un jour, son amie Claire lui (5) _____ (dire) qu'il y avait une chambre de libre dans sa maison. Comme Claire (6) _____ (avoir) deux colocataires et quatre chambres, elle (7) _____ (devoir) trouver une nouvelle personne. Jeanne (8) _____ (aller) visiter la maison de Claire. Quand elle (9) _____ (voir) la chambre à louer, elle (10) _____ (décider) de la louer. La chambre (11) _____ (être) grande et ensoleillée. Elle (12) _____ (déménager) la semaine suivante.

SAM 13-30   Une autre histoire.

Marc burned himself recently. Complete his story by conjugating the verbs in the **imparfait** and the **passé composé**.

La semaine dernière, j'(1) _____ (être) seul à la maison. Tout (2) _____ (être) très calme. Je (3) _____ (lire) mon livre tranquillement tout en buvant un café. Il (4) _____ (pleuvoir) et j'(5) _____ (entendre) le bruit de la pluie contre les fenêtres. Tout à coup, mon téléphone (6) _____ (sonner) et j'(7) _____ (sursauter). Ma tasse de café (8) _____ (tomber) et m'(9) _____ (brûler) la jambe. J'(10) _____ (devoir) aller à l'hôpital parce que j'(11) _____ (avoir) très mal. Le docteur (12) _____ (dire) que ma blessure (13) _____ (être) grave. Je bois mon café beaucoup trop chaud !

SAM 13-31   Madame Lagarde témoigne.

Listen to Madame Lagarde give a testimonial to the police. Complete the text with the verbs that are missing. Verbs will be either in the **imparfait** or in the **passé composé**.

Hier matin, je (1) _____ à sept heures. Comme d'habitude, j'(2) _____ mon café et je (3) _____. Une fois habillée, je (4) _____ en courant pour prendre mon bus. D'ailleurs, j'ai failli le rater ! Je (5) _____ au centre-ville vers huit heures et demie. J'ai retrouvé ma collègue Julie à l'arrêt et nous (6) _____ ensemble à pied jusqu'à la banque. A quelques mètres de l'entrée, sur le trottoir d'en face, nous (7) _____, surprises : nous (8) _____ qu'il était en train de se passer quelque chose de bizarre à l'intérieur. Un homme masqué (9) _____ en train de faire les cent pas de la porte au guichet et du guichet à la porte. Il (10) _____ l'air nerveux. Un autre tenait un sac dans une main et un pistolet dans l'autre. Ce n'était pas normal évidemment. Julie (11) _____ son portable et elle a appelé la police. Nous (12) _____ en face et nous faisions des gestes aux gens qui (13) _____ entrer et nous criions « N'entrez pas ! Il y a un hold-up ». Cinq minutes après notre appel, vous êtes arrivé avec vos agents mais quand les voleurs (14) _____ la sirène, ils ont eu le temps de prendre la fuite avec le butin.

SAM 13-32   L'interrogatoire.

A judge is asking Hugo some questions. Listen to the recording and choose the correct answers.

1. Où était Hugo vendredi 27 août à partir de 17 heures ? _____
   a. Hugo était chez lui entre 17h00 et 18h30.
   b. Hugo est sorti faire des courses à 17h00.
   c. Un ami est venu chez Hugo à 17h00.

2. Où est-il allé vers 19 heures ? _____
   a. Vers 19h00, Hugo est allé voir un copain.
   b. Vers 19h00, Hugo est allé au club de sport pour faire un peu de musculation.
   c. Entre 19h00 et 20h00, Hugo a chatté avec des copains sur Internet.

3. Où est-ce que Hugo a dîné ? _____

    a. Hugo a dîné chez Freddy.

    b. Hugo a dîné dans un petit restaurant.

    c. Hugo a dîné chez lui.

4. Qu'est-ce que Hugo a fait ensuite, ce soir-là ? _____

    a. Hugo est resté chez son copain Freddy jusqu'à minuit.

    b. Hugo n'est pas allé au cinéma ce soir-là.

    c. Hugo est allé au cinéma pour voir le film *Désirs et murmures*.

SAM 13-33 Casse-tête.

Help the boatman figure out this conundrum. How is he going to transport the goat, the cabbage and the wolf to the other side of the river? Read the text and write what he can do.

> **Le passeur a un problème :** il doit transporter le chou, la chèvre et le loup sur la rive droite de la rivière mais sa barque est trop petite pour les transporter tous en même temps. Il doit donc les transporter un par un. Mais dans quel ordre ? Le passeur sait que s'il laisse la chèvre seule avec le chou, la chèvre mangera le chou et s'il laisse la chèvre seule avec le loup, ce dernier mangera la chèvre. Comment faire ?

D'abord le passeur transporte _____ sur la rive droite de la rivière.

Ensuite, _____.

Puis, _____.

Après, _____.

Enfin, _____.

SAM 13-34 Ma journée.

What did you do last Saturday? Complete the following story using past tenses.

Samedi matin, à 8 heures, je _____

Ensuite, je _____

Après, vers 11h30, je _____

L'après-midi, entre 14h00 et 16h00, je _____

Et puis, je _____

Avant de dîner, vers 18h00, je _____

Enfin, le soir, je _____

C'était vraiment une bonne journée !

SAM 13-35 Organisons les événements.

Here are some elements to write three very brief stories. Look at the elements for each situation and put them back in order. Using the expressions **d'abord, après, ensuite, puis** and **enfin**, write the stories using the **passé composé**.

1. manger mon sandwich / sortir le jambon et le fromage du frigo / aller à la boulangerie pour acheter du pain / couper une tomate et laver de la salade / faire mon sandwich

_____

2. aller en cours de français / rentrer à la maison à midi / passer un examen / prendre le bus à 8h00 / faire la sieste

_____

3. prendre une douche / se réveiller à 7h00 / partir au travail / manger des céréales / s'habiller vite

_____

SAM 13-36 Quels verbes ?

Inspector Graimet is leading an investigation into a theft at a jewelry store. He interrogates a store employee. Listen and select the correct verbs.

GRAIMET : Alors, dites-moi ce que vous (1) [voyiez ; avez vu] _____.

L'EMPLOYÉE : Eh bien, j'(2) [étais ; ai été] _____ en train de servir un client.

GRAIMET : Il y (3) [a eu ; avait] _____ beaucoup de monde dans le magasin ?

L'EMPLOYÉE : Non, deux clients seulement.

GRAIMET : Continuez !

L'EMPLOYÉE : Alors, deux hommes (4) [entraient ; sont entrés] _____.

GRAIMET : Ils (5) [ont été ; étaient] _____ comment ?

L'EMPLOYÉE :	Eh bien, l'un (6) [a été ; était] _____ très grand, il (7) [faisait ; a fait] _____ bien deux mètres.
GRAIMET :	Vous (8) [avez vu ; voyiez] _____ son visage ?
L'EMPLOYÉE :	Non, pas très bien, car il (9) [avait ; a eu] _____ une fausse barbe et une perruque rasta.
GRAIMET :	Et l'autre homme ?
L'EMPLOYÉE :	L'autre homme (10) [était ; a été] _____ de taille moyenne et très maigre.
GRAIMET :	Il (11) [a porté ; portait] _____ aussi une fausse barbe ?
L'EMPLOYÉE :	Non, il (12) [a porté ; portait] _____ une casquette et une fausse moustache.
GRAIMET :	Et qu'est-ce qui (13) [se passait ; s'est passé] _____ ?
L'EMPLOYÉE :	Eh bien, ils (14) [ont sorti ; sortaient] _____ deux armes à feu d'un grand sac de sport et ils (15) [disaient ; ont dit] _____ « haut les mains, c'est un hold-up ! »
GRAIMET :	Et alors ?
L'EMPLOYÉE :	Alors nous (16) [levions ; avons levé] _____ les bras.
GRAIMET :	Et ensuite ?
L'EMPLOYÉE :	Eh bien ensuite, pendant que le plus grand nous (17) [a surveillé ; surveillait] _____ le plus petit (18) [mettait ; a mis] _____ les bijoux dans son sac à dos.
GRAIMET :	Bon, très bien...

SAM 13-37   Passé composé ou imparfait ?

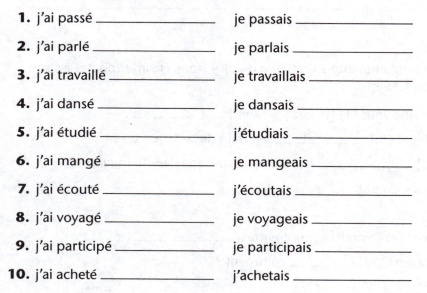 It is possible to mix up the **imparfait** and the **passé composé** in the first-person singular. You will hear a series of 10 verbs. Listen and indicate which verb you hear first by placing a 1 next to the first verb and a 2 next to the second verb.

1. j'ai passé _____   je passais _____

2. j'ai parlé _____   je parlais _____

3. j'ai travaillé _____   je travaillais _____

4. j'ai dansé _____   je dansais _____

5. j'ai étudié _____   j'étudiais _____

6. j'ai mangé _____   je mangeais _____

7. j'ai écouté _____   j'écoutais _____

8. j'ai voyagé _____   je voyageais _____

9. j'ai participé _____   je participais _____

10. j'ai acheté _____   j'achetais _____

SAM 13-38   Quel temps ?

Indicate which verb you hear by writing its infinitive, and indicate whether you heard the **présent** (P), the **passé composé** (PC), or the **imparfait** (I) of that verb by writing the correct symbol.

MODEL: *manger*, PC

1. _____   4. _____   7. _____

2. _____   5. _____   8. _____

3. _____   6. _____

SAM 13-39   Différencier [ε] et [e].

Listen to the sentences and choose the form of the verb that you heard and that would be correct in the sentence.

1. _____
   a. aller
   b. allé
   c. allais

2. _____
   a. habiter
   b. habité
   c. habitait

3. _____
   a. commencer
   b. commencé
   c. commençait

4. _____
   a. sonner
   b. sonné
   c. sonnait

5. _____
   a. arrêter
   b. arrêté
   c. arrêtait

6. _____
   a. chercher
   b. cherché
   c. cherchait

7. _____
   a. danser
   b. dansé
   c. dansaient

8. _____
   a. manger
   b. mangé
   c. mangeaient

9. _____
   a. rater
   b. raté
   c. ratait

10. _____
   a. parler
   b. parlé
   c. parlais

SAM 13-40   Je prononce.

Practice pronouncing the following sentences and when you are ready, record them.

1. J'ai raté mon train.
2. Je parlais avec mon prof.
3. J'ai habité en France.
4. Je n'ai pas pu arrêter la voiture.
5. Il était grand et mince.

ANCRAGE

SAM 14-01   Activités.

Match the images with the correct activities.

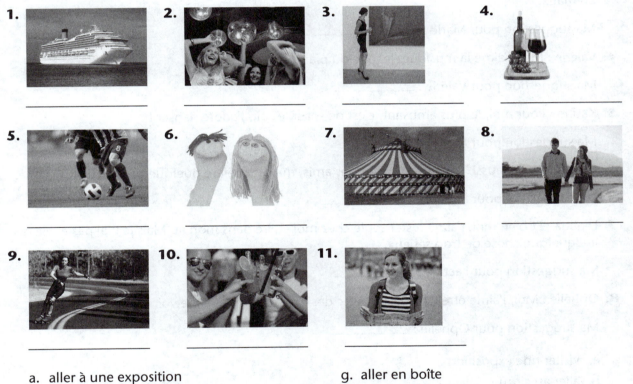

a. aller à une exposition
b. aller à un match
c. faire une randonnée urbaine
d. aller à un spectacle de marionnettes
e. faire une croisière
f. faire une dégustation de vin

g. aller en boîte
h. faire une ballade
i. faire du roller
j. aller au cirque
k. prendre un verre avec des amis

SAM 14-02   Suggestions.

Taking their tastes into account, which activities would you suggest for the following people?

> **MODEL:** Natasha : Moi, ce que j'aime faire, c'est me promener, mais pas à la campagne.
> Ma suggestion pour Natasha : *Faire une randonnée urbaine.*

1. Bernard : Mon truc préféré, c'est assister à des événements sportifs.

   Ma suggestion pour Bernard : _____

2. Sylvie : Moi, ce que j'aime, c'est l'art, surtout la peinture.

   Ma suggestion : _____

3. Marie-France : J'aimerais beaucoup voir un spectacle avec des jongleurs, des clowns, et des animaux.

   Ma suggestion pour Marie-France : _____

4. Valérie : Moi, j'aime la musique. Je joue du piano et de la flûte.

   Ma suggestion pour Valérie : _____

5. Karine : Pour moi, le plus amusant, c'est de sortir le soir. J'adore danser !

   Ma suggestion pour Karine : _____

6. Sandrine : Moi aussi, j'aime sortir avec des amis, mais je préfère quelque chose de plus calme.

   Ma suggestion pour Sandrine : _____

7. Laetitia : Et bien moi, j'aime rester seule chez moi et lire dans mon lit. Mais je n'ai pas envie de lire quelque chose de trop sérieux.

   Ma suggestion pour Laetitia : _____

8. Ophélie : Moi, j'aime être à la maison avec des amis, mais je préfère voir des films.

   Ma suggestion pour Ophélie : _____

   a. visiter une exposition
   b. aller au cirque
   c. lire une BD
   d. aller en boîte
   e. aller voir un match
   f. prendre un verre avec des amis
   g. faire une soirée DVD
   h. aller à un concert

SAM 14-03   Associations.

Look at these words and indicate whether you associate them with the movies, night clubs, sporting events or art.

a. le cinéma	b. les discothèques
c. les événements sportifs	d. les événements artistiques

1. un match _____

2. danser _____

3. le rythme _____

4. un tableau _____

5. le DJ _____

6. un film _____

7. le peintre _____

8. courir _____

9. des équipes _____

10. l'ambiance _____

11. un rôle _____

12. marquer un but _____

13. visiter _____

14. une sculpture _____

15. un stade _____

EN CONTEXTE

SAM 14-04   Conversation.

Choose a partner in the class and together, have a conversation about the activities you like to do. Prepare a few questions to ask your partner.

_____

_____

_____

_____

_____

_____

SAM 14-05   Ce que je fais.

What do you like to do in your free time? Write a paragraph about the activities you enjoy doing.

_____

_____

_____

_____

_____

_____

SAM 14-06   Révisons les jours de la semaine.

Look at the calendar and answer the questions, indicating which day of the week it is.

MODEL: C'est le dernier jour de la semaine: *dimanche*

8 Lundi	**9** Mardi	**10** Mercredi	**11** Jeudi	**12** Vendredi	**13** Samedi
8	8	8	8	8	
9	9	9	9	9	
10	10	10	10	10	
11	11	11	11	11	
12	12	12	12	12	
13	13	13	13	13	
14	14	14	14	14	
15	15	15	15	15	**14** Dimanche
16	16	16	16	16	
17	17	17	17	17	
18	18	18	18	18	
19	19	19	19	19	
20	20	20	20	20	
21	21	21	21	21	

1. C'est le premier jour du week-end : _____

2. C'est le premier jour de la semaine sur le calendrier français : _____

3. Ce jour est au milieu de la semaine de travail : _____

4. C'est le jour de Thanksgiving aux États-Unis : _____

5. C'est le jour juste avant le week-end : _____

6. C'est le deuxième jour de la semaine : _____

FORMES ET RESSOURCES

SAM 14-07   Jackie, une étudiante active.

 Jackie is a very busy student. Listen to her interview and match the activities with the correct days.

1. Soirée avec son petit-copain _____

2. Sortie à la patinoire _____

3. Randonnée _____

4. Cours de Tai-Chi _____

5. Répétition de théâtre _____

6. Répétition du groupe de rock _____

7. Réunion avec l'association Clowns Sans Frontières _____

    a. lundi   e. vendredi

    b. mardi   f. samedi

    c. mercredi   g. dimanche

    d. jeudi

SAM 14-08   Complétons les phrases.

Complete the following sentences with the correct words. Make sure to agree adjectives as necessary.

> après-midi, chouette, aube, ailleurs, ennuyeux, prévenir, billet, correspondant

1. Bon, tu es prêt à partir? Le spectacle va bientôt commencer. Est-ce que tu as ton
_____?

2. Le prof est malade mais les étudiants ne le savent pas. Je vais passer dans la salle de classe pour les _____.

3. J'ai adoré cette soirée. C'était vraiment très _____.

4. Une personne d'un autre pays à qui on écrit régulièrement est un _____

5. Marie est allée en boîte avec des amis, et ils ont dansé jusqu'à l'_____

6. L'autre jour, je ne savais pas quoi faire. Mes amis étaient tous partis. C'était une journée
_____.

7. Je n'aime pas étudier le matin. Je préfère étudier l'_____.

8. Je n'aime pas cet endroit; je préférerais aller _____.

SAM 14-09   Le bon verbe.

Choose the correct verbs in the following sentences.

1. Je voudrais vous [prévenir ; recommander] _____ que ce spectacle est plutôt long et ennuyeux.

2. J'ai mal aux dents, je vais [prendre un verre ; prendre rendez-vous] _____ chez le dentiste.

3. Je ne pense pas pouvoir venir à la soirée de Jacques. Je vais devoir [rêver ; refuser] _____.

4. Parfois, on va au cinéma, mais le film est mauvais et on décide de [s'en aller / s'en charger] _____ avant la fin.

5. Ça te dirait d'aller [courir ; participer] _____ avec moi cet après-midi ? Il fait si beau !

6. Moi, je [n'ai pas besoin ; n'ai pas envie] _____ de faire du Tai-Chi, c'est trop lent pour moi.

7. Mes amis et moi, on a décidé de [se regarder ; se retrouver] _____ tous ensemble à la piscine samedi après-midi.

8. J'ai envie d'apprendre une nouvelle langue. Je vais [m'inscrire ; m'en aller] _____ à un cours de russe.

SAM 14-10   La fréquence.

Explain which activities you do, and how often.

> tous les jours, le matin, une fois par semaine, le mardi, le dimanche matin, quelquefois, jamais, souvent, le soir

1. faire du sport (du football, du tennis, du ski, du vélo, du footing, etc.)

_____

2. assister à un cours

_____

3. sortir prendre un verre, aller au restaurant, aller en boîte

_____

4. aller au cinéma, aller au théâtre, aller au cirque

_____

5. naviguer sur Internet, regarder Facebook, envoyer des courriels

_____

6. se promener en forêt, à la mer, en montagne, à la campagne

_____

SAM 14-11   Invitations.

Hélène and Frédéric are going to meet to go to the movies. Match Frédéric's side of the conversation with Hélène's.

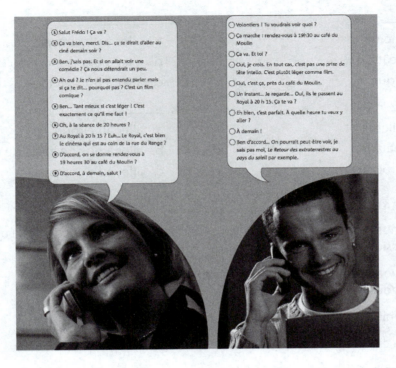

1. Salut Frédo ! Ça va ? _____

2. Ça va bien, merci. Dis-moi, ça te dirait d'aller au ciné demain soir ? _____

3. Ben, je sais pas. Et si on allait voir une comédie ? Ça nous détendrait un peu. _____

4. Ah oui ? Je n'en ai pas entendu parler, mais si ça te dit... pourquoi pas ? C'est un film comique ? _____

5. Ben... tant mieux si c'est léger ! C'est exactement ce qu'il me faut ! _____

6. Oh, comme tu veux. On va à la séance de 20 heures ? _____

7. Au Royal à 20h15 ? Euh... le Royal, c'est bien le cinéma qui est au coin de la rue du Range ? _____

8. D'accord, on se donne rendez-vous à 19h30 au café du Moulin ? _____

9. D'accord, à demain, salut ! _____

a. Volontiers ! Tu voudrais voir quoi ?

b. Ça marche : rendez-vous à 19h30 au café du Moulin.

c. Ça va, et toi ?

d. Oui, je crois. En tout cas, c'est pas très intello ! C'est plutôt léger comme film.

e. Oui, c'est ça, près du café du Moulin.

f. Un instant...Je regarde... Oui, ils le passent au Royal à 20h15. Ça te va ?

g. Eh bien, c'est parfait. À quelle heure tu veux y aller ?

h. À demain !

i. Ben d'accord... On pourrait peut-être voir, je sais pas moi, Le Retour des extraterrestres au pays du soleil par exemple ?

SAM 14-12   Ça te dit ?

You are going to hear people inviting others to do something. Listen to the invitations and indicate what the people are invited to do.

1. _____

    a. aller au cinéma

    b. aller au théâtre

    c. aller au cirque

2. _____

    a. faire du roller

    b. faire une balade

    c. faire une croisière

3. _____

    a. aller à un concert

    b. aller à une exposition

    c. aller à un spectacle

4. _____

    a. aller au cirque

    b. aller à un spectacle de marionnettes

    c. aller au cinéma

SAM 14-13   Ça te dirait ?

You are full of enthusiasm and ideas: invite your friends to do various activities. Follow the model and use the expression **ça te/vous dirait**.

> **MODEL:** Votre ami: Je m'ennuie aujourd'hui.
>
> Vous : (aller à la patinoire) *Ça te dirait d'aller à la patinoire ?*

1. Votre ami Sophie: Je ne sais pas quoi faire aujourd'hui.

Vous: (aller au cinéma) _____

2. Vos amis Lucien et Gabi: Nous avons faim.

Vous: (aller au restaurant) _____

3. Votre ami Noëlle: Il fait beau et j'ai envie de sortir.

Vous: (faire une balade) _____

4. Vos amis Liliane et André: Nous avons envie de voir quelque chose d'intéressant.

Vous: (aller à une expo) _____

5. Votre ami Florence: J'aimerais jouer à quelque chose.

Vous: (faire une partie de cartes) _____

SAM 14-14   Si on allait au théâtre ?

You will propose activities to various people using the expression **et si on** followed by a verb in the **imparfait**.

> **MODEL:**   Votre ami : J'ai soif !
> Vous : (prendre un verre) *Et si on prenait un verre ?*

1. Votre ami José : J'ai faim !

Vous : (faire des crêpes) _____

2. Votre amie Marianne : J'ai envie de nager !

Vous : (aller à la piscine) _____

3. Vos amis Joël et Françoise : Nous aimerions nous relaxer.

Vous : (se promener) _____

4. Votre ami Raphaël : J'ai envie de danser.

Vous : (aller en boîte) _____

5. Votre ami Eva : Je voudrais voir un film mais je n'ai pas envie de sortir.

Vous : (regarder un DVD) _____

SAM 14-15   Qu'est-ce qu'ils répondent ?

You have invited your friends to do various activities and they are now going to answer you. Some will accept your invitation and some will refuse. Write their answers based on the information given.

1. Vous avez invité Valérie à aller au cinéma. Elle aime beaucoup aller au cinéma.

Valérie : _____

2. Vous avez proposé à Michel et Bernard d'aller au restaurant, mais ils ne peuvent pas y aller parce qu'ils n'ont pas d'argent.

Michel et Bernard : _____

3. Vous avez invité les enfants de Patricia à aller à la piscine, mais ils préfèreraient jouer au tennis.

Les enfants de Patricia : _____

4. Vous avez invité Lidya et André à aller voir une exposition. Ils ont le temps et ils ont envie d'y aller.

Lidya et André : _____

5. Vous avez proposé à Florence de jouer aux cartes, mais elle n'aime pas les jeux de cartes.

Florence : _____

6. Vous avez proposé à votre ami José de faire des crêpes, mais il est allergique aux œufs.

José : _____

SAM 14-16   Et vous ?

You are going to be invited to do various activities. Answer the following questions in complete sentences. Feel free to accept or refuse the invitations.

1. Est-ce que vous voudriez aller à la patinoire cet après-midi ?

   _____

2. Ça vous dirait d'aller danser samedi soir ?

   _____

3. Vous avez envie de voir un film ce soir ?

   _____

4. Vous êtes libre ce week-end ?

   _____

5. Ça vous dirait d'aller à un match de basketball vendredi soir ?

   _____

6. Est-ce que vous aimeriez aller au cirque ?

   _____

7. Vous avez envie de voir vos amis ce soir ?

   _____

8. Ça vous dirait de faire une partie de cartes maintenant ?

   _____

SAM 14-17   Conversation.

Choose a partner in the class and invite each other to do various activities. Take turns asking the questions. The other will accept or refuse.

SAM 14-18   Qui dit quoi ?

Match the invitations and the answers.

1. Ça te dirait de venir à la piscine avec moi ? _____

2. Et si on allait en boîte ce soir ? _____

3. Tu veux venir au match avec moi à 19h00 ? _____

4. Ça te dit d'aller voir une pièce de théâtre avec moi ? _____

5. Est-ce que ça vous dirait de faire une croisière cet été ? _____

6. On va manger au restau ? _____

    a. Marianne n'aime pas trop les bateaux, tu sais. Elle a peur de l'eau.

    b. Désolé, mais je finis mon entraînement à 20h00.

    c. Ben, désolé, je ne sais pas nager.

    d. Ouais, ça marche, j'ai très faim ! On se retrouve où ?

    e. Génial ! J'ai envie de danser !

    f. Désolé, mais le théâtre, c'est pas mon truc...

SAM 14-19   De quoi parlent-ils ?

🔊 Listen and indicate what activities the following people did.

1. Madeleine : _____
2. Valérie : _____
3. Bruno : _____
4. Nathalie : _____
5. Adrien : _____

    a. Un jeu de rôle
    b. Un atelier de Tai-Chi
    c. Une répétition de théâtre
    d. Un spectacle de danse
    e. Une soirée en discothèque

SAM 14-20   Contents ou pas contents ?

🔊 Listen to the dialogues and choose the expression that would reflect the person's feelings about the activity they did.

1. Madeleine [a aimé ; a détesté] _____ son atelier de théâtre.

2. Valérie [a adoré ; n'a pas beaucoup aimé] _____ le spectacle de danse.

3. Bruno [s'est bien amusé ; s'est beaucoup ennuyé] _____ pendant le jeu de rôle.

4. Nathalie [a beaucoup aimé ; n'a pas du tout aimé] _____ sa soirée en discothèque.

5. Adrien [s'est ennuyé ; s'est amusé] _____ pendant le cours de Tai-Chi.

SAM 14-21   Cherchons les mots !

Locate the following adjectives. Be sure to look for words horizontally, vertically, diagonally and backwards. There will be no accents or apostrophes in the word search puzzle, even though the words may have some.

après-midi, chouette, aube, ailleurs, ennuyeux, prévenir, billet, correspondant

N	T	P	T	N	A	S	U	M	A
U	B	W	K	I	O	Y	U	L	B
L	U	E	T	T	E	U	O	H	C
I	N	C	R	O	Y	A	B	L	E
R	X	C	P	O	L	Y	D	A	S
R	N	V	M	A	U	V	A	I	S
A	G	F	I	N	R	C	I	Z	U
O	I	N	H	K	J	W	M	F	P
Z	E	G	M	B	T	H	L	X	E
G	E	N	N	U	Y	E	U	X	R

SAM 14-22   C'était génial !

Answer the following questions explaining how the following things were, in your opinion. Use c'était and expressions such as **vachement chouette, absolument génial, très bien, super, très beau, carrément nul, ennuyeux, amusant, drôlement bien, incroyable, atroce, etc**. Vary the expressions !

> **MODEL:** Comment était le dernier livre que vous avez lu ?
> *Il était intéressant mais un peu long.*

1. Comment était le dernier film que vous avez vu ?

_____

2. Comment était votre dernier repas au restaurant ?

_____

3. Comment était votre dernier examen ?

_____

4. Comment était votre dernière soirée avec des amis ?

_____

5. Comment était votre dernier cours de français?

_____

6. Comment était votre voyage le plus récent ?

_____

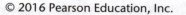

SAM 14-23   Judith rêve.

Read Judith's email to Lucie, and choose the correct statements.

À: Lucie <lulu@nrp.fr>
De: Judith Herbert <j.herbert@nrp.fr>
Objet: Salut !

Salut Lucie,

Comment ça va ? Moi, je suis fatiguée de travailler comme une folle. J'ai envie de voyager autour du monde, peut-être que je vais prendre une année sabbatique. J'aimerais tellement suivre des cours de batterie et me remettre à étudier par correspondance l'histoire de l'art ! Oui, j'ai envie de profiter de la vie parce que, pour l'instant, je ne vois pas les journées passer. Je n'ai pas envie de continuer à vivre dans le stress continuel et c'est pour ça que je pense partir un an au Mexique. Je vais chercher un job, j'aimerais par exemple donner des cours de français. Tu vois, je suis en pleine crise. :-)

Et toi, qu'est-ce que tu deviens ?

Je t'embrasse,

Judith

1. Judith travaille
[peu ; beaucoup]

_____.

2. Elle se sent
[stressée ; détendue]

_____.

3. Judith a envie de
[travailler ; voyager]

_____.

4. Elle aimerait [rester à Paris ;
aller au Mexique] _____.

5. Comme travail, Judith pense qu'elle pourrait [enseigner ; apprendre] _____
le français.

SAM 14-24   Changements à l'horizon.

Do you ever feel like changing your daily routine? What would you like to change in your life? Write a paragraph about changes you would like to make. Use expressions such as **j'aimerais** or **je voudrais**, followed by an infinitive.

_____

_____

_____

_____

_____

_____

SAM 14-25   Charlie vous appelle.

Imagine that your friend Charlie calls you to ask you to go out tomorrow night. Choose the most logical things you would say in this phone conversation.

1. Charlie : Salut ça va ?

Vous : _____

a. Oui, très bien, merci.

b. Non, pas du tout.

c. Oui, mes parents vont bien, merci.

2. Charlie : Super, moi aussi ça va bien. Dis-moi, tu as envie d'aller au cinéma avec moi demain soir ?

Vous : _____

a. Non, désolé, je ne peux pas demain soir.

b. D'accord, allons à la patinoire.

c. Volontiers ! Quel film as-tu envie de voir ?

3. Charlie : Ben, je ne sais pas, peut-être le dernier film de Woody Allen. Qu'est-ce que tu en penses ?

Vous : _____

a. Oui fantastique, j'adore Woody Allen.

b. Ben, je préférerais voir le dernier film de Wes Anderson, si tu veux bien.

c. Non, je n'aime pas du tout Woody Allen.

4. Charlie : Oui, bien sûr, pas de problème, si tu préfères ce film, moi je veux bien le voir aussi.

Vous : _____

a. Super. À quelle heure est-ce qu'on va y aller ?

b. Super. Est-ce que tu veux y aller demain soir ?

c. Ah non, je ne peux pas.

5. Charlie : Je pensais qu'on pourrait y aller vers 19h00, ça te va ?

Vous : _____

a. Oui très bien, 19h00.

b. Je finis mon travail à 21h00, donc il faut y aller plus tard.

c. Je finis mon travail à 19h00, donc il faut y aller plus tard.

6. Charlie : Pas de problème, on peut y aller après ton travail, disons à 21h00 ?

Vous : _____

a. OK super.

b. Non merci.

c. Oui, mais un peu plus tard.

7. Charlie : Parfait! On se retrouve où ?

Vous: _____

a. Chez moi ?

b. Devant le cinéma ?

c. Chez toi ?

8. Charlie: D'accord, c'est plus simple comme ça. Donc devant le cinéma à 21h00 ! À demain !

Vous : _____

a. À ce soir !

b. À dimanche !

c. À demain !

SAM 14-26   On va où ?

Complete the following sentences with the words from the list below.

> à, au, dans le, au fond de, dans un, à côté de, pas loin, en face de, tout près de

1. Ça te dit d'aller _____ Paris cet été ?

2. Mes grands-parents habitent juste _____ chez mes parents: il y a un petit immeuble entre leurs deux maisons, c'est tout !

3. Mes clés sont _____ mon sac, j'ai du mal à les trouver.

4. _____ chez moi, il y a un joli petit parc, je peux le voir de ma fenêtre.

5. La bibliothèque ? Elle n'est _____. Prenez cette rue et tournez à gauche. Vous la verrez là, juste _____ vous !

6. Ma mère habite _____ centre-ville. Elle adore être près de tous les commerces.

7. Le frère de Nadia habite _____ très beau quartier de Bordeaux. J'aimerais y habiter aussi mais les loyers sont trop chers !

8. Il habite _____ 15, rue du Général Leclerc.

SAM 14-27   Ça se trouve où ?

Select the correct expressions in the following dialogues.

DIALOGUE 1:

- D'habitude, les restaurants, l'opéra, ou le théâtre sont des lieux qu'on trouve (1) [dans le centre-ville ; en banlieue] _____.

- C'est vrai. Par contre, les zones commerciales et industrielles se trouvent plutôt (2) [dans le centre-ville ; en banlieue] _____.

DIALOGUE 2 :

- Je ne sais jamais si Hyde Park est (3) [à ; au] _____ Londres ou (4) [à ; au] _____ New-York.

- Voyons, Hyde Park est (5) [à ; au] _____ Londres. C'est Central Park qui se trouve (6) [à ; au] _____ New-York.

DIALOGUE 3 :

- Tu habites (7) [près de ; dans] _____ la gare ?

- Non, la gare est (8) [à côté de ; loin de] _____ chez moi. Quand je prends le train, je dois prendre un taxi pour y aller.

DIALOGUE 4 :

- Nous avons passé nos vacances (9) [à la mer ; à la montagne] _____. L'air marin, ça change de la montagne !

- Ah oui ? Moi, je suis allé (10) [en ; au] _____ Angleterre pour voir mes cousins.

DIALOGUE 5 :

- Où est ton appartement ?

- Juste (11) [à côté de ; loin de] _____ l'université. Je peux y aller à pied en 5 minutes.

- Tu as de la chance. Moi j'habite (12) [à côté de ; loin de] _____ l'université. Je dois prendre le bus pendant 40 minutes.

- Oui mais ton quartier est très chouette. Tu as un joli parc juste (13) [en face de ; près de] _____ chez toi. C'est agréable de voir tous ces arbres par la fenêtre !

SAM 14-28   Où est votre maison ?

Write a few sentences explaining where your apartment/house is, where your college/university is, where your favorite café is, and two more places of your choice. Give indications of location, using expressions such as **à côté de, en face de, près de, loin de, etc.**

_____

_____

_____

_____

_____

_____

_____

SAM 14-29 Qu'est-ce qu'ils vont faire ?

Look at the illustrations and write what is going to happen, using the **futur proche**.

1.

2.

3.

4.

5.

6.

Image 1: *Attention ! Les livres vont tomber !*

Image 2 : Le ciel est noir. _____

Image 3 : La voiture _____

Image 4 : Elles _____ le dernier film de Marion Cotillard.

Image 5 : Avant de dîner, _____

Image 6 : Pour le petit-déjeuner, _____

SAM 14-30 On va voir.

Complete the sentences with the following verbs. Verbs can only be used once and need to be conjugated in the present tense, or left in the infinitive.

> aller, chercher, accepter, rêver, lire, mettre, pouvoir

1. J'ai les mains sales. Je _____ les laver.

2. Quelle robe est-ce que tu _____ pour la soirée ?

3. Lui, il a tout le temps la tête dans les nuages ! Il _____ pendant les cours !

4. J'ai soif ! Je vais _____ un grand verre d'eau fraîche !

5. C'est l'anniversaire de papa demain. Qu'est-ce qu'on _____ lui offrir ?

6. Qu'est-ce que vous _____ en ce moment ? Un bon livre ?

7. Est-ce que tu _____ de venir à la soirée de Delphine avec moi ?

SAM 14-31 Tous les jeunes font-ils la même chose ?

Listen to the dialogues and indicate whether the statements are true (**vrai**) or false (**faux**).

DIALOGUE 1:

1. Rebecca sort en boîte avec ses copains pendant la semaine. _____

2. Le week-end, elle aime faire des randonnées avec ses amis. _____

DIALOGUE 2:

3. Valérie habite à Montréal. _____

4. En hiver, elle fait des sports nautiques et du vélo. _____

5. Elle aime faire ces activités avec sa famille. _____

DIALOGUE 3:

6. Olivier est sportif. _____

7. Il a des amis du rugby et des amis du lycée. _____

SAM 14-32 Invitation ?

Listen to these sentences. Indicate whether they are invitations or not.

> a. invitation   b. not an invitation

1. _____   **4.** _____

2. _____   **5.** _____

3. _____   **6.** _____

SAM 14-33   Refus.

You will hear people declining invitations for various reasons. Listen and identify the reasons.

1. _____
2. _____
3. _____
4. _____
5. _____
6. _____

a. Cette personne ne peut pas pour des raisons médicales.
b. Cette personne ne peut pas pour des raisons financières.
c. Cette personne ne peut pas pour des raisons de transport.
d. Cette personne ne peut pas pour des raisons familiales.
e. Cette personne a trop de travail.
f. Cette personne ne donne pas de raison particulière.

SAM 14-34   Elle accepte ou elle refuse ?

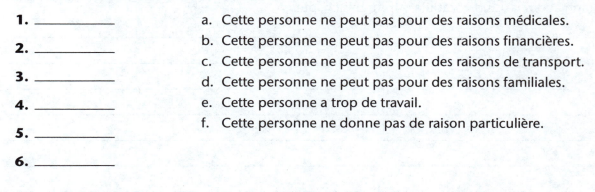 Listen and indicate whether the people you hear are accepting or refusing an invitation.

> a. elle accepte   b. elle refuse

1. _____   5. _____
2. _____   6. _____
3. _____   7. _____
4. _____   8. _____

SAM 14-35   Je prononce !

Practice pronouncing the following sentences and record yourself when you are ready.

1. Entendu ! On se retrouve devant le cinéma ?

2. Je suis désolé(e), je n'ai pas le temps.

3. Ça te dit d'aller au théâtre avec moi ?

4. Non, je ne peux pas demain soir, désolé(e).

5. Je ne suis pas là ce week-end, ce n'est pas possible.

SAM 14-36   Essai.

What was the most fun thing you did this past year? What did you do and how was it? Write one paragraph about it using vocabulary from this chapter.

_____

_____

_____

_____

_____

_____

_____

SAM 14-37   Théâtre de rue.

Read the texts and indicate whether the statements are true (**vrai**) or false (**faux**).

Un théâtre populaire

Le théâtre de rue est une forme de théâtre qui se veut l'héritière directe des spectacles du Moyen Âge. Ravivé en France et au Canada dans les années soixante en réaction à un théâtre de salle figé et « bourgeois », ce type de représentations voulait rendre le théâtre plus accessible au grand public. Au départ, le théâtre de rue est un spectacle qui prétend mettre en scène les inquiétudes des citoyens en faisant voler en éclats le « quatrième mur » traditionnel : on y parle politique, actualité, problèmes sociaux, la plupart du temps sur un ton humoristique et burlesque.

Très vite, d'autres disciplines artistiques l'ont rejoint : la danse, les marionnettes, le cirque et la magie, donnant aux spectacles une dimension très festive. Aujourd'hui, il existe de nombreuses troupes spécialisées dans le théâtre de rue et, tous les ans, surtout en été, des dizaines de festivals sont organisés un peu partout en France.

1. Le théâtre de la rue est rare en France. _____

2. C'est un théâtre qui a des origines anciennes. _____

3. Le théâtre de la rue est en pleine expansion en France. _____

4. Ce n'est pas une sorte de théâtre pour les familles. _____

5. Certaines troupes se spécialisent dans ce genre de théâtre. _____

SAM 14-38   Le cirque.

Read the texts and indicate whether the statements are true (**vrai**) or false (**faux**).

Le nouveau cirque

Dans les années 1970, le cirque s'essouffle, alors qu'au même moment le mouvement du nouveau cirque fait son apparition en France. Celui-ci est porté par la démocratisation de ce type de divertissement, avec l'ouverture d'écoles de cirque agréées par la Fédération française des écoles de cirque. Le cirque s'ouvre et se remet en question avec des spectacles davantage théâtralisés (comme ceux d'Archaos, du Cirque Baroque, du Cirque Plume, de Zingaro, de la Compagnie Mauvais Esprits...). Il remet en question les conventions de ce qu'on appelle désormais le « cirque traditionnel », lequel ne disparaît pas mais évolue en assimilant certaines innovations.

Plus récemment, la dernière génération d'artistes revendique une identité plus forte encore que celle du nouveau cirque et se revendique d'un « cirque contemporain » (dans les années 1990) ou d'un « cirque de création » (dans les années 2000). Les frontières entre les disciplines deviennent de plus en plus floues et les spectacles s'inspirent de plus en plus du mouvement, de la performance, ou encore de la danse contemporaine, tout en s'éloignant du côté spectaculaire ou sensationnel caractéristique du cirque traditionnel et même du nouveau cirque.

Cirque Plume, *L'atelier du peintre* par Henri Brauner

B. Le cirque probablement le plus connu au monde est le Cirque du Soleil. Lisez le texte suivant pour connaître son origine et son originalité.

Le Cirque du Soleil

Le Cirque du Soleil est une entreprise québécoise de divertissement artistique spécialisée en cirque contemporain. Son siège social se trouve à Montréal, au Québec (Canada), dans le quartier Saint-Michel. Il a été fondé en 1984 à Baie-Saint-Paul par deux anciens artistes de rue, Guy Laliberté et Daniel Gauthier. La compagnie se distingue par une vision artistique différente du cirque traditionnel, avec notamment l'absence d'animaux, une grande importance donnée au jeu des comédiens et une priorité accordée aux numéros d'acrobatie.

1. Le cirque a beaucoup évolué en France. _____

2. Il existe des écoles de cirque en France. _____

3. Le nouveau cirque ne s'inspire pas de la danse. _____

4. Le Cirque du Soleil a été créé en France. _____

5. Le Cirque du Soleil n'est pas un cirque traditionnel. _____

6. Il y a des animaux dans les spectacles du Cirque du Soleil. _____

Unité 15
SOCIÉTÉ EN RÉSEAU

ANCRAGE

SAM 15-01 Définitions.

Match the words with the correct definitions.

1. la Toile _____

2. un internaute _____

3. un malfaiteur _____

4. un site de rencontres _____

5. le courrier électronique _____

6. un débat _____

7. la crainte _____

8. un lieu public _____

a. C'est un synonyme de **la peur**.

b. C'est une personne qui commet des actes criminels.

c. C'est une discussion où chacun défend ses idées.

d. C'est une personne qui utilise l'internet.

e. C'est un endroit qui n'est pas privé.

f. Ce mot est une traduction du mot *Web*.

g. C'est un système de communication par ordinateur.

h. C'est un lieu virtuel où les gens peuvent rencontrer d'autres personnes.

SAM 15-02 Important ou pas ?

Boris and Cédric disagree about the importance of social networks. Choose the words and expressions that would be correct in their dialogue.

BORIS : Cédric, je pense que tu passes trop de temps sur ton ordinateur.

CÉDRIC : Oh, j'aime beaucoup (1) [consulter ; pirater] _____ ma messagerie électronique et aussi passer du temps sur les (2) [réseaux sociaux ; regards sociaux] _____.

BORIS : Franchement, je pense que tu les regardes de manière trop (3) [efficace ; fréquente] _____. Je ne pense pas que ce soit une bonne chose d'être (4) [malfaiteur ; accro] _____ comme ça !

CÉDRIC : Tu exagères, je peux me (5) [contrôler ; diminuer] _____ et ne pas être sur mon ordinateur pendant quelques heures. Et toi ? Tu passes beaucoup de temps à regarder la télé !

BORIS : Oui mais je ne la regarde pas tout le temps comme toi avec ton ordinateur. C'est une (6) [véritable / mensuelle] _____ dépendance mon vieux ! Ce n'est pas la liberté !

CÉDRIC : Mais non, je te dis que je peux faire d'autres choses et que mon ordinateur ne me manque pas. On peut (7) [profiter ; discuter] _____ d'autre chose, s'il te plaît ?

BORIS : Si tu veux. Alors dis-moi, j'ai une autre question pour toi: pourquoi est-ce que tu passes autant de temps sur ton téléphone portable quand tu n'es pas sur ton ordinateur ?

CÉDRIC : Mais arrête de me (8) [surveiller ; supprimer] _____ ! Je fais ce que je veux !

SAM 15-03   Cherchez l'intrus !

Find the words and expressions that do not belong in the following lists!

1. les achats, le compte, les impôts, la météo _____

2. la criminalité, la gendarmerie, le téléchargement, le malfaiteur _____

3. le destin, l'application, le courrier électronique, le site de rencontres _____

4. fiable, responsable, numérique, efficace _____

5. être d'accord, partager l'avis de quelqu'un, être du même avis, affronter _____

FORMES ET RESSOURCES

SAM 15-04   Sur la Toile.

Two friends chat about their Internet use. Indicate whether the following statements are true (**vrai**) or false (**faux**).

1. Stéphane est un internaute assidu. _____

2. Il n'aime pas les sites de réseaux sociaux. _____

3. Béatrice préfère faire ses courses dans les magasins. _____

4. Béatrice aime faire des jeux en ligne. _____

5. Stéphane n'aime pas lire la presse sur l'Internet. _____

6. Béatrice aime regarder des vidéos en ligne. _____

SAM 15-05　D'accord ou pas d'accord ?

When you debate with someone, you can express agreement, disagreement or doubt. Look at the expressions from the list and indicate whether they express agreement, disagreement or doubt.

a. Accord	b. Désaccord	c. Doute

1. Tout à fait ! _____

2. C'est une possibilité, mais... _____

3. Certainement ! _____

4. Bien sûr ! _____

5. Je suis contre. _____

6. Je n'en suis pas si sûr. _____

7. C'est certain. _____

8. Mais pas du tout ! _____

9. Je ne partage pas votre opinion. _____

10. Pourquoi pas, mais ce n'est pas certain. _____

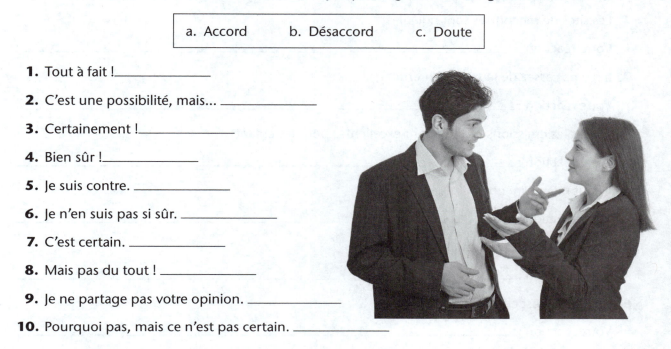

SAM 15-06　Est-ce qu'ils sont d'accord ?

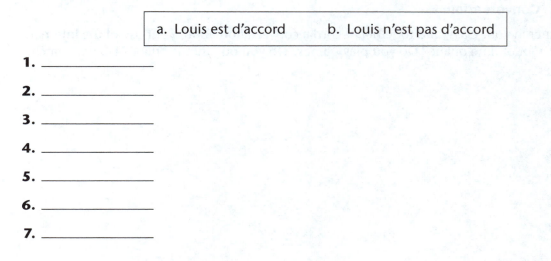

Vincent expresses some opinions and his friend Louis responds to these opinions. Indicate whether Louis agrees or disagrees with Vincent.

a. Louis est d'accord	b. Louis n'est pas d'accord

1. _____

2. _____

3. _____

4. _____

5. _____

6. _____

7. _____

SAM 15-07   Mon opinion.

React to the following statements, using expressions learned in this chapter to show your agreement or your disagreement.

1. Les sites de rencontres sont ridicules.

   Votre réaction : _____

2. Il n'y pas assez de jeux sur l'Internet.

   Votre réaction : _____

3. Toutes les émissions à la télé sont excellentes pour les enfants.

   Votre réaction : _____

4. Il vaut mieux lire que de regarder la télé.

   Votre réaction : _____

5. Les sites de plans sont pratiques.

   Votre réaction : _____

6. L'université est chère aux États-Unis.

   Votre réaction : _____

7. Fumer est très cool.

   Votre réaction : _____

SAM 15-08   Conversation.

Choose a partner in your class, and together, record a conversation about your use of the Internet. Do you spend a lot of time online? Do you play games? Do you buy things online? Do you watch videos?

SAM 15-09   Les connecteurs.

Which connecting words would you use in these sentences?
Choose from the following list:

> d'ailleurs, par conséquent, par contre, même si, car, d'une part... d'autre
> part, en tant qu', on sait que

1. Alain trouve que les émissions de télé sont de moins en moins intéressantes.
   _____, il s'est acheté un lecteur DVD.

2. On peut avoir de sérieuses infections à cause d'un piercing. _____ il y a
   beaucoup de docteurs qui recommandent de ne pas faire de piercing.

3. L'utilisation excessive des ordinateurs a des aspects négatifs : _____, elle
   peut causer un manque d'activité physique et _____, les gens lisent moins
   qu'avant.

4. Monique déteste la télé réalité. _____, elle adore les documentaires.

5. Il faut bien réfléchir avant de se faire un tatouage _____ on peut le regretter
   plus tard.

6. _____ étudiants, nous pensons que les examens sont importants,
   _____ nous ne les aimons pas.

7. _____ la violence à la télé n'est pas une bonne chose pour les enfants.

SAM 15-10   Piercing et Tatouages.

The following text is a debate about piercings and tattoos. Read the debate and select the correct
expressions.

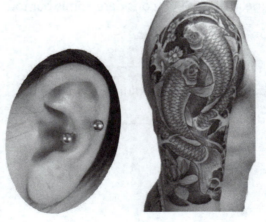

PRÉSENTATEUR: Evelyne Jamel, (1) [en tant que ; car] _____ sociologue, que pensez-vous
du phénomène du piercing et du tatouage chez les jeunes ?

EVELYNE JAMEL: Le piercing comme le tatouage existent depuis très longtemps dans certaines
civilisations. En Afrique, en Océanie ou au Japon le piercing ou le tatouage sont
des rites. Mais dans notre société, ils correspondent à deux phénomènes :

(2) [d'une part ; par contre] _____ c'est un phénomène de mode. On porte un piercing ou un tatouage pour des raisons esthétiques. (3) [En tant que ; D'ailleurs] _____ beaucoup de piercings ou de tatouages sont de faux piercings ou de faux tatouages.

PRÉSENTATEUR: Comment ça, de faux piercings et de faux tatouages !?

EVELYNE JAMEL: Oui, (4) [c'est-à-dire ; même si] _____ qu'ils ne sont pas permanents. Et d'autre part, il s'agit d'un phénomène de contestation. C'est le mouvement punk qui les a mis à la mode il y a une trentaine d'années. C'est une façon de se révolter ou de montrer que l'on appartient à un groupe.

PRÉSENTATEUR: Albert Lévi, qu'en pensez-vous ?

ALBERT LÉVI: Écoutez, (5) [en tant que ; on sait que] _____ médecin, je dois mettre en garde contre les risques du piercing ou du tatouage. Un piercing au nombril avant 16 ans n'est pas du tout recommandable (6) [par contre ; car] _____ les adolescents peuvent encore grandir et la peau peut éclater. (7) [Par contre ; Par conséquent] _____ le piercing représente un risque pour la santé.

PRÉSENTATEUR: Et est-ce que les tatouages sont moins dangereux ?

ALBERT LÉVI: C'est pareil. Le matériel de tatouage doit être parfaitement désinfecté et je ne pense pas que ces règles d'hygiène élémentaires soient toujours respectées.

PRÉSENTATEUR: Donc, à votre avis, est-ce que ces pratiques devraient être interdites ?

ALBERT LÉVI: (8) [En effet ; car] _____, interdire pourrait être une solution.

SAM 15-11 Qu'est-ce qu'ils veulent dire?

What is the correct use of these expressions? Match the descriptions with the correct expressions.

1. Cette expression introduit la conséquence logique de quelque chose. _____

2. On présente un fait ou une idée que l'on considère admis par tout le monde. _____

3. On donne une explication. _____

4. On renforce l'argument qui précède. _____

5. On situe une opinion à partir de l'expertise d'une personne. _____

6. On introduit une contradiction. _____

    a. car

    b. on sait que

    c. par contre

    d. par conséquent

    e. d'ailleurs

    f. en tant que

Nom: _____ Date: _____

SAM 15-12   Les réseaux sociaux en France.

Complete the text with the following connectors.

> en effet, d'une part, d'autre part, même si, on sait que, par conséquent, par rapport à

Les réseaux sociaux en France

(1) _____, dans l'hexagone, il y a approximativement 47 millions d'intern autes. Un chiffre qui ne cesse d'augmenter (2) _____ son ascension est plus lente qu'il y a quelques années. Parmi ces internautes, on constate qu'en 2011, 84,7% se connectaient au moins à un site généraliste de réseau social. Un chiffre en légère augmentation (3) _____ 2010. Ces internautes ont tendance à diversifier leur navigation. (4) _____, ils ne se contentent pas d'être membres d'un site mais généralement de deux, trois, quatre sites, ou même plus. L'objectif du web 2.0 est de créer des espaces où chacun contribue à la construction de l'information. (5) _____, ce n'est pas étonnant de constater la place croissante qu'occupe Twitter chez les internautes français été du monde entier. (6) _____ les réseaux sociaux permettent de créer de nouveaux rapports entre les citoyens du monde, et (7) _____, ils développent un nouveau canal de circulation de l'information.

SAM 15-13   Ça se discute !

Write a paragraph giving your opinion about piercings and tattoos. Do you like or dislike them? Do you believe that tattoos and piercings should be limited to a certain age group or would you be OK with your grandparents getting one? Try to use connectors that you have learned in this chapter to present your ideas.

_____

_____

_____

_____

_____

_____

_____

_____

SAM 15-14　Complétons les phrases.

Complete the sentences using the relative pronoun **dont**. Follow the model.

>   **MODEL:** J'ai un ami. Son compte Twitter est suivi par des milliers de personnes.
>   *J'ai un ami dont le compte Twitter est suivi par des milliers de personnes.*

1. J'ai envie de voir ce film. La critique a bien parlé de ce film.

   J'ai envie de voir ce film _____

2. J'ai un ami. Son père a fait le tour des États-Unis en vélo.

   J'ai un ami _____

3. L'ordinateur est très cher. J'ai besoin de cet ordinateur.

   L'ordinateur _____

4. C'est mon ami. Son frère étudie l'ingénierie informatique.

   C'est mon ami _____

5. C'est un malfaiteur. Il faut se méfier de ce malfaiteur.

   C'est un malfaiteur _____

SAM 15-15　Le pronom relatif dont.

Combine the following sentences into one sentence using the relative pronoun **dont**.

>   **MODEL:** Tu parles d'un reportage. Ce reportage a obtenu un prix international.
>   *Le reportage dont tu parles a obtenu un prix international.*

1. Je regarde un site web. Les internautes disent beaucoup de bien de ce site.

   _____

2. Le présentateur météo a l'air très sympa. Tu parles souvent de ce présentateur météo.

   _____

3. Je connais une fille. La sœur de cette fille est passée à la télé l'autre jour.

   _____

4. Les cours sont difficiles. J'ai besoin de ces cours pour obtenir mon diplôme.

   _____

5. J'ai un ami. Sa tante est une actrice très célèbre.

   _____

SAM 15-16   Révision des pronoms relatifs.

Choose the correct relative pronouns in the following sentences.

1. Nous en avons assez des gens [qui ; que] _____ critiquent les autres personnes sur les sites de réseaux sociaux.

2. Les émissions [où ; qui] _____ passent à la télé tard le soir sont parfois très intéressantes.

3. En France, le journal télévisé [dont ; que] _____ les Français regardent le plus passe à 20 heures.

4. Qu'est-ce que tu penses du restaurant [où ; que] _____ nous avons mangé hier soir ?

5. Nous avons une amie [que ; dont] _____ le père est présentateur à la télé.

6. Je n'ai pas encore vu le film [dont ; que] _____ tu parles.

7. À l'époque [qui ; où] _____ l'Internet n'existait pas, les gens communiquaient autrement.

8. Qu'est-ce que tu penses des tatouages [qui ; que] _____ Jacques a sur les bras?

9. Les enfants [dont ; que] _____ Marie-Laure garde passent beaucoup de temps devant la télé.

10. Les parents [qui ; que] _____ interdisent trop de choses à leurs enfants ont souvent tort.

SAM 15-17   Télé ou Internet, même combat ?

Complete the sentences using the relative pronouns **qui, que, dont** and **où**.

1. Nous ne comprenons pas pourquoi il y a des gens _____ nous critiquent parce qu'on consulte une encyclopédie en ligne plutôt qu'en papier.

2. En France, le journal télévisé _____ les Français regardent le plus, c'est celui de 20 heures.

3. Il y a de plus en plus d'émissions à la télé _____ les téléspectateurs sont invités à participer à travers Internet.

4. Souvent, on se demander comment on faisait pour obtenir des informations à l'époque _____ l'Internet n'existait pas.

5. Avant, les sites _____ Charlotte consultait étaient moins intéressants.

6. Le site _____ tu parles est très intéressant pour suivre l'actualité cinématographique.

SAM 15-18   Le bon pronom relatif.

Complete the following text with the correct relative pronouns (**qui, que, dont, où**).

J'ai des amis (1) _____ adorent jouer au football.
Le stade (2) _____ ils s'entraînent le samedi après-midi est
près de chez moi. C'est un grand stade (3) _____ accueille
de grandes équipes. Le football est un sport (4) _____ je
n'aime pas particulièrement pratiquer, mais (5) _____ j'aime
bien regarder. Alors, quelquefois, je vais voir jouer mes amis. François
surtout est un excellent joueur. C'est lui (6) _____
marque les buts en général. L'autre jour, il y avait des gens
(7) _____ regardaient leur entraînement et je les
ai entendus dire « Qu'est-ce qu'il est bon, celui-là ! ».
Le joueur (8) _____ il parlait était
évidemment François !

SAM 15-19   Subjonctif, indicatif, ou infinitif ?

Should the following verbs be followed by the subjunctive or the indicative? Choose the correct structures for the following sentences. Remember that in order to use the subjunctive, you need to have two different subjects in the two clauses!

1. Je souhaite _____
   a. que tu réussisses tes examens.
   b. que tu réussis tes examens.

2. Il veut _____
   a. que nous participions à sa fête.
   b. que nous participons à sa fête.

3. Il est possible _____
   a. que les enfants vont au cinéma.
   b. que les enfants aillent au cinéma.

4. Je ne crois pas _____
   a. que je puisse venir.
   b. pouvoir venir.

5. Je suis sûr _____
   a. que tu viennes.
   b. que tu viendras.

6. Je ne pense pas _____
   a. que vous connaissiez cette personne.
   b. que vous connaissez cette personne.

7. Il faut _____
   a. que nous parlions sérieusement.
   b. que nous parlons sérieusement.

SAM 15-20   Réfléxions sur le subjonctif.

Review the subjunctive and indicate whether the statements are true (**vrai**) or false (**faux**).

1. All subjunctive forms are formed on the basis of the **impératif**. _____

2. Generally, we use the third-person plural of the present of the indicative to form the subjunctive, except for the **nous** and **vous** forms. _____

3. There are no irregular verbs in the subjunctive. _____

4. With regular verbs in the subjunctive, the **nous** and **vous** forms are the same as the **nous** and **vous** forms of the **imparfait**. _____

5. After verbs expressing opinion (**Je pense que, je crois que**), the subjunctive is used systematically. _____

6. If the subject is the same in both clauses, the infinitive is used in the second clause. _____

7. The subjunctive is used to express necessity, possibility, desire and doubt. _____

SAM 15-21 Verbes réguliers au subjonctif.

Select the correct subjunctive forms of the verbs.

1. Il faut que je [pars ; parte] _____ au travail. Je suis en retard.

2. Mes amis veulent que je [prenne ; prends] _____ ma voiture pour aller à la fête de Michèle.

3. Je ne pense pas qu'elle [aimait ; aime] _____ le chocolat.

4. Est-ce que vous voulez que je [sors ; sorte] _____ la poubelle ?

5. Il faut que tu [bois ; boives] _____ beaucoup d'eau.

6. Je ne pense pas qu'elle [connaisse ; connais] _____ ce site.

7. Le prof souhaite que nous [finissions ; finissons] _____ ces devoirs ce soir.

8. Je veux que tu me [dis ; dises] _____ la vérité!

SAM 15-22 Verbes irréguliers au subjonctif.

Match each infinitive with its subjunctive form.

1. savoir _____

2. être _____

3. faire _____

4. vouloir _____

5. aller _____

6. avoir _____

7. pouvoir _____

8. falloir _____

9. valoir _____

a. aille

b. fasse

c. veuille

d. sois

e. aie

f. puisse

g. sache

h. vaille

i. faille

SAM 15-23 Nouvelles technologies au quotidien.

Complete the following sentences with the correct verbs conjugated in the subjunctive.

| aller, avoir, être, pouvoir, savoir, vouloir |

1. Avant de participer à un forum sur Internet, il faut que vous _____ qu'il y a quelques règles de « bon comportement » à suivre.

2. Ce n'est pas la peine que tu _____ sur ce site, il n'est pas intéressant.

3. Avec les nouvelles technologies, on peut vous retrouver où que vous _____.

4. On ne peut pas obliger une personne à faire partie d'un réseau social. Il faut que cette personne _____ le faire.

5. Il y a tellement d'informations en ligne qu'il faut que nous _____ une grande capacité de compréhension et d'analyse pour qu'on ne _____ pas nous tromper.

SAM 15-24 Il faut que tu fasses la vaisselle !

Annie has a large family. She wants her children to have better habits and she also needs help around the house. During a family meeting, she expresses some wishes. Rewrite the sentences using the subjunctive in the second clause.

MODEL: Marie, je veux (tu / aller à la banque)
Marie, je veux que tu ailles à la banque.

1. Antoinette, je ne veux pas (tu / sortir trop tard le soir)

Antoinette, je ne veux pas

_____.

2. Mimi et Sophie, je voudrais (vous / être à l'heure le matin)

Mimi et Sophie, je voudrais _____.

3. Bertrand, je ne veux pas (tu / arriver en retard à l'école)

Bertrand, je ne veux pas _____.

4. Céline, j'aimerais (tu / prendre le temps de faire ton lit le matin)

Céline, j'aimerais _____.

5. Sonia, il faut absolument (tu / se brosser les dents tous les soirs)

Sonia, il faut absolument _____.

6. Les enfants, je voudrais (vous / faire la vaisselle le soir)

Les enfants, je voudrais _____.

SAM 15-25   De l'indicatif au subjonctif.

Rewrite the sentences changing the verb from the indicative to the subjunctive.

> **MODEL:** Marie ne veut pas faire ses devoirs.
> *La mère de Marie veut qu'elle fasse ses devoirs.*

1. Les enfants de Jackie ne sont pas sages.

Jackie veut que ses enfants _____ sages.

2. Thomas ne veut pas manger ses légumes.

Le père de Thomas veut qu'il _____ ses légumes.

3. Elle ne veut pas venir au cinéma avec nous.

Nous voulons qu'elle _____ au cinéma avec nous.

4. Tu ne veux pas apprendre le français.

Je veux que tu _____ le français.

5. Nous ne savons pas nos conjugaisons.

Le professeur veut que nous _____ nos conjugaisons.

6. Mon amie ne veut pas aller au concert avec moi.

Je veux que mon amie _____ au concert avec moi.

SAM 15-26   Subjonctif ou non ?

Match the sentences by paying attention to the verb forms.

1. Je suis sûr _____

2. Tu dois _____

3. Nous voulons _____

4. Il ne pense pas _____

5. Il ne faut pas _____

6. Il faut que _____

a. pouvoir venir avec nous à la fête parce qu'il a trop de travail.

b. qu'il veut créer un site web. Il me l'a dit.

c. je trouve un travail très rapidement parce que je n'ai plus d'argent.

d. faire attention à ta ligne. C'est important pour ta santé.

e. que tu te fâches si facilement. Il faut être patient avec les enfants.

f. que nos enfants aillent dans une bonne université.

SAM 15-27   Souhaits.

Véronique is a very supportive mother who always hopes that her daughter Andréa's wishes will come true. Follow the model and write what Véronique tells Andréa, making all necessary changes.

> **MODEL:**   Andréa : J'aimerais faire du cheval.
> *Véronique: Moi aussi, j'aimerais que tu fasses du cheval.*

1. ANDRÉA : Je souhaite aller en Autriche.

VÉRONIQUE : Moi aussi, je souhaite que tu _____.

2. ANDRÉA : Je voudrais apprendre à conduire.

VÉRONIQUE : Moi aussi, je voudrais que tu _____.

3. ANDRÉA : Je ne pense pas pouvoir travailler cet été.

VÉRONIQUE : Moi non plus, je ne pense pas que tu _____.

4. ANDRÉA : J'aimerais bien aller chez Mamie et Pépé ce week-end.

VÉRONIQUE : Moi aussi, j'aimerais bien que nous _____.

5. ANDRÉA : Je n'aimerais pas changer d'école.

VÉRONIQUE : Moi non plus, je n'aimerais pas que tu _____.

6. ANDRÉA : J'ai envie de manger des pâtes ce soir.

VÉRONIQUE : Moi aussi, j'ai envie que nous _____.

SAM 15-28   Doutes.

Rewrite the sentences in the negative and make all necessary changes. As you switch from certainty to doubt, the verb will change to the subjunctive.

> **MODEL:**   Je suis sûr que cette émission a beaucoup de succès.
> *Je ne suis pas sûr que cette émission ait beaucoup de succès.*

1. Je crois que ces internautes sont du même avis.

_____

2. Je suis sûre qu'il doit payer ses impôts.

_____

3. Je suis certain que beaucoup de gens veulent consulter ce site.

_____

4. Je pense que cette présentatrice fait un excellent travail.

_____

5. Je suis certaine que le journal télévisé est à 20 heures.

_____

SAM 15-29   Complétez les phrases !

Complete the following sentences paying special attention to the verb forms. If **que** is part of the beginning of the sentence, you will need to add a different subject followed by the subjunctive or not (ask yourself whether the verb you see expresses a desire, a doubt or a certainty).

1. Ma mère veut que _____ .

2. Moi, je ne veux pas _____ .

3. Mes parents sont contents que _____ .

4. Aujourd'hui, il faut que _____ .

5. Dans la classe, nous devons _____ .

6. Moi, je suis sûr(e) que _____ .

SAM 15-30   Conversation.

Choose a partner in the class, and together, record a conversation based on the following question: *qu'est-ce qu'il faut que vous fassiez cette semaine?*

SAM 15-31   Ne restez pas sans bouger ! Réagissez !

Read the following headlines, choose one, and write a short paragraph corresponding to the headline.

_____

_____

_____

_____

_____

_____

_____

_____

Le Monde

3 000 euros d'amende pour un jeune internaute qui téléchargeait des films et de la musique.

Wifi gratuit dans les espaces publics : le tribunal a dit NON !

SAM 15-32   Parlons-en !

Listen to this radio excerpt from the show "Parlons-en !" hosted by Jérôme Lavenue, and choose the correct statements.

1. Le thème du débat est [la place de l'Internet ; la place de la télé] _____ dans nos vies.

2. M. Echevin est [sociologue ; psychologue] _____.

3. Mme Delarche est présidente d'[une école ; une association] _____.

4. Mlle Fiachetti est [étudiante ; coiffeuse] _____.

5. L'opinion de M. Echevin sur la télé est [plutôt positive ; plutôt négative] _____.

6. Mme Delarche pense que la télé est quelque chose de [positif ; négatif] _____.

7. Mlle Fiachetti pense que [la télé ; l'Internet] _____ a plus d'importance aujourd'hui.

SAM 15-33   Opinions sur la télé.

Here are two conflicting opinions about television. Choose one of these opinions and defend it in one short paragraph. Use the connectors that you have studied in this chapter. Also include at least one sentence in the subjunctive.

OPINION 1:
    « ON DEVRAIT INTERDIRE LA TÉLÉ AUX ENFANTS »

OPINION 2:
    « LA TÉLÉ EST BIEN PLUS FORMATRICE QUE L'ÉCOLE »

_____

_____

_____

_____

_____

_____

_____

_____

SAM 15-34 Indicatif ou subjonctif ?

Listen and indicate whether the verbs you hear are in the indicative or the subjunctive.

a. Indicatif   b. Subjonctif

1. _____   6. _____

2. _____   7. _____

3. _____   8. _____

4. _____   9. _____

5. _____   10. _____

SAM 15-35 Est, ait ou aille ?

Listen to the sentences and indicate whether you hear **est** (from the verb **être**), **ait** (from the verb **avoir**) or **aille** (from the verb **aller**). Note that **est** and **ait** have the same pronunciation. The context of the sentence will help you determine the correct verb form.

a. est   b. ait   c. aille

1. _____

2. _____

3. _____

4. _____

5. _____

6. _____

7. _____

8. _____

9. _____

10. _____

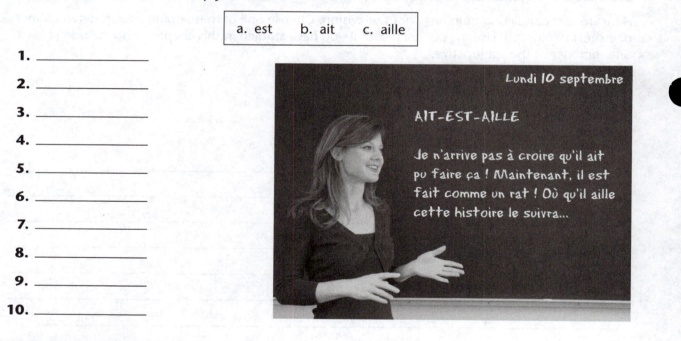

Lundi 10 septembre

AÏT-EST-AILLE

Je n'arrive pas à croire qu'il ait pu faire ça ! Maintenant, il est fait comme un rat ! Où qu'il aille cette histoire le suivra...

SAM 15-36 Je prononce !

Practice pronouncing the following sentences and when you are ready, record yourself.

1. Il faut que j'aille chez le docteur.

2. Je ne suis pas sûr(e) qu'il soit malade.

3. Je ne pense pas qu'elle ait un examen aujourd'hui.

4. Je veux qu'il fasse ses devoirs.

5. Est-ce que tu penses qu'il est occupé ?

SAM 15-37 Comprendre pour relier des idées.

Read the following excerpts from newspapers and look at the underlined words. You may not know them, but thanks to the context, you will be able to infer their meaning. For each of these underlined words, choose the correct equivalent.

ÉCONOMIE

La crise risque de remettre en cause des acquis sociaux dans le domaine de la santé. <u>Quant au</u> pouvoir d'achat, si les salaires n'augmentent pas, il continuera de baisser.

INTERNET

Ce professeur est intervenu <u>comme</u> expert en sciences de l'informatique.

SOCIÉTÉ

Les ordinateurs continuent à être chers, <u>néanmoins</u> on constate que même les pays les plus défavorisés accèdent de plus en plus facilement à Internet.

5 INTERNATIONAL

Politique internationale

Internet contribue à la diffusion des idées. On peut <u>donc</u> craindre que des dictateurs cherchent à contrôler ce canal de communication.

1. quant au : _____

2. comme : _____

3. néanmoins : _____

4. donc : _____

a. en tant que

b. par conséquent

c. en ce qui concerne

d. par contre

SAM 15-38 Rencontres sur la Toile.

Read the following text and indicate whether the statements are true (**vrai**) or false (**faux**).

1. Il y a de moins en moins de célibataires en France. _____

2. Il n'y a pas beaucoup de sites de rencontres sur l'Internet en France. _____

3. *Meetic* est le plus grand site de rencontre européen. _____

4. Il existe maintenant des sites de rencontres spécialisés. _____

LE SECRET DE LEUR SUCCÈS

Unité 16
PORTRAITS CROISÉS

ANCRAGE

SAM 16-01   Quelques animaux.

Identify the animals from the pictures.

1.
_____

2.
_____

3.
_____

4.
_____

5.
_____

6.
_____

7.
_____

a. un ours
b. un cheval
c. un chimpanzé
d. un chien

e. un chat
f. un poisson
g. un agneau

SAM 16-02 C'est quel verbe ?

Look at the images and identify the correct verb.

1.

_____

2.

_____

3.

_____

4.

_____

5.

_____

6.

_____

7.

_____

a. contempler   e. bouger

b. klaxonner   f. apporter

c. sourire   g. s'asseoir

d. deviner

EN CONTEXTE

SAM 16-03   Le travail.

Select the correct expressions in the following sentences.

1. Quand on cherche un travail, il faut d'abord préparer son [CV ; salaire]
   _____.

2. Quand on fait une demande d'emploi, il faut demander des lettres pour son dossier. Les personnes qui écrivent ces lettres pour vous, vont vous [embaucher ; recommander]
   _____.

3. Quand on travaille, on accumule des jours de vacances. Ces jours de vacances s'appellent les [congés payés ; les retraites] _____.

4. Quand on est âgé et qu'on a complètement fini de travailler, on est [à la retraite ; en vacances]
   _____.

5. L'argent qu'on gagne quand on travaille s'appelle [le chemin ; le salaire]
   _____.

6. Une entreprise qui crée de nouveaux emplois va [embaucher ; klaxonner]
   _____ des employés.

SAM 16-04   Quelle expression ?

Complete the sentences using the correct expressions.

1. Quand on est perdu, il est parfois nécessaire de _____.

2. En général, quand on rencontre une personne pour la première fois, on doit lui
   _____.

3. Si quelque chose ne peut pas attendre, il faut le faire _____.

4. Pendant un entretien d'embauche, il faut regarder les gens dans les yeux. Il ne faut pas
   _____.

5. Pour accumuler de l'expérience ou contribuer à notre communauté, on peut travailler sans être payé. On peut _____.

6. L'idéal, pendant un entretien d'embauche, c'est de ne pas être timide. Il faut
   _____.

   a. immédiatement
   b. fuir leur regard
   c. faire du bénévolat
   d. serrer la main
   e. demander son chemin
   f. être sûr de soi

SAM 16-05 Qualités requises.

All jobs require certain attributes. For each of the following jobs, find the attribute that is NOT required.

1. Pour être diplomate, il faut _____
   a. être calme.
   b. être farfelu.
   c. être sociable et souriant.

2. Pour être sportif professionnel, il faut
   _____
   a. être en bonne santé.
   b. avoir le goût de l'effort.
   c. manquer de discipline.

3. Pour être chercheur scientifique, il faut
   _____
   a. avoir bon caractère.
   b. avoir des connaissances importantes.
   c. être sérieux et créatif.

4. Pour être chirurgien, il faut _____
   a. être sûr de soi.
   b. être mignon.
   c. être précis dans ses mouvements.

5. Pour être actrice, il faut _____
   a. être habituée à parler en public.
   b. pouvoir réciter des dialogues.
   c. être misanthrope.

SAM 16-06 Profil.

What would be important qualities to have to work in a store and to be a child psychologist? Select the correct expressions.

1. Pour être vendeur dans un magasin :
   a. Il faut être [sociable ; misanthrope]
      _____
   b. Il faut aimer [les congés payés ; les gens]
      _____.
   c. Il ne faut pas [négliger ; contempler] son
      apparence _____.
   d. Il faut savoir [demander son chemin ; sourire]
      aux clients _____.

2. Pour être psychologue pour enfants :
   a. Il faut avoir [bon caractère ; mauvais
      caractère] _____.
   b. Il faut aimer [les animaux ; les enfants]
      _____.
   c. Il faut être [rassurant ; mignon]
      _____.
   d. Il faut avoir [de la patience ; de l'argent]
      _____.

SAM 16-07 Ce que j'aime chez lui.

Sandrine and Juliette are talking about their new neighbor Éric. One of them mentions positive things about him while the other is rather negative. Listen to their dialogue and indicate whether the following statements are true (**vrai**) or false (**faux**).

1. Juliette aime bien son nouveau voisin. _____

2. Elle pense qu'il est amusant. _____

3. Sandrine a la même opinion que Juliette sur Éric. _____

4. Sandrine pense qu'Éric ne parle que de lui. _____

5. Juliette pense qu'Éric est ennuyeux. _____

SAM 16-08 Je veux être…

What kind of work do you want to do? Do you have the required attributes? On the other hand, what kind of work would not be a good fit for you? Write a short paragraph.

_____

_____

_____

_____

_____

_____

SAM 16-09 La nouvelle collègue.

Thibault and Nathalie work in the same company. They have a new colleague, Alice, and they exchange a few words about their new colleague. Look at the list of adjectives and write the ones that they use to describe Alice.

> arrogante, travailleuse, prétentieuse, irresponsable, organisée, paresseuse, créative, polie, charmante, farfelue, sociable

Les six adjectifs que Thibault et Nathalie utilisent pour décrire Alice sont :

1. _____

2. _____

3. _____

4. _____

5. _____

6. _____

SAM 16-10 Petites annonces.

Read the following job advertisements and complete them by choosing the correct expressions.

Annonce : Lectrice

Urgent ! Personne aveugle cherche lectrice pour lui faire la lecture et rédiger du courrier. Être disponible entre 5 et 9 heures par semaine.

Profil recherché : Vous avez (1) _____ et (2) _____. Vous aimez (3) _____.

Annonce : Hôte / hôtesse pour parc thématique

Vous porterez le costume d'un personnage de dessin animé, sympathique et de petite taille (Mickey, lutins, nains) pour distraire enfants entre 1 et 4 ans.

Profil recherché : Vous êtes (4) _____ et vous avez (5) _____.

Annonce : Rieur / rieuse professionnel(le)

Directeur de théâtre cherche personnes pour déclencher les rires des spectateurs.

Profil recherché : Vous avez (6) _____ et (7) _____. Vous aimez (8) _____.

---

   a. plutôt petit(e) (1,60 m maximum)
   b. les spectacles
   c. un rire communicatif
   d. une voix très forte

   e. une bonne orthographe
   f. un excellent contact avec les enfants
   g. une excellente prononciation
   h. la littérature

SAM 16-11 Un métier amusant.

🔊 Listen to the following interview and select the correct answers.

1. Marine est [chanteuse ; rieuse] _____ professionnelle.

2. Elle a découvert son talent [au cirque ; au cinéma] _____.

3. Pour exercer son métier, il faut avoir [une bonne santé ; le sens de l'humour] _____.

4. Comme sport, Marine fait [de l'équitation ; de la natation] _____.

5. Marine a fait des études de [musique ; littérature] _____.

6. Actuellement, Marine travaille pour [un autre cirque ; la télévision] _____.

SAM 16-12   Tu ou vous ?

Match the dialogues with the drawings!

1.
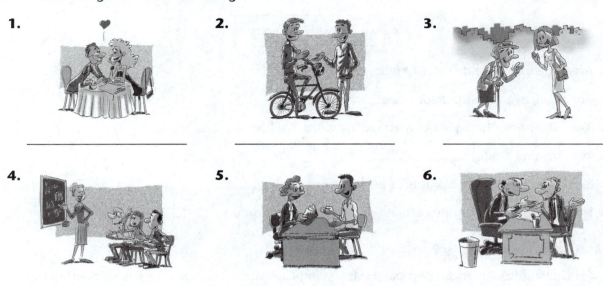

_____

2.

_____

3.

_____

4.

_____

5.

_____

6.

_____

7.

_____

a. -Bonjour Madame Legrand, vous allez bien ?

   -Oui, Marie Laure, et vous ?

   -Oh très bien, merci, mais j'ai beaucoup de travail en ce moment.

b. -Alors qu'est-ce que tu veux ?

   -Je voudrais une glace à la vanille.

   -Tu es sûr ? Pas au chocolat ?

   -Non, à la vanille !

c. -Alors, Patrick, vous avez fait des études littéraires ?

   -Oui, après mon bac, j'ai obtenu un diplôme de philosophie.

   -Bien, et avez-vous une expérience professionnelle dans l'édition ?

d. -Sandrine, tu aimerais aller en Grèce en vacances avec moi cet été ?

   -Oui, ce serait très romantique !

e. -Alors, tu veux faire un tour de vélo avec moi ?

   -Si tu veux, on va où ?

   -Ben, chez Julie, elle nous attend pour partir en pique-nique.

f. -Bonjour Bertrand, alors ces ventes ?

   -Eh bien, Monsieur le Directeur... ce n'est pas brillant... en effet...

   -Comment Bertrand ? Vous n'allez pas me dire que les ventes ne vont pas bien ?

g. -Alors, est-ce que vous comprenez ? La formule est simple.

SAM 16-13 Tutoyer ou vouvoyer ?

Would you say **tu** or **vous** in the following situations?

a. tu	b. vous

1. Avec une personne de votre famille : _____

2. Au travail, avec un supérieur : _____

3. Avec une personne âgée qui n'est pas de votre famille : _____

4. Avec un/une ami(e) : _____

5. Si vous vous adressez à plusieurs personnes : _____

6. Si vous voulez garder une certaine distance avec quelqu'un : _____

SAM 16-14 Je le tutoie ?

 Kevin is Guillaume's American pen pal. He is visiting Guillaume for a week and is wondering to whom he should say **tu** and to whom he should say **vous**. Listen to their dialogue and select the correct words.

L'autre jour, Kevin a dit (1) [« tu » ; « vous »] _____ à la grand-mère de Guillaume et elle a été (2) [surprise ; fâchée] _____.

Kevin se demande s'il doit dire « vous » (3) [aux copains ; aux oncles] _____ de Guillaume.

Guillaume lui explique qu'il faut absolument (4) [tutoyer ; vouvoyer] _____ ses profs au lycée.

Kevin ne sait pas s'il faut dire « tu » ou « vous » (5) [aux parents ; aux voisins] _____ de Guillaume.

Guillaume dit toujours (6) [« tu » ; « vous »] _____ aux parents de ses copains.

Guillaume explique que Kevin peut (7) [tutoyer ; vouvoyer] _____ les enfants.

FORMES ET RESSOURCES

SAM 16-15   Lui ou le ?

Indicate what the object pronouns represent in the following sentences. Note that occasionally, more than one answer is possible.

1. Qu'est-ce que tu lui as dit au téléphone?
_____
   a. à ton ami
   b. à tes amis
   c. à tes parents

2. Vous la trouvez comment ? _____
   a. le nouveau collègue
   b. la nouvelle collègue
   c. les nouveaux collègues

3. Tu lui as dit de venir à quelle heure ?
_____
   a. à l'étudiant
   b. à l'étudiante
   c. aux étudiants

4. Oui, il va le passer bientôt. _____
   a. sa licence
   b. ses examens
   c. son bac

5. On ne l'a pas encore prévenu ?
_____
   a. le directeur
   b. la responsable de communication
   c. les employés

6. Non, je ne l'ai pas prise ! _____
   a. l'ordinateur
   b. la clé
   c. le portable

7. Elle leur a parlé franchement.
_____
   a. à ses parents
   b. à ses employés
   c. à sa directrice

8. Je les ai rencontrées pour l'entretien d'embauche. _____
   a. les personnes sélectionnées
   b. les candidats sélectionnés
   c. la candidate sélectionnée

SAM 16-16   Révisons les pronoms COD !

In this phone conversation, Antoine is asking his friend Cyril for some advice regarding the resume and statement of purpose that he wants to send to a bank for a summer job. Fill in the blanks with the direct object pronouns that are missing (**le, la, les, l'**).

ANTOINE : Allo, Cyril ?

CYRIL : Salut Antoine, comment ça va ?

ANTOINE : Bien, mais j'ai besoin de ton aide. Voilà, je voudrais envoyer un CV et une lettre de motivation pour travailler dans une banque cet été. Comme tu as l'habitude de voir des CV, je peux te poser quelques questions ?

CYRIL : Oui, pas de problème.

ANTOINE : Et ben, d'abord, qu'est-ce que je mets : « Chère Madame, Cher Monsieur » ?

CYRIL : Non, non, le titre, tu (1) _____ mets au milieu et tu écris : « Madame, Monsieur ». C'est plus neutre et formel.

ANTOINE : D'accord, et mon adresse, je (2) _____ mets en haut à droite ?

CYRIL : Non, tu (3) _____ mets en haut à gauche. Et à droite, tu mets l'adresse du destinataire.

ANTOINE : Bon. Autre chose. Je mets la date à la fin ?

CYRIL : Mais non Antoine, tu (4) _____ mets toujours en haut à droite, entre l'adresse du destinataire et le titre.

ANTOINE : Et mes diplômes, je (5) _____ mets tous sur le CV ?

CYRIL : Oui bien sûr, mets- (6) _____ tous, du plus récent au moins récent, et les diplômes de langues aussi, ne (7) _____ oublie pas, c'est de plus en plus important.

ANTOINE : Bon, d'accord, j'envoie la photocopie de mon diplôme ?

CYRIL : Non, ce n'est pas la peine de (8) _____ envoyer, seulement si on te (9) _____ demande, suite à l'entretien.

ANTOINE : Ah bon. Une dernière question : la lettre, je (10) _____ écris à la main ou je (11) _____ tape sur l'ordinateur ?

CYRIL : C'est toujours mieux de (12) _____ écrire à la main, parce que certaines entreprises font une analyse graphologique du candidat. Par contre, le CV, toujours sur ordinateur.

ANTOINE : Okay, super, tu me sauves la vie. Bon, je te laisse. À la prochaine !

CYRIL : Au revoir, n'hésite pas à me téléphoner si tu as d'autres questions.

SAM 16-17 On sort ce soir ?

Lucas wants to go to a club with his friends Manon and Julien. Fill in the blanks with direct and indirect object pronouns (**le, la, les, l', lui, leur**).

1. Lucas _____ téléphone pour _____ inviter. Manon et Julien acceptent.

2. Le soir, Lucas _____ attend à la terrasse d'un café.

3. Manon et Julien arrivent au café. Manon dit bonjour à Lucas, et Julien _____ serre la main.

4. Ils arrivent tous les trois au club. Le portier _____ ouvre la porte.

5. Manon rencontre sa copine Tanya et elle _____ présente à Lucas.

6. Lucas _____ trouve charmante et il _____ invite à danser.

7. Tanya danse avec lui, et elle _____ trouve très mignon.

8. Lucas _____ téléphone le lendemain pour _____ inviter au cinéma.

SAM 16-18   Manon pose des questions.

Manon is dating Julien, and she asks him many questions. Write Julien's answers using direct and indirect object pronouns (**le, la, les, l', lui, leur**) in your answers.

> **MODEL :**   **MANON :** Est-ce que tu écoutes souvent la radio dans ta voiture ?
> **JULIEN :** *Oui, je l'écoute souvent.*

1. MANON : Est-ce que tu vois souvent tes parents ?

   JULIEN : Non, _____. Ils habitent trop loin.

2. MANON : Est-ce que tu promènes ton chien le matin ou le soir ?

   JULIEN : _____ le matin.

3. MANON : Est-ce que tu téléphones souvent à ton frère ?

   JULIEN : Oui _____ tous les jours.

4. MANON : Est-ce que tu regardes la télé le soir ?

   JULIEN : Non, _____ le soir.

5. MANON : Est-ce que tu écris parfois à tes neveux qui habitent en Allemagne ?

   JULIEN : Oui, _____ de temps en temps.

SAM 16-19   Quels mots ?

Can you find which word the pronoun represents in each sentence? Try to match them.

1. On peut le boire chaud ou glacé.

2. On les considère comme nos meilleurs amis.

3. On le prend en général pour partir loin.

4. On les voit la nuit quand le ciel est clair.

5. Les Français la mangent sur du pain au petit-déjeuner.

6. On leur offre des cadeaux au mois de mai.

7. On ne les aime pas beaucoup parce qu'ils nous font peur.

a. les fantômes
b. l'avion
c. les étoiles
d. les chiens
e. aux mères
f. le thé
g. la confiture

Unité 16 **Portraits croisés**   ■

SAM 16-20   Fred est amoureux.

Complete the following email that Fred sent his friend Théo, using the correct pronouns.

> me/m', te/ t', nous, vous, le, la, les, l', lui, leur.

Salut Théo,

Tu ne devineras jamais ce qui m'est arrivé: j'ai rencontré la fille de mes rêves ! Et oui ! Je l'ai rencontrée au gymnase. Elle est venue à l'entraînement de basket un jour, je (1) _____ ai vue, et on est tout de suite devenus copains. Je (2) _____ ai expliqué comment fonctionnait le club et elle (3) _____ a posé plein de questions. Puis on a commencé à se donner rendez-vous pour aller au ciné, au bowling, faire les boutiques. Et voilà ! En plus, elle a un frère super sympa qui est plus âgé et qui a une voiture. Alors, il (4) _____ emmène où on veut ! Il est vraiment très gentil. L'autre jour, c'était l'anniversaire de ma nouvelle copine et je (5) _____ ai offert une belle écharpe. Elle était super contente. Je vais te (6) _____ présenter bientôt. Et toi ? Comment vas-tu ? Ça va avec tes nouveaux colocataires ? Tu (7) _____ as parlé de la soirée qu'on veut organiser ? J'espère qu'ils sont d'accord ! Bon, je (8) _____ laisse, j'ai du travail !

À bientôt !
Fred

SAM 16-21   Des pronoms dans tous leurs états !

Select the correct pronouns in the following sentences.

1. Tu vois le livre qui est sur la table? Passe- [le moi ; moi le] _____ !

2. Cette histoire ? Il [nous l'a racontée ; la nous a racontée] _____ hier.

3. Allez les enfants ! [Donnez-moi ; Me donnez] _____ la main pour traverser !

4. C'est à qui ce téléphone ? À ton frère ? Tiens, donne- [lui le ; le lui] _____ !

5. Tu vois ces bonbons ? Ne les donne pas à ta cousine. Ne [lui les ; les lui] _____ donne pas !

6. Je sais qu'elles sont belles mes chaussures ! C'est ma mamie qui [les me ; me les] _____ a achetées !

7. Le dîner est prêt. Dis- [leur le ; le leur] _____ s'il te plaît !

SAM 16-22   La place des pronoms.

Rephrase the questions and commands by replacing the underlined part of the sentence with object pronouns. There should be two pronouns in each of your answers. Be careful, there could be an agreement of the past participle if one of the pronouns is a direct object.

> **MODEL:** Tu as donné ta montre à ton frère ?
> *Tu la lui as donnée ?*

1. Tu as donné tes devoirs à ton prof ?

_____

2. Est-ce que tu peux prêter ton livre à Sylvaine ?

_____

3. Donne ce gâteau à ton ami !

_____

4. N'offre pas cette tarte à tes amis !

_____

5. Est-ce que tu peux montrer tes photos à Tom et moi ?

_____

6. Est-ce que tu as présenté Sonya à Marc ?

_____

SAM 16-23   Le conditionnel.

Match the subject with the correct verb forms.

1. Mes amis et moi, nous _____

2. Moi, je _____

3. Mon ami Henri _____

4. Est-ce que vous _____

5. Tu _____

6. Mes parents _____

a. aurais une minute pour qu'on discute ?

b. voudriez apprendre une autre langue ?

c. voudrais devenir acteur mais j'ai peur de parler en public.

d. aimeraient que je continue mes études.

e. souhaiterait travailler avec les ordinateurs.

f. aimerions faire un voyage autour du monde.

SAM 16-24 Avec des si !

Read the following student essays. In the last two texts, the students forgot to conjugate the verbs. Help them by conjugating the verbs in the **conditionnel**.

> **Rédaction de l'étudiant A:**
>
> Si j'étais un fantôme, j'habiterais dans un vieux château et je passerais à travers les murs. Je dormirais le jour et je voyagerais la nuit dans d'autres pays. J'apparaîtrais sur les écrans de télévision au moment des informations. Je ferais peur à tout le monde et j'entrerais gratuitement dans les cinémas et les théâtres.

> **Rédaction de l'étudiant B:**
>
> Si j'étais magicien, je (1) _____ (transformer) les forêts en rivières et les rivières en océan. Je (2) _____ (porter) une cape invisible.
> J'(3) _____ (aller) au pays des sorcières et mes amies les sorcières et moi, nous (4) _____ (faire) une grande fête dans un château pour tous les magiciens du monde.

> **Rédaction de l'étudiant C:**
>
> Si nous étions des animaux, nous (5) _____ (vivre) sous la terre l'hiver et au printemps, nous (6) _____ (sortir) de notre abri pour respirer l'odeur des fleurs. Certains (7) _____ (avoir) des ailes pour voler, d'autres des pattes pour courir ou des nageoires pour nager. Nous (8) _____ (être) grands comme les éléphants, agiles comme les jaguars et malins comme les singes. Nous (9) _____ (éviter) les villes et nous (10) _____ (habiter) à la campagne ou dans la forêt.

SAM 16-25   Mon partenaire idéal.

What would your ideal partner be like? Would he/she have green or brown eyes? Would he/she be funny or serious? What would he/she like to do on the weekend? Write a short paragraph using the conditional to imagine what this person would be like for you.

_____

_____

_____

_____

_____

SAM 16-26   Si je n'étais pas un être humain...

If you were not a human being, what would you like to be? Would you be an animal? A plant? What would you do? Write a short paragraph using the **conditionnel**.

_____

_____

_____

_____

_____

SAM 16-27   Conversation.

Choose a partner in the class, and together, talk about where you would go and what you would do if you could take a big trip somewhere. You will need to use the **conditionnel**.

_____

_____

_____

_____

SAM 16-28   Qu'est-ce que tu ferais ?

Luc and Léa are dreaming about winning the lottery. They talk about what they would do if they were to win a large amount of money. Listen to their dialogues and indicate whether the statements are true (**vrai**) or false (**faux**).

1. Luc a déjà beaucoup pensé à la possibilité de gagner à la loterie. _____

2. Si Luc gagnait, il arrêterait ses études. _____

3. Si Léa gagnait, elle arrêterait ses études. _____

4. Léa s'achèterait une voiture et une maison. _____

5. Luc s'achèterait une grosse voiture. _____

6. Léa aimerait voyager. _____

7. Luc aimerait donner de l'argent à sa famille. _____

SAM 16-29   C'est quel temps ?

🔊 Listen to the following sentences and indicate whether you hear the **futur** or the **conditionnel**.

a. futur	b. conditionnel

1. _____

2. _____

3. _____

4. _____

5. _____

6. _____

SAM 16-30   L'entretien de Smaïn.

Smaïn is being interviewed for a job. Can you match Smaïn's answers with the questions that the human resources department chief asks?

1. Si vous deviez choisir entre un bon salaire pour un travail qui ne vous intéresse pas ou un salaire moyen pour un travail qui vous intéresse, que choisiriez-vous ? _____

2. Pourquoi avez-vous postulé pour cet emploi ? _____

3. Quelle est votre expérience professionnelle ? _____

4. Qu'attendez-vous de vos employeurs ? _____

5. Depuis combien de temps travaillez-vous ? _____

6. Quelles sont vos plus grandes qualités ? _____

7. Qu'est-ce que vous devriez améliorer pour être encore plus performant ? _____

8. Comment réagiriez-vous si vous voyiez quelqu'un se faire voler son sac dans le métro ? _____

9. Si quelqu'un vous insultait en public, comment réagiriez-vous ? _____

10. Si vous étiez premier ministre, quelle serait votre priorité ? _____

   a. Depuis 6 ans.
   b. Franchement, je ne sais pas, ce ne doit pas être facile, je n'aimerais pas exercer cette profession.
   c. Peut-être la courtoisie. Parfois, je ne suis pas assez courtois avec mes clients, mais je vais essayer de m'améliorer.
   d. Je le laisserais parler et passerais mon chemin sans lui prêter attention.
   e. J'ai travaillé trois ans comme gardien chez Trutex, puis j'ai été garde du corps de Liliane Jer.
   f. Je ferais semblant de ne rien voir, puis je saisirais les malfaiteurs en leur sautant dessus.
   g. J'aimerais avoir leur respect et leur confiance.
   h. Ni l'un, ni l'autre. Je préfère un bon salaire et un métier intéressant.
   i. Je suis honnête, souple et rapide.
   j. Parce que j'aime ce métier, on se sent responsable et il y a une part de risque.

SAM 16-31   Imparfait ou conditionnel ?

Conjugate the verbs using the correct tenses: you will need to choose between the **imparfait** and the **conditionnel**.

1. Si tu _____ (faire) des efforts pour être plus sociable, tu aurais plus d'amis.

2. Si Joseph était moins bavard, il _____ (écouter) ses professeurs davantage pendant les cours et il _____ (avoir) de meilleures notes.

3. Si tu me prêtais ton lecteur de DVD, j'y _____ (faire) très attention.

4. S'il faisait beau, nous _____ (pouvoir) faire une promenade.

5. Qu'est-ce que vous feriez si vous _____ (gagner) à la loterie ?

6. Si ce trapéziste manquait de concentration, il _____ (tomber) tout de suite.

7. Si j'_____ (être) à la retraite, je ferais du bénévolat.

8. Si vous pouviez partir n'importe où dans le monde, où _____ (aller)-vous ?

9. Mes parents _____ (être) très contents si je réussissais mes examens.

10. Si tu _____ (avoir) le choix, est-ce que tu irais à Paris ou à Montréal ?

SAM 16-32   Structure avec si.

Complete the following sentences by conjugating the verbs in the **futur** or in the **conditionnel**. Pay special attention to the tenses used in the **si** clauses.

1. Si elle pouvait, elle _____ (travailler) moins.

2. Si j'ai le temps, je _____ (passer) te voir cet après-midi.

3. Où _____ (aller) -tu si tu pouvais voyager ?

4. Quelle région _____ (aimer) -vous visiter si vous alliez en France ?

5. Si j'ai assez d'argent, j'_____ (acheter) un nouveau vélo.

6. Si j'obtiens ce poste, je vous _____ (inviter) tous à dîner !

7. Si tu veux sortir ce soir, il _____ (falloir) prendre un taxi parce que je n'ai pas ma voiture.

8. Si elle acceptait, j'_____ (aimer) me marier avec elle.

SAM 16-33   Dictée.

🔊 Listen to the following recording and write the words that have been left out of the written text.

Bonjour Madame, je voudrais vous demander des (1) _____ sur mon (2) _____ d'embauche. Est-ce que je dois arriver en avance ou juste à l'heure ? Est-ce qu'une amie peut m' (3) _____ ? Est-ce que je dois (4) _____ la main de mon employeur potentiel ou bien juste dire bonjour ? J'ai (5) _____ de faire un faux-pas. Je vais essayer d'être (6) _____ et (7) _____ ... Oh une dernière chose : est-ce que je peux poser des questions sur mon (8) _____ ?

SAM 16-34   Mon entretien.

Imagine you are applying for a teaching position in a private school. You will have to teach mathematics and French. You are going in for your job interview. Write five questions you would most likely be asked and five answers you would provide to these questions.

_____

_____

_____

_____

_____

_____

_____

_____

SAM 16-35   Un Pont vers la France !

Listen to the recording and choose the correct statements.

1. Ce document est _____.
   a. une annonce du professeur
   b. une publicité
   c. un documentaire

2. Ce document s'adresse _____
   a. aux étudiants étrangers qui habitent en France.
   b. aux étudiants étrangers qui désirent s'installer en France.
   c. à des touristes qui veulent voyager en France.

3. _Un Pont vers la France_ est _____
   a. une école canadienne.
   b. une université française.
   c. une association française.

4. _Un Pont vers la France_ _____
   a. aide les personnes intéressées à préparer les papiers et faire les démarches nécessaires.
   b. donne tous les papiers nécessaires pour entrer en France.
   c. vend les papiers nécessaires pour entrer en France.

5. Comment peut-on en savoir plus sur _Un Pont vers la France_ ? _____
   a. On ne sait pas.
   b. Il faut les contacter au numéro de téléphone indiqué.
   c. Il faut se rendre sur le site Web de l'association.

SAM 16-36   Le, les, l'ai, l'est.

Complete the following sentences with **le, les, l'ai** or **l'est**.

1. Daniel? Je _____ vu dans la rue hier.

2. Ses médicaments ? Il doit _____ prendre tous les matins et tous les soirs avec un peu d'eau.

3. Content ? Oui, je crois qu'il _____.

4. Dis-moi, ton café, tu _____ veux avec ou sans sucre ?

5. Mon portable ? C'est bon, je _____ mis dans mon sac !

6. Vous _____ prenez à quelle heure, votre train ?

7. Je pense que si elle est avec lui, c'est parce qu'elle est heureuse avec lui. Mais _____ -elle vraiment ?

8. Tu as les papiers ! Surtout, ne _____ oublie pas s'il te plaît !

SAM 16-37   Je m'enregistre.

Answer the following questions in French, and when you are ready record yourself:

Quel travail aimeriez-vous faire? Quelles qualités sont importantes pour ce travail ? Les avez-vous ?

_____

_____

_____

_____

_____

_____

_____

SAM 16-38 L'entretien d'embauche.

Read the text below and choose whether the following statements are true (**vrai**) or false (**faux**).

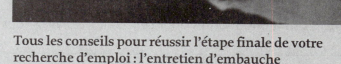

RÈGLES D'OR DE L'ENTRETIEN D'EMBAUCHE

Tous les conseils pour réussir l'étape finale de votre recherche d'emploi : l'entretien d'embauche

Vous êtes jeune diplômé et vous allez vous présenter à votre premier entretien d'embauche ? Vous êtes étranger et vous cherchez du travail en France ? Voici les règles d'or de l'entretien d'embauche :

· Soignez votre apparence, soyez poli et souriant. Sachez que la première impression que vous produirez sera déterminante.

· Montrez-vous sûr de vous, mais sans être arrogant.

· Faites attention à votre attitude, à votre gestuelle et à vos mimiques.

· N'oubliez pas de regarder votre interlocuteur ! En effet, selon certaines études, 90% de la communication passe par le langage non-verbal !

À ÉVITER

· Manquer de ponctualité.

· Négliger votre aspect vestimentaire.

· Vous approcher à moins de 90 centimètres de votre interlocuteur.

· Serrer mollement la main de votre interlocuteur (votre poignée de main doit être ferme).

· Prendre l'initiative de vous asseoir : attendez que votre interlocuteur vous y invite.

· Fuir le regard de votre interlocuteur. Regardez-le dans les yeux, sans le fixer cependant.

· Lui proposer de vous tutoyer.

1. L'apparence est importante pour l'entretien d'embauche. _____

2. Il faut être arrogant pendant l'entretien. _____

3. Il est important de regarder votre interlocuteur dans les yeux. _____

4. Il faut éviter d'arriver en retard. _____

5. La poignée de main ne doit pas être ferme. _____

6. Asseyez-vous quand et où vous voulez pendant l'entretien. _____

7. Il ne faut pas tutoyer l'interlocuteur. _____

ANCRAGE

SAM 17-01 Quel nom ?

Match each picture with the correct noun.

1.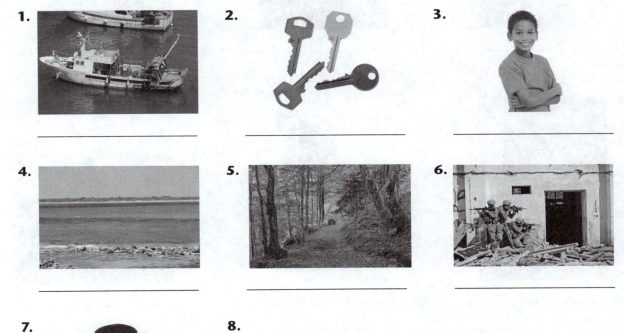

2.

3.

4.

5.

6.

7.

8.

a. un collier
b. un bateau
c. la mer
d. des clés

e. la guerre
f. une forêt
g. un gamin
h. des pantoufles

SAM 17-02   Quel verbe ?

Match each picture with the correct verb.

1.

2.

3.

4.

5.

6.

7.

a. frapper

b. rater

c. se perdre

d. hurler

e. conduire

f. se précipiter

g. voler

EN CONTEXTE

SAM 17-03   Définitions.

Match the words with the correct definitions.

1. Il y en a malheureusement toujours trop dans le monde. _____

2. Ce sont des personnes qui habitent à côté de chez vous. _____

3. C'est le jour qui précède. _____

4. Il y a longtemps. _____

5. Elle est pleine d'arbres. _____

6. C'est une personne qui a entre 13 et 19 ans. _____

7. À l'extérieur. _____

8. À peu près. _____

a. à cette époque-là

b. dehors

c. la veille

d. environ

e. un adolescent

f. les voisins

g. les guerres

h. la forêt

FORMES ET RESSOURCES

SAM 17-04   Le bon adjectif.

Enzo is just back from a trip to Hawaii. Choose the correct adjectives for each of the following sentences.

1. Enzo a adoré ses vacances et il dit qu'elles étaient vraiment _____.

a. inséparables

b. inconnues

c. inoubliables

2. À Honolulu, il a rencontré des gens très sympathiques. Il a beaucoup ri avec eux car ils étaient très _____.

a. marrants

b. antipathiques

c. furieux

3. Quand Enzo est allé à la plage, il a vu un acteur très _____. Il était surpris que cette personne soit aussi en vacances à Hawaii !

a. espiègle

b. gêné

c. connu

4. Enzo a rencontré quelqu'un pendant ses vacances. Depuis, il pense tout le temps à cette personne parce qu'il est _____.

   a. amoureux

   b. déguisé

   c. glacial

5. Quand il est reparti, il a failli rater son avion parce qu'il était en retard. À l'aéroport, il était _____.

   a. content

   b. affolé

   c. pensif

SAM 17-05   Les expressions de temps.

Malika is telling her friend Hélène how her friend Martin recently found work. Choose the correct expression of time for each blank of the following text.

> avant, après, tout à coup, il y a, mercredi soir, lundi dernier, le lendemain, ce matin, la veille

(1) _____, Martin a commencé son nouveau travail. (2) _____, dimanche, il était très nerveux parce qu'il n'arrêtait pas de penser à la journée qui l'attendait. Tout a commencé (3) _____ deux semaines, juste deux jours (4) _____ son anniversaire. Il lisait le journal tranquillement quand (5) _____, il a vu une annonce qui l'intéressait. Il a envoyé son CV et (6) _____ quatre ou cinq jours, on l'a appelé pour un entretien. Tout s'est très bien passé. (7) _____, on lui a téléphoné pour lui dire qu'il était embauché. J'ai dîné avec Martin (8) _____ et il m'a dit qu'il était très content de son nouvel emploi. Et devine ce qui vient de se passer : (9) _____ c'est moi qui ai trouvé une annonce dans le journal et je viens d'envoyer mon CV ! J'espère que ça va marcher !

SAM 17-06   Cherchons les mots !

Locate the following time expressions. Be sure to look for words horizontally, vertically, diagonally and backwards. Do not pay attention to accents.

> veille, lendemain, hier, époque, soudain, jour, auparavant, fois

A	U	P	A	R	A	V	A	N	T
X	P	S	O	U	D	A	I	N	M
A	W	D	I	C	Z	M	I	K	J
P	E	W	X	B	Y	A	E	Z	O
U	P	O	G	U	M	V	F	S	U
V	O	A	V	E	I	L	L	E	R
U	W	Q	D	X	O	A	Q	U	P
J	U	N	A	N	Y	R	E	I	H
T	E	U	Z	R	Y	M	P	V	E
L	S	R	U	F	O	I	S	B	W

SAM 17-07   Questions.

Answer the following questions in complete sentences.

1. Quand vous étiez petit(e), qui était votre meilleur copain ou votre meilleure copine ?

_____

2. Avez-vous lu une bande dessinée récemment ?

_____

3. Est-ce que vous vous êtes déjà perdu(e) ?

_____

4. Aimiez-vous faire de la luge quand vous étiez plus jeune ?

_____

5. Qu'est-ce que vous avez fait pour le dernier réveillon ?

_____

6. Aimez-vous regarder d'anciens albums de photos ?

_____

SAM 17-08   Révisons le passé composé !

Rewrite the following text using the **passé composé**. Pay special attention to the agreement of the past participle and to the choice of the auxiliary.

> **Le matin, Pauline se lève à 6 heures. Elle se douche et elle prend son petit-déjeuner avant de sortir pour se rendre au travail. Elle achète deux journaux qu'elle lit dans le bus. Elle arrive au bureau à 8h30. Elle boit un café et elle se met à travailler. Elle reçoit plusieurs appels et elle est très aimable avec ses clients. À 12h00, Pauline sort manger un sandwich avec des collègues. Entre elles, elles parlent de leur week-end. À 1h00, elles doivent reprendre leur travail. L'après-midi, Pauline travaille et elle rentre chez elle vers 18h00.**

Ce matin, Pauline (1) _____ à 6 heures. Elle (2) _____ et elle (3) _____ son petit-déjeuner avant de sortir pour se rendre au travail. Elle (4) _____ deux journaux qu'elle (5) _____ dans le bus. Elle (6) _____ au bureau à 8h30. Elle (7) _____ un café et elle (8) _____ à travailler. Elle (9) _____ plusieurs appels et elle (10) _____ très aimable avec ses clients. À 12h00, Pauline (11) _____ manger un sandwich avec deux collègues. Entre elles, elles (12) _____ de leur week-end. À 1h00, elles (13) _____ reprendre leur travail. L'après-midi, Pauline (14) _____ et elle (15) _____ chez elle vers 18h00.

SAM 17-09   Accord au passé composé.

Nathan had a tough day. Take a look at these sentences and choose the correct forms of the past participles.

1. D'abord, les céréales qu'il a [mangé ; mangées] _____ pour son petit-déjeuner n'étaient pas très bonnes.

2. Le lait qu'il a [trouvé ; trouvée] _____ dans le frigo n'était plus frais.

3. Nathan a perdu les lunettes qu'il avait [achetées ; acheté] _____ la veille.

4. Son Coca-cola était trop froid, donc il ne l'a pas [bu ; bus] _____ tout de suite alors qu'il avait soif.

5. Les personnes qui lui ont [téléphoné ; téléphonées] _____ n'étaient pas aimables.

6. Les frites qu'il a [achetées ; acheté] _____ ne lui plaisaient pas. Elles étaient trop salées.

7. Les collègues qu'il a [vu ; vus] _____ n'étaient pas de bonne humeur.

8. Quand il a voulu prendre son bus, il était en retard et il l'a presque [ratés ; raté] _____.

SAM 17-10 Passé composé et adverbes.

Rewrite the following sentences including the adverbs given in parentheses.

> **MODEL:** Nous nous sommes amusés (bien).
> *Nous nous sommes bien amusés.*

1. Je suis venue ici (déjà).

_____

2. Ils n'ont pas compris l'anecdote (vraiment).

_____

3. Il a plu (beaucoup).

_____

4. Ils ont ri (bien).

_____

5. Elle s'est amusée (énormément).

_____

6. Nous avons mangé (tout).

_____

7. Ils ont décidé de se marier (finalement).

_____

8. Vous avez pu dormir (enfin).

_____

SAM 17-11 Passé composé ou plus-que-parfait ?

Choose the correct tenses in the following sentences.

1. Hier, je suis allée voir le dernier film de Gilbert Trichet. En fait, je l'[ai vu ; avais vu] _____ la semaine précédente mais j'ai voulu retourner le voir.

2. La semaine dernière, j'ai mangé des cuisses de grenouille ! J'en [ai mangé ; avais mangé] _____ il y a très longtemps.

3. - Il est où ton exercice ?

- Euh... En fait, je [ne l'ai pas fait ; ne l'avais pas fait] _____, désolé.

4. - Je ne comprends pas pourquoi Irène [n'était pas encore arrivée ; n'est pas encore arrivée] _____.

- C'est vrai, elle est pourtant déjà venue ici.

5. - Pourquoi est-ce que tu [m'as attendu ; m'avais attendu] _____ dehors ? Tu n'as pas tes clés ?

- Non, je les [ai oubliées ; avais oubliées] _____.

6. Hier, j'étais vraiment malade parce que la veille, j'[ai nagé ; avais nagé] _____ dans l'eau glaciale d'un lac de montagne.

SAM 17-12   Quel temps entendez-vous ?

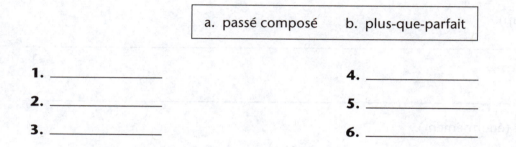 Listen and indicate whether the sentences you hear are in the **passé composé** or in **the plus-que-parfait.**

a. passé composé	b. plus-que-parfait

1. _____   **4.** _____

2. _____   **5.** _____

3. _____   **6.** _____

SAM 17-13   Puzzle de phrases.

Find the correct endings for the following sentences.

1. Hier, je n'ai rien mangé _____

2. Quand Lucie a embrassé Jeremy, il a été très gêné _____

3. Quand j'avais 3 ans _____

4. Isabelle et Yann se sont connus _____

5. Vendredi dernier, il faisait très froid _____

6. Il pleuvait beaucoup _____

7. Laure s'est levée _____

8. Il y a quelques années, il habitait _____

    a. à midi parce qu'elle s'était couchée tard la nuit précédente.

    b. dans un bar qui s'appelait le Cactus.

    c. dans une rue où il n'y avait pas de magasins.

    d. parce que j'avais très mal au ventre.

    e. parce que ses parents étaient avec lui.

    f. on m'a acheté un vélo qui avait quatre roues.

    g. et nous avons décidé de rester à la maison.

    h. et comme je n'avais pas pris mon parapluie, j'étais trempée.

SAM 17-14 Vous souvenez-vous du jour où… ?

Answer the following questions. Use your memories or your imagination!

MODEL: Le plus beau jour de votre vie : C'était quand ? Que s'est-il passé ? Où étiez-vous ? Quel temps faisait-il ?
Le 28 avril 1995 : j'ai rencontré ma femme. Nous étions en vacances sur la côte Adriatique. Il faisait très chaud.

1. Le plus beau jour de votre vie : C'était quand ? Que s'est-il passé ? Où étiez-vous ? Quel temps faisait-il ?

_____

_____

_____

2. Un jour où vous avez pris une décision importante : C'était quand ? Que s'est-il passé ? Où étiez-vous ? Quel temps faisait-il ? Avec qui étiez-vous ?

_____

_____

_____

3. Un jour de votre enfance qui vous a marqué : C'était quand ? Que s'est-il passé ? Où étiez-vous ? Quel temps faisait-il ? Avec qui étiez-vous ?

_____

_____

_____

4. La première fois que vous êtes tombé(e) amoureux/euse : C'était quand ? Que s'est-il passé ? Où étiez-vous ? Quel temps faisait-il ? Avec qui étiez-vous ?

_____

_____

_____

5. Une fois où vous avez eu très peur : C'était quand ? Que s'est-il passé ? Où étiez-vous ? Quel temps faisait-il ? Avec qui étiez-vous ?

_____

_____

_____

SAM 17-15   Le plus-que-parfait.

Match the subjects with the correct forms of the verbs.

1. Mon amie Bernadette _____

2. Je _____

3. Nous _____

4. Les étudiants _____

5. Tu _____

6. Est-ce que vous _____

a. étiez déjà allés dans ce restaurant ?

b. n'avaient pas fini de poser leurs questions quand le cours s'est terminé.

c. avais déjà vu ce film ?

d. n'avions pas encore pris l'avion avant ce voyage.

e. n'avais pas beaucoup étudié et j'ai raté mon examen.

f. avait toujours voulu devenir actrice.

SAM 17-16   Conjuguons au plus-que-parfait !

Complete the following sentences using the **plus-que-parfait**. Be careful with the agreement of the past participles and the placement of adverbs.

1. Je me sentais fatiguée et c'était assez normal puisque j'_____ (travailler beaucoup) pendant la semaine.

2. Le jardin était splendide parce que le jardinier _____ (planter) toutes sortes de fleurs le mois précédent.

3. L'amie de Jacques était furieuse parce qu'il _____ (partir) sans lui dire au revoir.

4. Mes frères et moi étions tous malades parce que nous _____ (manger) trop de chocolat la veille.

5. Je n'ai pas bien réussi à mon examen parce que je _____ (ne pas étudier assez) la semaine précédente.

6. Panique à bord ! Ses invités arrivaient et elle _____ (ne pas préparer) le dîner !

7. Les joueurs étaient très fiers car leur équipe _____ (gagner) tous les matchs pendant la saison.

8. Le professeur était très gêné parce qu'il ne retrouvait pas les examens que les étudiants _____ (passer) deux jours plus tôt.

9. Je suis content. J'ai retrouvé les clés que j'_____ (perdre).

10. Est-ce que tu as lu le livre que je t'_____ (prêter) ?

SAM 17-17   Le blog des anecdotes.

Here is an anecdote from the blog *C'est comme ça, la vie*. Read it and choose the correct verb forms.

Quand (1) j' [ai été ; étais ; avais été] _____ gamin, mes amis et moi, nous (2) [avons joué ; jouions ; avions joué] _____ souvent dans la forêt de mon village. Comme beaucoup d'enfants de notre âge, nous (3) [avons eu ; avions ; avions eu] _____ une cabane en bois dans un grand arbre qui (4) [s'est trouvé ; se trouvait ; s'était trouvé] _____ dans la forêt. Un jour, mon ami Hugo et moi (5) [avons voulu ; voulions ; avions voulu] _____ monter dans notre arbre comme d'habitude, quand tout à coup, nous (6) [avons entendu ; entendions ; avions entendu] _____ du bruit en haut dans l'arbre. Hugo (7) [a été ; était ; avait été] _____ le plus fort et le plus courageux, donc il (8) [est monté ; montait ; était monté] _____ en premier et moi je (9) [l'ai suivi ; le suivait ; l'avait suivi] _____. Quand Hugo (10) [est arrivé ; arrivait ; était arrivé] _____ en haut, il (11) [a vu ; voyait ; avait vu] _____ quelque chose bouger dans la cabane. Nous (12) [avons découvert ; découvrions ; avions découvert] _____ un petit chat qui (13) [est monté ; montait ; était monté] _____ pour explorer la cabane. Il (14) [a été ; était ; avait été] _____ perdu, alors nous (15) [avons décidé ; décidions ; avions décidé] _____ de l'adopter.

SAM 17-18   Une histoire d'amour.

David's love story is missing the ending of some sentences. Complete the story by finishing the incomplete sentences.

Il y a deux semaines, David était très triste parce que _____

_____

Les choses ont commencé à changer quand _____

_____

C'était une invitation pour une soirée. Cela faisait plus de huit mois que _____

_____

Finalement, le jour de la soirée est arrivé. David était nerveux parce que _____

_____

Il ne parlait à personne, quand tout à coup, _____

_____

Et voilà, la vie de David a changé parce que _____

_____

C'est une histoire qui se finit bien !

SAM 17-19 La machine à anecdotes.

On each post-it, you will find various elements that you will use to write a very short story. Use the **passé composé**, the **imparfait** and the **plus-que-parfait**, but not necessarily all tenses in each story.

> **MODEL:** hier / faire beau / nous - aller à la plage / l'après-midi / soudain / orage / éclater / nous – rentrer trempés / nous – ne pas prendre de parapluie
>
> *Hier, il faisait beau et nous sommes allés à la plage. Soudain, un orage a éclaté et nous sommes rentrés trempés parce que nous n'avions pas pris de parapluie.*

1. le mois dernier / je - regarder la télé / tout à coup / je - entendre / grand bruit / fenêtre ouverte / chat – entrer / mais je – ne pas le voir

_____

_____

2. l'autre jour / je - faire les courses / des voleurs – entrer / menacer le personnel / ils – emporter la caisse

_____

_____

3. la semaine dernière / je - marcher tranquillement dans la rue / tout à coup / je – entendre « Bruno ! » / être / un ami d'enfance / ne pas voir depuis 15 ans

_____

_____

SAM 17-20 Voici les raisons !

You are going to hear the beginnings of some sentences. Identify a logical ending for each sentence.

1. _____

2. _____

3. _____

4. _____

5. _____

a. parce qu'il avait trop travaillé toute la semaine.

b. parce qu'elle s'était cassé la jambe en faisant du ski.

c. parce que j'avais déjà vu le film qu'ils voulaient voir.

d. parce qu'il avait mangé trop de bonbons la veille au soir.

e. parce que nous n'avions pas beaucoup étudié.

SAM 17-21   Une journée de ski.

Read the following story and select the correct verb forms.

Dimanche dernier, nous sommes allés skier. Nous sommes partis tôt le matin, nous avons conduit pendant 2 heures, et nous sommes arrivés à la station de ski à 9h00. Il (1) [faisait ; avait fait] _____ froid et j'ai tout de suite mis l'anorak que j' (2) [apportais ; avais apporté] _____. Nous avons mis tout notre équipement de ski et nous avons commencé à skier à 9h30. À 12h00 nous avons mangé les sandwichs que nous (3) [préparions ; avions préparés] _____ la veille. Nous (4) [avions ; avions eu] _____ très faim ! Nous nous sommes reposés un peu et nous avons recommencé à skier à 13h00. À 16h00 nous avons pris un chocolat chaud dans un petit restaurant tout en haut des pistes. C'(5) [était ; avait été] _____ délicieux ! Nous avons arrêté de skier à 17h00 et nous sommes rentrés. Nous (6) [étions ; avions été] _____ très fatigués. Le soir, nous avons dîné et ensuite, nous avons regardé un film. Je me suis endormi pendant le film parce que d'une part, j'(7) [étais ; avais été] _____ fatigué, et d'autre part, (8) [je voyais ; j'avais vu] _____ ce film la semaine précédente.

SAM 17-22   Une randonnée inoubliable.

Vladimir studies French but he is not quite sure yet how to use the various past tenses. Can you help him make the correct choices in this letter? Choose them as you read his letter.

Salut Natasha !

Ça va ? Il faut absolument que je t'explique ce qui (1) [s'est passé ; se passait] _____ la semaine dernière. Nathan et moi, nous (2) [sommes allés ; étions allés] _____ faire une randonnée dans les Pyrénées. Nous (3) [sommes partis ; partions] _____ très tôt en voiture jusqu'à l'entrée du sentier. Nous (4) [avons été ; étions] _____ bien équipés et nous (5) [avions préparé ; préparions] _____ assez de nourriture pour deux jours de marche. À midi, on (6) [a fait ; faisait] _____ une pause et une petite sieste. Quand nous nous (7) [sommes réveillés ; étions réveillés] _____, le temps (8) [a changé ; avait changé] _____ et il (9) [avait fallu ; fallait] _____ qu'on avance vite jusqu'au camping. Tout à coup, le ciel (10) [devenait ; est devenu] _____ tout noir. On (11) [avait entendu ; entendait] _____ le tonnerre qui (12) [avait résonné ; résonnait] _____ et il y (13) [avait eu ; avait] _____ des éclairs. Quand soudainement, crac, un énorme sapin (14) [est tombé ; était tombé] _____ presque sur nos têtes ! On (15) [a eu ; avait eu] _____ super peur ! En plus, la pluie (16) [s'est mise ; se mettait] _____ à tomber et nous (17) [arrivions ; sommes arrivés] _____ au camping trempés et morts de fatigue.

Bon, et toi, qu'est-ce que tu deviens ? Envoie-moi de tes nouvelles !

Bisous!
Vlad

SAM 17-23   Quentin n'a pas de chance.

Complete the following story by conjugating the verbs in the **passé composé**, **imparfait**, or **plus-que-parfait**.

C'était le mois de novembre, et Quentin (1) _____ (être) fatigué depuis longtemps. À cette époque, il (2) _____ (travailler) 6 jours sur 7 et il (3) _____ (avoir) vraiment besoin de vacances. En septembre, son patron (*boss*) lui (4) _____ (dire) qu'il pourrait prendre des vacances en décembre, donc quand décembre (5) _____ (arriver), Quentin (6) _____ (demander) une semaine de congés pour se reposer. Il (7) _____ (vouloir) aller en Tunisie parce que son frère y (8) _____ (aller) l'année précédente et (9) _____ (adorer) ce voyage. Donc Quentin (10) _____ (acheter) un billet d'avion qui n'(11) _____ (être) pas trop cher et il (12) _____ (réserver) un hôtel. Malheureusement, le jour de son départ, il (13) _____ (tomber) malade et il (14) _____ (devoir) annuler son voyage. Il (15) _____ (rester) au lit pendant une semaine. Il (16) _____ (être) très déçu.

SAM 17-24   La voiture de Marion.

Complete the following story by conjugating the verbs in the **passé composé**, **imparfait**, or **plus-que-parfait**.

Un jour, Marion (1) _____ (décider) d'acheter une nouvelle voiture. Sa vieille voiture (2) _____ (avoir) besoin de trop de réparations et Marion (3) _____ (préférer) en acheter une autre. Le dimanche précédent, elle (4) _____ (voir) des publicités dans le journal pour toutes sortes de voitures et elle (5) _____ (avoir) envie de voir des voitures hybrides. Après tout, c'(6) _____ (être) une bonne idée parce que l'essence (7) _____ (augmenter) de manière considérable les mois précédents. Par conséquent, elle (8) _____ (aller) chez les concessionnaires de Toyota et Honda et elle (9) _____ (comparer) leurs modèles. Finalement, elle (10) _____ (choisir) une Toyota.

SAM 17-25   Conversation.

Pick a partner in the class, and together, record a conversation about something that has happened to you recently. Tell each other the stories using the **passé composé**, the **imparfait** and the **plus-que-parfait**. It can be as simple as having ordered something online and received a package! Feel free to ask each other some questions.

SAM 17-26 Une histoire personnelle.

Write a paragraph about a past experience that had a great impact on you (something that triggered a great joy, a great fear, etc.) using the **passé composé**, the **imparfait** and the **plus-que-parfait**.

_____

_____

_____

_____

_____

_____

SAM 17-27 L'actu du jour.

You will listen to four different news stories. Identify the correct headline for each story based on what you hear.

1. _____

2. _____

3. _____

4. _____

a. Sauvé par le chien du voisin !
b. Kidnappée par ses accompagnateurs ?
c. Escroqués par leur propre banque.
d. Les manifestants évacués par la force.

SAM 17-28 De l'actif au passif.

Complete the following sentences in the passive voice. Don't forget to agree the past participle!

> **MODEL:** Les autorités ont interdit la vente de ce produit.
> *La vente de ce produit a été interdite par les autorités.*

1. Le jardinier a planté ces fleurs.

   Ces fleurs _____

2. Ces gangsters ont attaqué la banque.

   La banque _____

3. Le cyclone a dévasté tout le pays.

   Tout le pays _____

4. La tempête a détruit de nombreuses maisons.

   De nombreuses maisons _____

5. Mon voisin a écrit cette bande dessinée.

   Cette bande dessinée _____

SAM 17-29   La voix passive.

The following sentences are each rewritten in the passive voice. Choose the correct form of the verb for each sentence. Pay attention to the tense that was used in the active voice. In the passive voice, the verb **être** should be conjugated in the same tense.

1. Les Français ont élu un nouveau président.

   Un nouveau président [est élu ; a été élu] _____ par les Français.

2. La sécheresse touche le sud du pays depuis plusieurs années.

   Le sud du pays [est touché ; a été touché] _____ par la sécheresse depuis plusieurs années.

3. Avant, en France, on élisait le président de la République tous les sept ans.

   Avant, en France, le président de la République [est élu ; était élu] _____ tous les sept ans.

4. Les pirates ont attaqué le voilier en pleine mer.

   Le voilier [est attaqué ; a été attaqué] _____ en pleine mer.

5. La police arrête les cambrioleurs.

   Les cambrioleurs [sont arrêtés ; étaient arrêtés] _____ par la police.

6. Les autorités relâcheront les prisonniers politiques.

   Les prisonnier politiques [sont relâchés ; seront relâchés] _____ par les autorités.

SAM 17-30   Du passif à l'actif.

Rewrite the following sentences in the active voice.

> **MODEL:**   Le bateau a été renversé par une énorme vague.
> *Une énorme vague a renversé le bateau.*

1. Les voleurs ont été arrêtés par la police.

   La police _____

2. Le spectacle a été perturbé par des manifestants.

   Des manifestants _____

3. La population a été surprise par la vague de froid.

   La vague de froid _____

4. La ville a été secouée par un tremblement de terre.

   Un tremblement de terre _____

5. Cet acteur a été reconnu par ma copine.

   Ma copine _____

6. Ma voiture a été volée par un fou pendant la nuit.

   Un fou _____

SAM 17-31   La voix active.

The following sentences are each rewritten in the active voice. Choose the correct form of the verb for each sentence. Pay attention to the tense of the verb **être** in the passive voice.

1. Eva a été engagée par une compagnie internationale.

Une compagnie internationale [a engagé ; avait engagé] _____ Eva.

2. Les clés de la voiture avaient été perdues par mon frère.

Mon frère [a perdu ; avait perdu] _____ les clés de la voiture.

3. Nous avons été conduits par un chauffeur.

Un chauffeur nous [conduit ; a conduits] _____.

4. Une tente est montée par les campeurs.

Les campeurs [montent ; ont monté] _____ une tente.

5. Ce roman avait été écrit par cet écrivain.

Cet écrivain [a écrit ; avait écrit] _____ ce roman.

SAM 17-32   Anecdotes.

 Each person you hear will relate an anecdote. Listen and choose the correct statements.

1. Manu a passé _____
   a. une excellente journée.
   b. une journée assez amusante.
   c. une mauvaise journée.

2. En rentrant chez lui, il a appris qu'il _____
   a. avait été cambriolé.
   b. avait été arrêté.
   c. avait été admiré.

3. Ce jour-là Véro était _____
   a. en avance.
   b. en retard.
   c. en vacances.

4. Elle a eu _____
   a. un accident de voiture.
   b. un accident de train.
   c. un accident de vélo.

5. Nicolas a eu une expérience _____
   a. négative.
   b. positive.
   c. horrible.

6. Le « oui » de son amie signifie qu'ils _____
   a. vont travailler ensemble.
   b. vont se réconcilier.
   c. vont se marier.

SAM 17-33   Présent ou passé ?

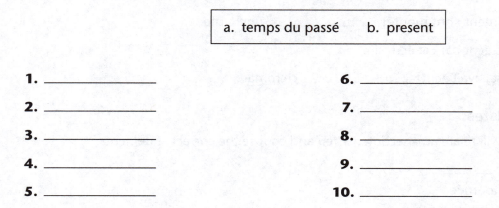 Listen to the following sentences and indicate whether a past tense is used or whether the verb is in the **présent**.

a. temps du passé	b. present

1. _____   **6.** _____

2. _____   **7.** _____

3. _____   **8.** _____

4. _____   **9.** _____

5. _____   **10.** _____

SAM 17-34   Dictée.

Listen and write the missing words in the following story.

(1) _____, je suis allée au marché parce que je n'avais plus rien à manger chez moi. J'(2) _____ ma liste de courses, et j'(3) _____ prête à partir, quand tout à coup, le téléphone (4) _____. C'était mon amie Julie qui (5) _____ venir au marché avec moi. Je suis donc passée chercher Julie et on a pris le bus (6) _____. Quand on est arrivées sur la place du marché, il n'y avait personne et le marché n'était pas là ! On était (7) _____, et on a demandé à des gens qui passaient où était le marché. Ils nous ont dit que c'était le mauvais jour ! Le marché est le samedi, et nous étions (8) _____ ... Nous (9) _____ et nous sommes reparties chez nous. Nous avions raté le marché de (10) _____ !

SAM 17-35   Je prononce.

Practice pronouncing the following sentences and when you are ready, record yourself.

1. Je parle à mes amis.

2. J'ai parlé à mes amis.

3. J'écris une lettre.

4. J'ai écrit une lettre.

5. Mes voisins sont marrants.

SAM 17-36   Vol à main armée.

Listen to this news announcement and indicate whether the following statements are true (**vrai**) or false (**faux**).

1. Trois tableaux ont été volés. _____

2. Le vol s'est produit la nuit. _____

3. Il y avait quatre voleurs. _____

4. Le vol a été très rapide. _____

5. Personne n'a pu identifier les voleurs. _____

6. Les voleurs ont pris la fuite en moto. _____

7. La police n'a pas retrouvé les voleurs. _____

SAM 17-37   BD, le 9ème art.

Comic strips use a lot of onomatopoeia. Do you understand the following onomatopoeia taken from French comics? Associate each one with its meaning.

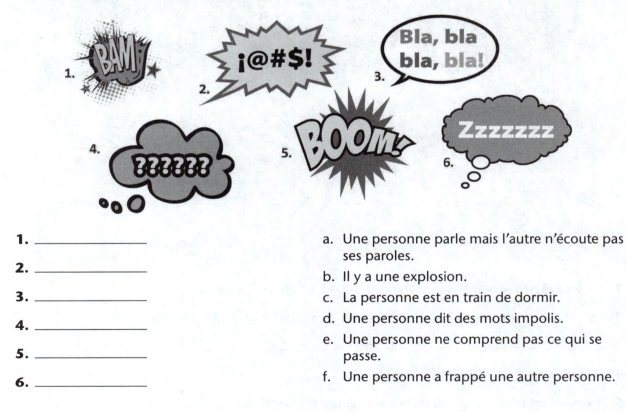

1. _____

2. _____

3. _____

4. _____

5. _____

6. _____

a. Une personne parle mais l'autre n'écoute pas ses paroles.

b. Il y a une explosion.

c. La personne est en train de dormir.

d. Une personne dit des mots impolis.

e. Une personne ne comprend pas ce qui se passe.

f. Une personne a frappé une autre personne.

SAM 17-38 Facéties d'écrivain.

Read the text and indicate which author did the following things.

| a. Rabelais | b. Jules Verne | c. Alexandre Dumas |

Facéties d'écrivain

Loin de l'image austère qu'ils ont parfois auprès de leurs lecteurs, les écrivains sont aussi (et surtout !) des personnes qui aiment s'amuser. Voici quelques anecdotes à propos de trois d'entre eux.

On raconte que Rabelais, descendu à Lyon et n'ayant pas assez d'argent pour rentrer à Paris, avait pensé à une solution originale pour rentrer chez lui : il avait laissé dans sa chambre des petits sachets de sucre bien en évidence avec une étiquette : « Poison pour le Roi ». Bien entendu, il a très vite été arrêté et ramené dans la capitale… gratuitement. On dit que le Roi a beaucoup ri en apprenant le stratagème de l'écrivain.

On dit qu'un jour de 1839, le petit Jules Verne, alors âgé de 11 ans, est introuvable. Son père, affolé à l'idée que son fils se soit noyé, court vers le port de Nantes… et retrouve le petit Jules dans un bateau sur le point de partir pour les Indes. Le futur auteur du *Tour du monde en 80 jours* avait voulu embarquer pour ramener à sa cousine, dont il était tombé amoureux, un collier de corail.

Alexandre Dumas avait eu l'idée de représenter ses personnages par une petite figurine qu'il plaçait sur une étagère : quand le personnage mourait, Dumas la jetait à la poubelle. Or, un jour, il reçoit des plaintes de lecteurs : des personnages morts étaient ressuscités. Sa nouvelle femme de chambre, pensant que les figurines étaient tombées accidentellement dans la poubelle, les avait remises sur l'étagère !

1. Il a essayé de partir très loin en bateau quand il était très jeune. _____

2. Sa femme de ménage a ressorti des choses de la poubelle qu'il avait jetées. _____

3. Il a fait semblant de vouloir empoisonner le roi. _____

4. Il voulait offrir un collier à sa cousine. _____

5. Il voulait retourner chez lui, mais il n'avait pas d'argent. _____

6. Il représentait ses personnages par des figurines. _____

SAM 17-39   BD françaises.

Read the texts about French comic books on pages 250–51 in your textbook and indicate whether the following statements are true (**vrai**) or false (**faux**).

1. À l'origine, les bandes dessinées étaient pour les enfants. _____

2. Dans la BD *Boule et Bill*, il n'y a pas d'animaux. _____

3. La famille de Boule n'est pas traditionnelle. _____

4. Cédric aime beaucoup son grand-père. _____

5. La BD *Titeuf* a connu peu de succès. _____

6. Titeuf porte un regard critique sur le monde des adultes. _____

SAM 17-40   Conversation.

Choose a partner from your class, and together, record a conversation. Your topic is: **aimez-vous les BD ? Est-ce que vous lisiez des BD quand vous étiez petit ? Connaissez-vous des BD françaises ou belges ?**

_____

_____

_____

_____

_____

Unité 18
CHANGER POUR AVANCER

ANCRAGE

SAM 18-01   Qu'est-ce que c'est ?

Associate each image with the correct word.

1.
_____

2.
_____

3.
_____

4.
_____

5.
_____

6.
_____

a. un port

b. une autoroute

c. un barrage

d. un panneau

e. un toit

SAM 18-02   Définitions.

Which words correspond to the following definitions?

1. On y vend de vieux objets. _____

2. C'est une sorte de très grande église. _____

3. Certaines maisons en ont un et on aime y passer du temps en été. _____

4. C'est le moment de l'année où on cueille les fruits et les légumes. _____

5. On peut en mettre sur le toit de sa maison pour produire de l'électricité. _____

6. C'est une petite forêt. _____

    a. la récolte   d. une cathédrale

    b. des panneaux solaires   e. un bois

    c. une brocante   f. un jardin

SAM 18-03   Images de campagne.

Choose the correct word for each of the following images.

1.

C'est [une falaise ; un bois] _____.

2.

C'est [une ville ; un village] _____.

3.

C'est [une ferme ; une ruine] _____.

4.

C'est [un jardin ; un chemin de randonnée] _____.

5.

C'est [un manoir ; une cathédrale] _____.

SAM 18-04 Quel verbe ?

Choose the correct verb for each sentence and conjugate it in the **passé composé** if necessary. Certain verbs will need to be kept in the infinitive.

> dénaturer, s'effondrer, interdire, rénover, réduire, agrandir, conserver

1. Notre maison est trop petite. Mon mari voudrait l'_____.

2. Cette ferme est très vieille et elle est en mauvais état. Nous aimerions l'acheter mais il faudrait la _____.

3. C'est un véritable manoir qu'ils _____ ! Pourquoi avaient-ils besoin d'une maison aussi grande ?

4. Personnellement, j'ai horreur de cette construction. Elle _____ cet environnement qui était si beau.

5. Je viens de recevoir notre facture d'eau. Elle est moins élevée que le mois dernier. Nous _____ notre consommation d'eau.

6. Oh là là, s'il continue à neiger, notre toit va _____ ! Il y a trop de neige !

7. On nous _____ de marcher dans ces ruines. Elles sont protégées.

EN CONTEXTE

SAM 18-05 Cherchons les mots !

Locate the following words related to energy sources. Be sure to look for words horizontally, vertically, diagonally and backwards. Do not pay attention to accents.

> charbon, bois, uranium, gaz, pétrole, fossil, énergie, polluant

A	R	Y	G	D	T	M	I	U	B
Q	P	O	A	Q	L	G	P	R	P
C	E	F	Z	I	L	Z	E	A	O
Y	T	U	S	X	K	M	W	N	L
J	R	S	V	H	B	R	D	I	L
N	O	B	R	A	H	C	Y	U	U
F	L	V	N	U	I	G	J	M	A
X	E	N	E	R	G	I	E	O	N
P	T	R	H	W	E	S	N	F	T
S	C	Y	K	L	Z	B	O	I	S

SAM 18-06   L'agriculture bio.

Fredo has a farm and his friend Myriam is asking him a few questions. Listen to the recording and choose the correct statements.

1. Dans sa ferme, Fredo _____

    a. a uniquement des animaux.

    b. a des animaux, des légumes et des fruits.

    c. a uniquement des légumes et des fruits.

2. Fredo _____

    a. a dû rénover la ferme.

    b. a construit la ferme.

    c. n'a pas eu besoin de rénover la ferme.

3. Dans sa ferme, il _____

    a. n'utilise aucun pesticide.

    b. utilise un peu de pesticides.

    c. utilise beaucoup de pesticides.

4. Fredo _____

    a. ne vend pas ses produits.

    b. vend ses produits au marché.

    c. vend ses produits à ses amis mais pas au public.

5. Myriam ira chercher des produits de la ferme de Fredo _____

    a. au marché.

    b. au magasin.

    c. à la ferme.

6. Le marché est _____

    a. le dimanche matin devant la cathédrale.

    b. le samedi matin devant la cathédrale.

    c. le samedi après-midi devant la cathédrale.

FORMES ET RESSOURCES

SAM 18-07   Signalétique.

These signs are used in France. Can you tell what they mean?

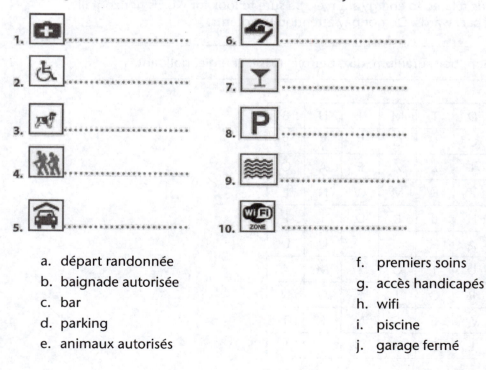

    a. départ randonnée

    b. baignade autorisée

    c. bar

    d. parking

    e. animaux autorisés

    f. premiers soins

    g. accès handicapés

    h. wifi

    i. piscine

    j. garage fermé

SAM 18-08   La France en chiffres : l'équipement des Français.

Look at the following statistics and complete the article with the correct expressions.

> la plupart, majorité, la moitié, moins de la moitié, trois quarts

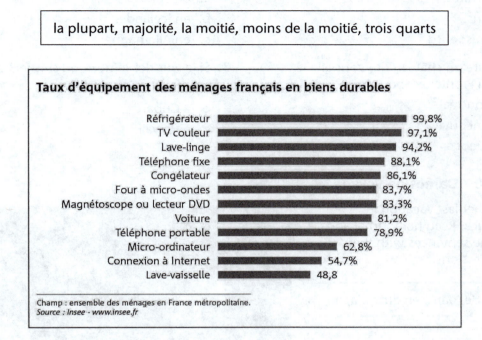

Taux d'équipement des ménages français en biens durables

Réfrigérateur	99,8%
TV couleur	97,1%
Lave-linge	94,2%
Téléphone fixe	88,1%
Congélateur	86,1%
Four à micro-ondes	83,7%
Magnétoscope ou lecteur DVD	83,3%
Voiture	81,2%
Téléphone portable	78,9%
Micro-ordinateur	62,8%
Connexion à Internet	54,7%
Lave-vaisselle	48,8

Champ : ensemble des ménages en France métropolitaine.
Source : Insee - www.insee.fr

Selon ces chiffres de l'INSEE, on constate qu'une très grande (1) _____ des Français possède un réfrigérateur ou un téléviseur. On peut dire aussi que (2) _____ ont un lave-linge ou un téléphone fixe, même si déjà un peu plus des (3) _____ possèdent un téléphone portable. En revanche, on peut être surpris qu'à peine un peu plus de (4) _____ dispose d'une connexion à Internet et que (5) _____ a un lave-vaisselle à la maison.

SAM 18-09   Où suis-je ?

Select the correct answers!

1. Si je mange des moules-frites sur la Grand-Place, où suis-je ? _____
   a. en Belgique.
   b. en Suisse.
   c. au Québec.

2. Si j'assiste à une aurore boréale, où suis-je ? _____
   a. en Laponie.
   b. aux Philippines.
   c. en Italie.

3. Si j'aperçois au loin le Mont Blanc, où suis-je ? _____
   a. dans les Vosges.
   b. dans les Pyrénées.
   c. dans les Alpes.

4. Si je vois la Tour Eiffel devant moi, où suis-je ? _____
   a. à Londres.
   b. à Paris.
   c. à Strasbourg.

5. Si je visite un musée qui s'appelle la National Gallery, où suis-je ? _____

    a. à Londres.

    b. à Paris.

    c. à Strasbourg.

6. Si je visite un château qui s'appelle le château Frontenac, où suis-je ? _____

    a. à Montréal.

    b. à Vancouver.

    c. à Québec.

7. Si je visite des volcans et des sources thermales, où suis-je ? _____

    a. en Suisse.

    b. en Icelande.

    c. en Allemagne.

8. Si je vois des lémurs, où suis-je ? _____

    a. à Madagascar.

    b. à Cuba.

    c. à Hawaii.

SAM 18-10   Carnet de voyage.

Nora spent her last vacation in South America. Read her journal and complete the sentences with the correct expressions.

> à, à côté de, dans, en, jusqu'à, au

C'était décidé, nous passerions nos vacances (1) _____ Argentine ! Nous sommes arrivés (2) _____ Buenos Aires le 3 juillet. (3) _____ la capitale, nous avons visité le musée national des Beaux-Arts ainsi que beaucoup

d'autres choses ! C'est une ville formidable. Au bout de quelques jours, nous sommes montés tout au nord-est du pays, pour aller (4) _____ parc national Iguaçu, qui est juste (5) _____ la frontière du Paraguay et de celle du Brésil ! C'était loin, mais nous voulions aller (6) _____ ce parc parce qu'il y a les fameuses chutes d'eau. C'était un long voyage, mais franchement, c'était inoubliable ! Il faut absolument visiter cet endroit ! Ensuite, nous avons visité d'autres régions. Mais je raconterai cela une autre fois !

SAM 18-11   Se situer dans l'espace.

Complete the following sentences using the correct prepositions and prepositional phrases. Possible choices are **à, en, au, aux, sur les bords de, près de, sur les flancs de.**

1. Est-ce que vous êtes déjà allé _____ Canada ?

2. L'année dernière, nous sommes allés en vacances _____ Chine.

3. Nous habitons _____ États-Unis, mais mon frère habite _____ Philippines.

4. Moi, j'ai envie d'aller _____ Rio de Janeiro un jour ! Est-ce que tu es allé _____ Brésil ?

5. Saint Véran est un petit village _____ la montagne, dans les Alpes. C'est le plus haut village d'Europe.

6. Quand on est à Paris, on peut se promener _____ la Seine. C'est agréable et on voit les bateaux passer.

7. Bordeaux est une ville qui est _____ l'océan Atlantique.

SAM 18-12   Se situer dans le temps.

Complete the following sentences with the correct time phrases. Possible choices are **dans, en, ça fait, depuis, il y a.** Expressions can be used more than once.

1. Je pense que _____ quelques années, les habitudes alimentaires changeront beaucoup.

2. _____ des années qu'il se rend au travail en voiture, mais _____ trois jours, il a décidé d'y aller à pied.

3. _____ 2010, nous avons choisi de changer le système de chauffage à la maison. Le nouveau système est plus économique.

4. On dit que _____ quelques années, l'eau sera plus précieuse que le pétrole et que des conflits éclateront dans le monde pour en avoir le contrôle.

5. Nous avons une voiture électrique _____ 3 ans. Nous n'achetons plus d'essence.

SAM 18-13   Expressions de temps.

Complete the following dialogue by selecting the correct time phrases.

> l'après-midi, hier matin, le mois prochain, demain, l'année dernière, dans la nuit, aujourd'hui, hier.

ADELA : Salut Sidonie !

SIDONIE : Salut Adela ! Ça va ?

ADELA : Oui, (1) [aujourd'hui ; hier] _____ ça va, mais (2) [aujourd'hui ; hier] _____ ça n'allait pas du tout !

SIDONIE : Ah bon, pourquoi ?

ADELA : Eh bien, (3) [hier matin ; hier soir] _____, quand je me suis levée, je suis tombée en prenant ma douche et je me suis fait mal au bras. J'ai attendu quelques heures, mais (4) [le matin ; l'après-midi] _____ j'avais toujours mal, alors je suis allée chez le docteur. Il a fait une radio et bingo : le bras était fracturé !

SIDONIE : Ça alors ! C'est bête ! Ça me rappelle quand je me suis cassé la jambe (5) [ce matin ; l'année dernière] _____ en faisant du ski. Ce n'est pas drôle les fractures !

ADELA : Non...j'ai eu très mal (6) [pendant l'après-midi ; pendant la nuit] _____ et j'ai très mal dormi ! Enfin, je retournerai chez le docteur (7) [hier ; demain] _____ pour voir si tout va bien.

SIDONIE : Ah mais mince alors, tu ne vas pas pouvoir aller skier (8) [le mois prochain ; dans cinq ans] _____ !

ADELA : Non, on va devoir annuler le voyage, désolée !

SAM 18-14 J'en prendrai bien un peu.

Choose which noun the pronoun **en** represents in the following sentences.

1. Si tu veux, j'en ai de toutes les couleurs dans mon sac-à-dos. Je peux t'en prêter un. _____

2. Pierre ? Il en a trois, je crois : deux avec sa première femme, et Vincent, le petite dernier qu'il a eu avec Juliette. _____

3. Justement, j'en viens. On a passé l'été là-bas. Les lacs, les paysages... c'était fantastique.

4. C'est dommage, je suis allé en Australie et je n'en ai même pas vu ! _____

5. Surtout, tu ne dois pas en boire si tu prends des médicaments. _____

6. Non merci, je n'en mets jamais dans le café. _____

7. Je t'assure, je n'exagère pas ! Il paraît qu'ils en ont inventé qui font tout : le ménage, la cuisine, les courses... _____

8. Demande à Nadia de t'en préparer un. Elle en avait fait un excellent pour l'anniversaire de son fils. _____

    a. du sucre

    b. des kangourous

    c. de Suisse

    d. un gâteau

    e. des enfants

    f. de l'alcool

    g. des robots

    h. un stylo

SAM 18-15   Des répétitions évitables.

The following sentences are redundant and this could be avoided by using the pronoun **en**.

Rewrite the sentences using the pronoun **en**.

1. Nous voulions acheter un bon vin blanc mais nous n'avons pas trouvé de bon vin blanc.

   Nous voulions acheter un bon vin blanc mais _____

2. Je ne connais pas le Québec mais on m'a beaucoup parlé du Québec.

   Je ne connais pas le Québec mais _____

3. On ne va pas encore lui offrir une cravate. Il a déjà des dizaines de cravates !

   On ne va pas encore lui offrir une cravate. _____

4. Quand je suis allé en Amérique centrale, j'ai mangé de l'iguane pour la première fois. Je n'avais jamais mangé d'iguane auparavant.

   Quand je suis allé en Amérique centrale, j'ai mangé de l'iguane pour la première fois. _____

   _____

5. Elle a des problèmes avec une collègue et elle a fait part de ces problèmes à la direction.

   Elle a des problèmes avec une collègue et _____

SAM 18-16   Répondez aux questions !

Answer the following questions using the pronoun **en**.

> **MODEL:**   Est-ce que vous avez bu du thé ce matin ?
> *Non, je n'en ai pas bu.*

1. Est-ce que vous avez mangé du poulet hier soir ?

   _____

2. Est-ce que vous buvez beaucoup de café ?

   _____

3. Est-ce que vous avez un vélo ?

   _____

4. Combien de frères avez-vous ?

   _____

5. Mangez-vous souvent des huîtres ?

   _____

6. Avez-vous bu un peu de jus d'orange hier matin ?

_____

7. Avez-vous besoin de nouvelles chaussures ?

_____

8. Buvez-vous assez d'eau ? _____

_____

SAM 18-17   Tu en veux ?

Choose the correct pronouns!

1. Buvez-vous beaucoup de café ? Moi, [je la ; j'en] _____ bois beaucoup.

2. Aimez-vous les abricots ? Ma mère [en ; les] _____ adore !

3. Avez-vous déjà perdu vos clés ? Moi je [les ; leur] _____ perds de temps en temps.

4. Êtes-vous déjà allé dans un magasin bio ? Moi, j' [en ; y] _____ vais souvent.

5. Du lait dans mon café ? Non, je n'[en ; y] _____ prends jamais. Je [le ; lui] _____ préfère noir.

6. Des fleurs ? Oui, [j'en ; je les] _____ achète tous les dimanches au marché.

7. Est-ce que vous téléphonez souvent à vos grands-parents ? Moi je [les ; leur] _____ téléphone deux fois par mois.

SAM 18-18   La phrase juste.

🔊 Listen to the questions and choose the correct answers, paying attention to the pronouns used.

1. _____

   a. Tu as raison, je vais lui en parler.

   b. Tu as raison, je vais leur en parler.

   c. Tu as raison, je vais parler de lui.

2. _____

   a. Mais si, je les connais.

   b. Mais si, je le connais.

   c. Mais si, j'en connais.

3. _____

   a. Désolé, je ne lui ai pas pris.

   b. Désolé, je ne les ai pas pris.

   c. Désolé, je ne l'ai pas pris.

4. _____

   a. Oui, nous les avons.

   b. Oui, nous en avons deux.

   c. Oui, nous l'avons.

5. _____

   a. Mais bien sûr, tenez... en voilà un !

   b. Mais bien sûr, tenez... le voilà !

   c. Mais bien sûr, tenez... en voilà !

SAM 18-19 Récapitulation des pronoms.

🔊 Listen to the questions and write answers using pronouns to avoid redundancy.

1. _____

2. _____

3. _____

4. _____

5. _____

SAM 18-20 Je réponds aux questions.

Read the following questions and record your answers. Use pronouns in your answers.

1. Aimeriez-vous voyager en Australie ?

_____

2. Avez-vous une moto ?

_____

3. Parlez-vous souvent à votre professeur de français ?

_____

4. Prenez-vous du sucre dans votre café ?

_____

5. Regardez-vous les informations à la télé ?

_____

SAM 18-21 Révision du subjonctif.

Conjugate the verbs in the subjunctive.

1. Il faut que nous _____ (agrandir) notre maison ; elle est trop petite.

2. Il faudrait que vous _____ (réduire) votre consommation d'eau.

3. Il serait nécessaire que tu _____ (prendre) le bus au lieu de ta voiture.

4. Il est possible qu'ils _____ (aller) dans un hôtel de luxe pendant leurs vacances.

5. Nous sommes tellement contents que l'eau de notre nouvelle ferme _____ (être) potable.

6. Il est très triste que sa femme le _____ (quitter).

7. Il faut absolument que nous _____ (mettre) des panneaux solaires sur notre toit.

8. Il n'est pas impossible qu'elle _____ (parvenir) à rénover ce manoir avec si peu d'argent.

9. Il faut que nous _____ (faire) des efforts pour protéger l'environnement.

10. Il est important que vous _____ (connaître) les avantages de l'agriculture bio.

SAM 18-22   Les conditions du succès.

What makes a film successful? Complete the sentences by using the following verbs and conjugating them in the subjunctive.

> avoir, être, faire, finir, maintenir, porter, raconter

Pour qu'un film ait du succès, ...

1. Il faut absolument que les acteurs _____ bons.

2. Il est nécessaire que les personnages _____ de beaux costumes.

3. Il faut qu'il y _____ une bonne musique.

4. Il est préférable que le film nous _____ rire ou pleurer.

5. Il est important qu'il _____ bien si c'est un film pour enfants.

6. Il faut qu'il nous _____ une bonne histoire.

7. Il est préférable qu'il _____ un certain suspens jusqu'à la fin.

SAM 18-23   À mon avis.

In your opinion, what is necessary for a book to be a success? Write a few sentences, using expressions such as **il faut que**, **il est important que**, etc. and the subjunctive.

Pour qu'un livre ait du succès, _____

_____

_____

_____

_____

_____

_____

_____

_____

SAM 18-24 Il faudrait faire quelque chose.

 Listen to the messages left on the website www.raleurs.com. Which problems do they correspond to?

1. _____   3. _____   5. _____   7. _____

2. _____   4. _____   6. _____   8. _____

a. Les chercheurs manquent de moyens pour trouver un vaccin contre cette maladie.

b. Il y a trop d'élèves dans les classes.

c. Beaucoup de jeunes abandonnent trop tôt leurs études.

d. Les décès causés par les accidents de la route sont encore plus nombreux que l'année dernière.

e. Notre alimentation est trop riche en graisses.

f. Pour se rendre d'un versant à l'autre de la montagne, il faut la contourner, ce qui prend plusieurs heures.

g. On constate que beaucoup de personnes ne comprennent pas bien ce qu'elles lisent.

h. Ce village n'a pas un seul commerce ! Les villageois se sentent abandonnés et ils doivent faire 10 km pour faire leurs courses.

SAM 18-25 J'ai bien peur que…

Look at the dialogues and choose the answers that make sense.

1. - Je voudrais quatre places pour le concert de ce soir.

   - Désolé mais _____

2. - Tu viens avec nous ? On va passer le week-end sur la côte.

   - Je suis vraiment navré, mais _____

3. - Pour aller en Australie, on peut prendre un vol direct.

   - Tu es sûr ? Moi, _____

4. - Pourquoi tu fais cette tête ? Elle va venir.

   - Pas si sûr. En fait, _____

5. - Les inscriptions étaient jusqu'à hier soir mais on peut toujours essayer : il doit bien rester de la place.

   - Essayons, mais _____

6. - Ne t'embarrasse pas ! Ça ne sert à rien de prendre un parapluie.

   - Mais si parce que _____

a. ça m'étonne que ce soit direct. Je ne pense pas que ce soit le cas.

b. j'ai bien peur que les cours soient remplis.

c. j'ai peur qu'il pleuve dans l'après-midi.

d. j'ai peur que ce ne soit pas possible, j'ai déjà des trucs de prévu.

e. je crains qu'il n'y en ait plus.

f. je doute que ses parents la laissent sortir.

SAM 18-26   Réponse à tout.

On the website *Réponse à tout*, Internet surfers can talk about their problems, can ask questions on all sorts of topics, and can propose solutions to other people's problems and questions. Read the following messages and write a piece of advice for each person.

1. Bonjour, cette année, j'ai vraiment décidé de réduire mes factures énergétiques. Mais là, l'hiver arrive et je ne sais pas vraiment comment faire pour économiser. Merci pour vos conseils.

    Stéphanie, Reims

    _____

    _____

    _____

    _____

2. Salut, je dois me rendre au mariage d'une copine qui habite en Pologne. Je suis allée dans une agence de voyages et tout ce qu'on m'a proposé est très, très cher ! Est-ce que vous auriez des idées pour moi ?

    Maude, Paris

    _____

    _____

    _____

    _____

3. Salut tout le monde, c'est un peu délicat, mais voilà la situation : mon frère a rencontré une fille dont il est tombé très amoureux, mais dans notre famille, personne n'aime cette fille ! Elle n'est pas très sympa avec lui et franchement, elle est plutôt arrogante. Elle n'aide jamais quand elle vient chez nous, elle se fait traiter comme une princesse. Comment faire pour que mon frère comprenne que ce n'est pas une bonne personne pour lui ?

    Théo, Nantes

    _____

    _____

    _____

    _____

    _____

SAM 18-27   Subjonctifs et sentiments.

Choose the correct verb form for the following sentences.

1. Ma mère est contente que ma sœur et moi [avons ; ayons] _____ de bonnes notes à l'université.

2. J'ai peur [que je tombe ; de tomber] _____ de mon vélo sur cette piste.

3. Je suis surprise que ce cours [est ; soit] _____ supprimé.

4. Nous regrettons que vous ne [pouvez ; puissiez] _____ pas venir à notre soirée.

5. Il est content [de partir ; qu'il parte] _____ en vacances bientôt.

6. Je suis désolée que vous [devez ; deviez] _____ partir.

7. Le prof est furieux que cet étudiant [est ; soit] _____ encore en retard.

8. Est-ce que tu es content [de finir ; que tu finisses] _____ tes études ?

SAM 18-28   Recomposez les phrases !

Write complete sentences using the following elements. You will need to decide whether to use the subjunctive or the infinitive. Make sure to conjugate the verbs, to add **que** or **de** if needed, and to agree adjectives.

1. nous / être / désolé / ton / chat / être / mort

_____

2. je / être / triste / tu / être / malade

_____

3. les enfants / être / content / manger / une glace

_____

4. mes parents / être / heureux / visiter / mon université

_____

5. nous / être / étonné / vous / ne pas connaître / cette chanson

_____

SAM 18-29   Subjonctif ou indicatif ?

Listen to the following sentences and indicate whether the second verb you hear is in the subjunctive or the indicative.

a. subjonctif	b. indicative

1. _____   **3.** _____   **5.** _____   **7.** _____

2. _____   **4.** _____   **6.** _____   **8.** _____

SAM 18-30 Subjonctif, indicatif ou infinitif ?

Complete the following sentences using the subjunctive, the indicative and the infinitive. If you use the indicative, you will need to decide which tense would make sense in the sentence.

1. Il est possible qu'ils _____ (être) fatigués après leur long voyage. Je doute qu'ils _____ (vouloir) aller danser quand ils arriveront.

2. Il est important de _____ (conserver) les ressources d'énergie.

3. Il est improbable que ce manoir _____ (pouvoir) être rénové.

4. Je suis sûre que ce panneau _____ (vouloir) dire que la baignade est interdite.

5. Je suis content que nous _____ (fonder) une association pour les animaux.

6. Nous aimerions _____ (acheter) cette petite maison de pierre.

7. Attention, je ne pense pas que cette eau _____ (être) potable.

8. Nous allons _____ (devoir) faire un emprunt.

SAM 18-31 L'avenir.

Two friends are talking about what could happen in the future. Listen to their dialogue and select the correct answers.

1. Nadia lit un livre [sur l'histoire ; sur l'avenir].

_____

2. Nadia pense que la médecine [fera de grands progrès ; ne fera pas beaucoup de progrès] à l'avenir.

_____

3. Jules aimerait que tout le monde ait accès [à l'eau potable ; aux autoroutes].

_____

4. Jules [croit ; ne croit pas] qu'un jour, les voitures pourront voler.

_____

5. Jules et Nadia pensent qu'à l'avenir, les voitures [utiliseront encore plus ; n'utiliseront plus] d'essence.

_____

6. Selon Jules, [de très nombreuses ; certaines personnes] voyageront dans l'espace.

_____

7. Nadia [n'aimerait pas ; aimerait], un jour, voyager sur une autre planète.

_____

Nom: _____ Date: _____

SAM 18-32   Conversation.

Choose a partner from your class, and together, record a conversation in which you will alternatively talk about a problem and give simple advice to your partner. When you give a piece of advice, use expressions such as **il faut que, il est nécessaire que**, followed by the subjunctive.

_____
_____
_____
_____
_____

SAM 18-33   Plan d'action.

Think of a list of problems facing our planet. Choose one of these problems and design an action plan to help solve that problem. Follow the process outlined in this chart and write a paragraph explaining what the problem is, what your goal is and what you can do to improve the situation.

Plan d'action

Situation de départ :

Objectifs :

Risques :

Actions :
- ☐
- ☐
- ☐
- ☐

_____
_____
_____
_____
_____

SAM 18-34   Dictée.

🔊 Listen and write the missing words that you hear.

En Haute-Vienne, il existe un (1) _____ qui s'appelle Oradour-sur-Glane. Ce village fut complètement (2) _____ par les Nazis pendant la seconde (3) _____ mondiale et ses 642 (4) _____ tous massacrés, y compris les femmes et les (5) _____. Au lieu de (6) _____ le village après la guerre, la communauté (7) _____ un autre village, juste à côté, et le vieux village a été préservé. C'est le président Charles de Gaulle qui (8) _____ la destruction des (9) _____ et qui a voulu les (10) _____ comme mémorial et comme leçon d'histoire pour l'avenir.

SAM 18-35   Le bio.

Read the following text and indicate whether the following statements are true (**vrai**) or false (**faux**).

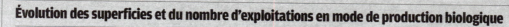

Les chiffres du bio en France : des disparités territoriales importantes, mais une évolution globale nette

En 2008, la surface totale en production biologique atteint 584 000 hectares en France, progressant ainsi de 5 % par rapport à 2007. Cette surface représente désormais 2,1 % de la surface agricole utilisée (SAU). Cela constitue une reprise, après trois ans de relative stagnation.

La région des Pays de la Loire perd, de peu, sa première place nationale en termes de surface en production biologique (surfaces certifiées et surfaces en conversion) au profit de la région Midi-Pyrénées, dont les surfaces se développent plus rapidement (+ 6,9 % contre + 3,7 % en Pays de la Loire). Dans la région, 65 900 hectares de terres agricoles sont cultivés selon ce mode de production plus respectueux de l'environnement.

Cela représente 3,1 % de la SAU. Les disparités territoriales sont importantes avec des taux de SAU en bio qui varient du simple au triple d'un département à l'autre. La Loire-Atlantique se distingue, avec une part de surface en agriculture biologique égale à 5,8 % de la SAU, proche de l'objectif de 6 % fixé par le ministre de l'Agriculture.

[…] Deux facteurs expliquent le nouveau décollage de la production bio. Avant tout, le marché de l'alimentation bio est structurellement en augmentation avec une croissance moyenne annuelle de l'ordre de 10 % par an de 1999 à 2005 tous produits confondus. Depuis 2006, la croissance de la consommation s'accélère et la progression culmine à 25 % en 2008 par

rapport à 2007. Le marché de la restauration collective est également très dynamique dans ce domaine, puisqu'un tiers de ces restaurants sert des aliments « bio » au moins de temps en temps. D'autre part, la remise en place en 2007 des mesures d'aide à la conversion en agriculture biologique, dans la continuité des programmes existants, a un effet incitatif sur les candidats potentiels. Les premières informations relatives à 2009 laissent entrevoir une forte accélération des conversions à l'agriculture biologique en France comme dans les Pays de la Loire : l'accroissement des surfaces en agriculture bio devrait donc s'intensifier.

Source : INSEE 2008

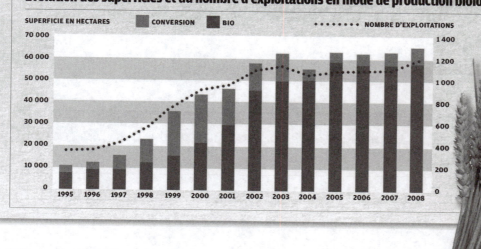

Évolution des superficies et du nombre d'exploitations en mode de production biologique

1. Entre 2007 et 2008, la surface totale en production biologique a augmenté. _____

2. Toutes les régions françaises ont une SAU (surface agricole utilisée) en bio identique. _____

3. Les aliments bio ne sont jamais utilisés dans les restaurants. _____

4. Il existe des mesures d'aide à la conversion en agriculture biologique. _____

5. L'agriculture biologique ne progresse pas en France. _____

SAM 18-36   Conversation.

Choose a partner from your class and together, record a conversation about your use of organic products (**produits bio**). Do you ever buy organic products? Why or why not? Do you like to go to farmers' markets? Where do you usually shop? Does this store have some organic products?

Read the text and select the correct statements.

1. Nantes est [la capitale ; la capitale verte] de l'Europe.

   _____

2. [Chaque année ; Chaque mois], une ville européenne gagne ce titre.

   _____

3. Pour gagner ce titre, les objectifs remplis par la ville en matière d'environnement et de développement durable doivent être [modestes ; importants].

   _____

4. Nantes a reçu une note [médiocre ; parfaite] pour sa politique de transport.

   _____

5. Monsieur Ayrault veut que les villes [aient ; n'aient pas] un rôle à jouer pour l'environnement et le changement climatique.

   _____

SAM 18-38 Je prononce la consonne ou pas ?

Listen to the sentences as they are read, and indicate whether you hear the final consonant of the verb or not. Note that a final *d* is pronounced as [t].

> a. la consonne finale du verbe est prononcée.
> b. la consonne finale du verbe n'est pas prononcée.

1. Ils parlent à leur voisin. _____

2. Où court-il ? _____

3. Prend-elle du café ? _____

4. Parlent-ils à leur professeur ? _____

5. Elles mangent au restaurant. _____

6. Mangent-elles du poisson ? _____

7. Vend-il des boissons fraîches ? _____

SAM 18-39 Je prononce.

Practice pronouncing the following sentences and questions, and when you are ready, record yourself.

1. Veut-il un verre de jus d'orange ?

2. Ils parlent au professeur.

3. Parlent-ils au professeur ?

4. Où part-elle ?

5. Elle part à la campagne.

ANCRAGE

SAM 19-01   Expressions.

Match each definition to the correct phrase.

1. Dire ce qui s'est vraiment passé. Ne pas mentir. _____

2. Avoir beaucoup de compassion. Être généreux. _____

3. Être amusant. _____

4. Demander à quelqu'un de faire quelque chose. _____

5. Faire suivre un message. _____

6. Travailler avec d'autres personnes autour d'une table pendant une ou deux heures. _____

7. Ne pas du tout avoir d'argent. _____

    a. avoir un grand cœur.

    b. ne pas avoir un sou en poche.

    c. avoir de l'humour.

    d. être en réunion.

    e. transmettre un message.

    f. prier quelqu'un de faire quelque chose

    g. dire la vérité

SAM 19-02   Quel verbe ?

Match each image with the correct verb.

1.

_____

2.

_____

3.

_____

4.

_____

5.

_____

6.

_____

7.

_____

8.

_____

a. déranger
b. supplier
c. jurer
d. appeler
e. offrir
f. cacher
g. rédiger
h. se disputer

SAM 19-03 Boîte vocale.

The following messages were left on various people's voicemail boxes in a company. Listen and indicate whether the messages are a request for an appointment, a cancellation or a complaint about an order.

1. Ce message est _____
   - a. une demande de rendez-vous.
   - b. une annulation de rendez-vous.
   - c. une plainte par rapport à une commande.

2. Ce message est _____
   - a. une demande de rendez-vous.
   - b. une annulation de rendez-vous.
   - c. une plainte par rapport à une commande.

3. Ce message est _____
   - a. une demande de rendez-vous.
   - b. une annulation de rendez-vous.
   - c. une plainte par rapport à une commande.

4. Ce message est _____
   - a. une demande de rendez-vous.
   - b. une annulation de rendez-vous.
   - c. une plainte par rapport à une commande.

5. Ce message est _____
   - a. une demande de rendez-vous.
   - b. une annulation de rendez-vous.
   - c. une plainte par rapport à une commande.

6. Ce message est _____
   - a. une demande de rendez-vous.
   - b. une annulation de rendez-vous.
   - c. une plainte par rapport à une commande.

7. Ce message est _____
   - a. une demande de rendez-vous.
   - b. une annulation de rendez-vous.
   - c. une plainte par rapport à une commande.

8. Ce message est _____
   - a. une demande de rendez-vous.
   - b. une annulation de rendez-vous.
   - c. une plainte par rapport à une commande.

It is 8:00 a.m and Sandra just arrived at work. She checks her messages. Listen, and for each message, choose the correct answer.

MESSAGE 1:

1. Noëlla Lazure désire voir Sandra _____

   a. lundi matin à 8h30.
   b. mercredi matin à 10h30.
   c. mercredi matin à 8h30.

2. Noëlla veut _____

   a. consulter Sandra pour un projet.
   b. passer une commande auprès de Sandra.
   c. se plaindre d'une commande.

MESSAGE 2:

3. Ce message est _____

   a. de nature professionnelle.
   b. une urgence médicale.
   c. de nature personnelle.

4. Sandra _____

   a. a laissé son portable chez elle.
   b. a oublié son portable dans un café.
   c. a pris le portable de son mari dans son sac.

MESSAGE 3:

5. Sandra _____

   a. avait une réunion avec des collègues mais la réunion a été annulée.
   b. avait un rendez-vous avec un client à 7h30 mais elle est arrivée trop tard.
   c. avait rendez-vous chez le dentiste et elle a oublié son rendez-vous.

6. Madame Legrand a appelé Sandra à _____

   a. 7h30.
   b. 7h45.
   c. 7h40

MESSAGE 4:

7. Ce dernier message concerne _____

   a. le mari de Sandra.
   b. le fils de Sandra.
   c. le père de Sandra.

8. Matthieu a des problèmes _____

   a. scolaires.
   b. médicaux.
   c. dentaires.

EN CONTEXTE

SAM 19-05   La lettre formelle.

Take a look at the following formal letter, and associate each definition to the correct part of the letter.

Madame Leduc Sylvaine
3 rue des Chardonnerets
56100 Lorient
Tél. : 02 97 34 56 92

Société Laezh-lait
Service consommateur
24 rue Capitaine Charcot
35000 Rennes

Objet : demande de remboursement

Lorient, le 24 mars 2012

Monsieur le directeur,

Je vous écris pour vous faire part de mon mécontentement concernant la qualité de vos produits. J'ai acheté vendredi dernier dans le supermarché Aupré un pack de 24 yaourts aux fruits dont la date limite de consommation était le 31 mars. J'ai pourtant dû les jeter car ils étaient tous dans un très mauvais état de conservation (photo du produit ci-jointe).
J'ai toujours eu confiance dans les produits laitiers de votre marque et je dois vous avouer ma surprise. J'espère que ce fait ne se reproduira plus. En attendant, je compte sur votre bienveillance pour me rembourser ce produit (photocopie du ticket ci-joint) et me proposer un dédommagement pour le préjudice causé.

Dans l'attente de votre réponse, je vous prie d'agréer, monsieur le directeur, mes meilleures salutations.

Sylvaine Leduc

1. What is in the upper left corner of the letter? _____

2. What is second thing you write on the left of the letter? _____

3. What would you call the section that reads **Monsieur le directeur**? _____

4. What is indicated second from the top on the right? _____

5. What would the longest part of the letter be called? _____

6. What is indicated on the very top right of the letter? _____

7. What is the section that comes right before you sign your name? _____

8. What is the last thing you write on the letter? _____

a. Conclusion et formule de politesse : vous finissez la lettre de manière polie.

b. En tête : vous y inscrivez votre nom avec vos coordonnées.

c. Le corps de la lettre : vous devez faire une petite introduction et développer le motif de votre courrier.

d. Formule d'appel : elle change en fonction de la personne à qui vous vous adressez.

e. Signature: nom et parfois, fonction.

f. Le lieu et la date.

g. Destinataire : vous y inscrivez le nom et l'adresse de l'organisme auquel vous vous adressez.

h. Objet : il annonce le sujet de votre lettre.

SAM 19-06   Les disputes.

Locate the following words related to disputes. Be sure to look for words horizontally, vertically, diagonally and backwards. Do not pay attention to accents.

quitter, dispute, reprocher, supplier, fustiger, craquer, accuser, injuste

A	O	Q	U	I	T	T	E	R	Z
C	R	A	Q	U	E	R	E	F	L
C	B	P	A	X	R	I	V	U	A
U	Y	O	B	U	L	L	A	S	B
S	I	E	K	P	O	R	Z	T	U
E	T	U	P	S	I	D	E	I	W
R	O	U	W	D	A	B	E	G	Z
A	S	I	N	J	U	S	T	E	D
R	E	P	R	O	C	H	E	R	I
W	U	Y	R	I	X	O	E	A	R

SAM 19-07   Je me plains !

You have decided to switch cell phone carriers. Write a short letter to inform your old carrier of your choice and to complain that your connection has been unreliable and that your phone bill is too expensive.

_____

_____

_____

_____

_____

SAM 19-08   Conversation.

Choose a partner from the class and together, discuss an instance of poor service you have received. For instance, it could be in a restaurant, in a store, or in an office. Make sure to ask each other a few questions to really understand what happened.

_____

_____

_____

_____

_____

FORMES ET RESSOURCES

SAM 19-09   De quoi se plaignent-ils ?

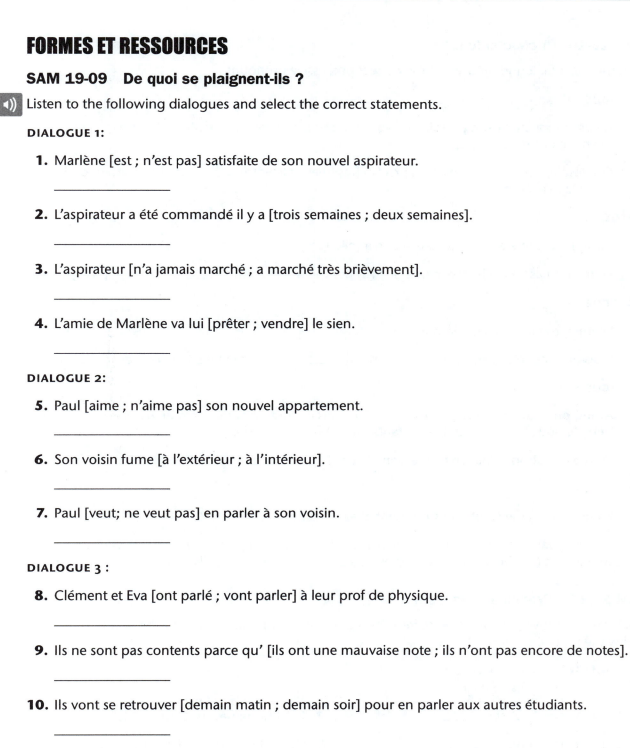 Listen to the following dialogues and select the correct statements.

DIALOGUE 1:

1. Marlène [est ; n'est pas] satisfaite de son nouvel aspirateur.

_____

2. L'aspirateur a été commandé il y a [trois semaines ; deux semaines].

_____

3. L'aspirateur [n'a jamais marché ; a marché très brièvement].

_____

4. L'amie de Marlène va lui [prêter ; vendre] le sien.

_____

DIALOGUE 2:

5. Paul [aime ; n'aime pas] son nouvel appartement.

_____

6. Son voisin fume [à l'extérieur ; à l'intérieur].

_____

7. Paul [veut; ne veut pas] en parler à son voisin.

_____

DIALOGUE 3 :

8. Clément et Eva [ont parlé ; vont parler] à leur prof de physique.

_____

9. Ils ne sont pas contents parce qu' [ils ont une mauvaise note ; ils n'ont pas encore de notes].

_____

10. Ils vont se retrouver [demain matin ; demain soir] pour en parler aux autres étudiants.

_____

SAM 19-10 À chacun le sien !

Read the short dialogues and select the correct possessive pronouns.

DIALOGUE 1

- Excusez-moi monsieur, je crois que vous vous êtes trompés de manteau. Vous avez pris (1) [le mien ; le nôtre] _____.

- Oh désolé, vous avez raison ! J'ai pris (2) [les miens ; le vôtre] _____ par inattention ! Veuillez m'excuser.

DIALOGUE 2

- Mes profs sont vraiment géniaux cette année !

- Eh bien, tu as de la chance, parce que (3) [les miens ; le mien] _____ ne sont pas sympas.

DIALOGUE 3

- Etienne, regarde ! Voilà ton bus !

- Mais non, ce n'est pas (4) [le leur ; le mien] _____. C'est (5) [le tien ; les tiens] _____ !

DIALOGUE 4

- Avant, on avait un seul ordinateur familial, mais maintenant, Alice et moi, nous avons (6) [le sien ; le nôtre] _____ et les enfants ont (7) [le leur ; le sien] _____.

- Vous avez raison ! Chacun (8) [le sien ; le tien] _____ !

DIALOGUE 5

- Bonjour madame Coutant ! Comment allez-vous ? Et vos enfants ?

- Oh, vous savez, (9) [le mien ; les miens] _____, ils sont grands ! Je ne les vois pas très souvent. Et (10) [les nôtres ; les vôtres] _____ ? Quel âge ont-ils maintenant ?

SAM 19-11 Pronoms possessifs.

Write the possessive pronoun that corresponds to the possessive adjective and the noun. Follow the model.

> **MODEL:** C'est mon frère.
> C'est *le mien.*

1. C'est ma sœur. C'est _____.

2. C'est ta tante. C'est _____.

3. Ce sont mes enfants. Ce sont _____.

4. Ce sont ses parents. Ce sont _____.

5. C'est ton ami. C'est _____.

6. C'est sa meilleure amie. C'est _____.

7. C'est notre neveu. C'est _____.

8. Ce sont vos voisins. Ce sont _____.

9. C'est leur maison. C'est _____.

10. Ce sont leurs panneaux solaires. Ce sont _____.

Nom: _____ Date: _____

SAM 19-12 Le bon pronom possessif.

Read the sentences and finish them logically, using possessive pronouns. You will be given a clue for each sentence.

1. J'ai oublié mon portable à la maison. Est-ce que je peux utiliser _____ ? (ton portable)

2. J'ai bien aimé le gâteau au chocolat qu'elle a fait, mais je crois que je préfère _____ ! (mon gâteau au chocolat)

3. Ton jardin est beau mais _____ est magnifique ! (le jardin des voisins)

4. Moi je me sers souvent de ma bicyclette, mais Nathan ne sert plus de _____. Tu peux la prendre si tu veux. (sa bicyclette)

5. Nous avons la même voiture que nos amis, mais _____ est bleue. (notre voiture)

6. Vos enfants sont plus jeunes que _____. (nos enfants)

7. J'ai mangé tous mes bonbons ! Est-ce que tu as encore _____ ? (tes bonbons)

SAM 19-13 Quel pronom démonstratif ?

Complete the following dialogues with demonstrative pronouns. Possible choices are : **celui-ci, celui-là, celle-ci, celle-là, ceux-ci, ceux-là, celles-ci, celles-là.**

1. Thomas et Arthur sont à la librairie.

    THOMAS : Regarde, je vais acheter ce livre.

    ARTHUR : Quel livre ? Montre-moi !

    THOMAS : _____.

2. Léa et Clémence sont à la pâtisserie.

    LÉA : Oh, j'adore cette pâtisserie.

    CLÉMENCE : Moi aussi, elle est super. Qu'est-ce que tu veux ?

    LÉA : Ce petit éclair au café est certainement délicieux et cet éclair au chocolat est superbe... je ne sais pas quoi choisir !

    CLÉMENCE : Bon, il faut décider ! Tu veux _____ ou _____ ?

    LÉA : Bon, je prends les deux !

3. Noah et Nicolas sont dans un parc et ils voient deux étudiantes que Nicolas connaît.

    NOAH : Qui sont ces deux filles ?

    NICOLAS : _____ s'appelle Ambre et _____ Sarah.

    NOAH : Tu me les présentes ?

    NICOLAS : Certainement pas !

4. À l'épicerie...

> **MAXIME :** On prend des pommes ?
>
> **ANAIS :** Oui d'accord. On prend _____ ou _____ ?
>
> **MAXIME:** Je ne sais pas, tu choisis !

5. Une discussion chez les Chapais.

> **RAPHAEL :** Je crois que je vais acheter un nouveau caméscope.
>
> **CAMILLE :** Et _____ sur la table, il ne marche plus ?

(Raphael montre une publicité dans un magazine à Camille)

> **RAPHAEL :** Il est trop vieux, je l'ai acheté il y a 4 ans. Maintenant, je veux _____ !
>
> **CAMILLE :** Ah non, il est trop cher !

6. Juliette veut acheter des chaussures.

> **JULIETTE :** Monsieur s'il vous plaît, combien coûtent ces chaussures ?
>
> **LE VENDEUR :** _____ ?
>
> **JULIETTE :** Non, _____, dans la vitrine.
>
> **LE VENDEUR :** Ah ! Ces sandales sont en solde : 50€.

SAM 19-14   Les pronoms démonstratifs.

Choose the correct demonstrative pronouns!

1. Ce livre est intéressant, mais _____ l'est encore plus.

2. Les chaussures de Louna sont originales, mais _____ Clara sont vraiment extravagantes !

3. Tu veux faire quelle recette pour la soirée de demain ? _____ ou celle-là ?

4. De toutes ces robes, laquelle préfères-tu ? Personnellement, j'aime bien _____.

5. Les élèves peuvent s'inscrire à partir du 15 mai, mais _____ sont nés entre le 1er septembre et le 31 décembre devront attendre le 20 mai.

6. Pour ce soir, tu veux ces belles assiettes ou bien je mets _____ sont dans le placard de la cuisine ?

a. celle-là

b. ceux qui

c. celle-ci

d. celui-ci

e. celles de

f. celles qui

SAM 19-15 Secrets de famille.

Lisa and her mother are looking at photographs together and are talking. Choose the correct demonstrative pronouns in their dialogue.

- Tu vois la personne qui est assise à côté de Jacques ?

- Laquelle ?

- (1) [Celui qui ; Celle qui] _____ porte un chapeau violet.

- Oui.

- Eh bien, c'est la vieille tante Raymonde.

- Ah, c'est elle ! C'est bien (2) [celle dont ; celle que] _____ tu m'as parlé et qui autrefois était si belle ?

- Exactement ! Eh bien, on ne dirait pas comme ça, mais cette femme a eu une vie extraordinaire. (3) [Ceux ; Celui] _____ qui l'ont connue dans jeunesse s'en souvienne encore !

- Mais qu'est-ce qu'elle avait fait donc de si extraordinaire ?

- Notre vieille tante Raymonde, dans sa jeunesse, travaillait pour l'armée. C'est comme ça qu'elle a rencontré (4) [ceux qui ; celui qui] _____ allait devenir quelques années plus tard son mari, le vieil oncle Jean-Marie. Il était dans l'aviation.

- Qu'est-ce qu'elle faisait dans l'armée ? Elle était infirmière ?

- Pas du tout. C'est vrai que beaucoup de femmes travaillaient comme infirmières. Mais (5) [celles-ci ; ceux-ci] _____ n'ont jamais eu besoin de cacher leur passé.

- Bon explique-moi, parce que je ne comprends pas ce qu'elle faisait !

- Raymonde était agent secret !

- Comme Mata Hari ?

- Et oui ! C'est incroyable, non ? Elle a fait de l'espionnage. C'est un secret d'État.

- Et la tante Gaby ?

- Ah non, (6) [celles-ci ; celle-ci] _____ a eu une vie tout à fait normale.

SAM 19-16 Regrets.

Louis and Georges have been good friends their whole lives. Today, amid a few laughs, they express a few regrets about their lives. Conjugate the verbs in the **conditionnel passé**.

LOUIS : J'(1) _____ (vouloir) faire des études de médecine. Je (2) _____ (devenir) pédiatre parce que j'ai toujours aimé les enfants. Ma femme et moi, nous (3) _____ (travailler) tous les deux à l'hôpital. J'(4) _____ (faire) mes visites le matin avant de faire mes consultations. J'ai choisi une autre profession que j'ai aimée, mais j'ai un petit regret. J'(5) _____ (aimer) être médecin.

GEORGES : Moi, si j'avais pu, j'(6) _____ (voyager) partout dans le monde. Avec ma famille, nous (7) _____ (aller) sur les sept continents et nous (8) _____ (visiter) beaucoup de pays. J'(9) _____ (acheter) un bateau et nous (10) _____ (partir) sur les mers !

SAM 19-17 J'aurais dû...

Choose the correct verbs and conjugate them in the **conditionnel passé**.

adorer, aller, devoir, faire, falloir, pouvoir, ne pas voir

1. Et qu'est-ce que vous _____ si je n'étais pas arrivé à temps pour réparer cette fuite d'eau ?

2. Excusez-moi, vous _____ une jeune femme blonde, assez grande, avec une veste verte ? Elle a oublié son portable sur une table au café.

3. Dommage que tu ne sois pas venu voir ce film avec nous. Tu l'_____ !

4. Je suis désolée de refuser votre invitation, mais il _____ me prévenir plus tôt.

5. Dites donc, vous _____ faire la vaisselle pendant que j'étais au travail ! Pourquoi est-ce que c'est moi qui dois tout faire ici ?

6. Qui _____ à l'aéroport pour le chercher, s'il était arrivé à minuit ?

7. Nous _____ installer des panneaux solaires sur notre toit l'année dernière ! Ils ont beaucoup augmenté cette année.

SAM 19-18   Si j'avais su...

Read the following sentences, and for each situation, write a sentence indicating what these people should have done, or what would have happened had they done things differently. You will need to use the **conditionnel passé**.

> **MODEL:** Je pensais avoir le poste mais, comme je ne parle pas l'anglais, on ne me l'a pas donné.
> *Si tu avais appris l'anglais, tu aurais eu ce travail.*

1. Damien voulait sortir avec ses copains vendredi soir, mais ses parents n'ont pas voulu parce qu'il n'avait pas fini ses devoirs.

_____

2. Nous souhaitions passer Noël en famille mais les billets d'avion pour Paris étaient trop chers et nous avons renoncé à notre projet.

_____

3. Je l'ai raté de peu. Il venait de partir de chez lui quand je suis arrivé.

_____

4. Léa tenait absolument à aller le voir à l'hôpital, mais elle était tellement occupée à son travail qu'elle n'a pas pris le temps d'y aller.

_____

5. Quand Hugues a enfin décidé d'acheter son billet pour aller au concert, il n'y en avait plus.

_____

SAM 19-19   Qu'est-ce que tu aurais fait ?

Listen to the problems people are reporting, and choose the reproach that makes the most sense.

1. _____

2. _____

3. _____

4. _____

5. _____

a. À ta place, j'aurais acheté les places tout de suite et je n'aurais pas attendu.

b. Tu aurais dû conduire plus lentement. Il faut absolument que tu ralentisses.

c. À ta place, j'aurais mangé quelques chocolats, mais pas autant que ça. Tu aurais dû t'arrêter !

d. Tu aurais dû te contrôler et acheter moins de choses.

e. Tu aurais dû étudier davantage et sortir moins avec tes copains.

SAM 19-20   Un impair au travail.

These Internet users are reporting some important mistakes they made at work. Leave them messages writing what they should and should not have done. You will need to use the **conditionnel passé**.

1. Mon responsable m'a surpris en train d'écrire à mes amis sur Facebook pendant mes heures de travail. Je ne sais pas quoi faire car je sais que c'est interdit dans mon entreprise.

   _____

   _____

2. Je n'avais pas vu que mon chef était juste à côté de moi au moment où j'étais en train de critiquer la façon qu'il a de s'habiller.

   _____

   _____

3. Je viens de me rendre compte que je me suis trompée dans une commande et qu'à cause de moi, on risque de perdre un gros contrat.

   _____

   _____

4. Mon patron m'a téléphoné pour me demander de finir plusieurs dossiers en retard. J'ai commencé à le critiquer alors que le téléphone n'était pas bien raccroché ! J'ai peur qu'il ait tout entendu.

   _____

   _____

5. Je suis arrivé 3 fois en retard au travail la semaine dernière. Je me lève assez tôt, mais il y a beaucoup de circulation.

   _____

   _____

SAM 19-21   Reproches.

🔊 Listen to the following dialogue and select the correct statements.

1. Chloé a oublié de nourrir _____.
   a. ses voisins
   b. le chien des voisins
   c. les chats de ses voisins

2. Chloé _____
   a. aurait dû s'excuser mais elle ne l'a pas fait.
   b. s'est excusée.
   c. ne s'excuse jamais pour rien.

3. Lilou _____
   a. pense que ce n'est pas nécessaire de s'excuser.
   b. ne comprend pas pourquoi Chloé ne s'est pas excusée.
   c. les chats ne sont pas importants.

4. Lilou et son frère _____
   a. sont partis en voyage sans que leurs parents le sachent.
   b. ont organisé un voyage avec leurs parents.
   c. ont organisé une fête pendant que leurs parents étaient en voyage.

5. Lilou et son frère _____
   a. n'ont pas dit la vérité à leurs parents.
   b. ont dit la vérité à leurs parents.
   c. ne parlent jamais à leurs parents.

6. Chloé pense _____
   a. que Lilou et son frère auraient dû ranger tout de suite.
   b. que Lilou et son frère auraient dû inviter leurs voisins.
   c. que Lilou et son frère auraient dû faire du bruit.

SAM 19-22   Qu'est-ce qu'elle a dit ?

You can't hear what your mother is saying because she is in another room. Your brother is reporting to you what your mother just said. Match the reported speech sentences with the original sentences that were spoken.

1. Fais tes devoirs ! _____
2. Tu as fait tes devoirs ? _____
3. Il est en train de faire ses devoirs ! _____
4. Tu es en retard. _____
5. Tu seras en retard. _____
6. Ne sois pas en retard ! _____
7. Est-ce que tu vas au cinéma ? _____
8. Est-ce que tu es allé au cinéma ? _____

a. Maman a dit que tu étais en train de faire tes devoirs.
b. Maman a dit que tu étais en retard.
c. Maman t'a dit de faire tes devoirs.
d. Maman a demandé si tu avais fait tes devoirs.
e. Maman a dit que tu serais en retard.
f. Maman a demandé si tu étais allé au cinéma.
g. Maman a demandé si tu allais au cinéma.
h. Maman t'a dit de ne pas être en retard.

SAM 19-23 Discours rapporté.

Complete the sentences in reported form, paying special attention to the tenses used in the original sentences and making all the necessary changes.

> **MODEL:** Paul m'a dit : « Non, je ne pourrai pas venir à la fête ».
> *Paul m'a dit qu'il ne pourrait pas venir à la fête.*

1. Pierre a demandé à son voisin : « Tu pourras nourrir mon chat pendant mon absence ? »

   Pierre a demandé à son voisin s'il _____.

2. « Venez à 6h30 ! » a-t-il dit à ses amis.

   Il a dit à ses amis _____.

3. « Tu préfères partir avec nous ? » lui ont demandé ses parents.

   Ses parents lui ont demandé s'il _____.

4. Ma sœur nous a dit : « Mon mari est resté à la maison ».

   Ma sœur nous a dit que _____.

5. J'ai demandé à Claire : « Pourquoi ne veux-tu pas venir avec nous ? »

   J'ai demandé à Claire pourquoi _____.

6. Elle m'a dit : « Ma voiture est en panne. »

   Elle m'a dit que _____.

SAM 19-24 Keske ta di ?

The way people write text messages differ from regular writing. Sometimes, they use numbers instead of letters. Try to decipher the following messages, matching them with the real meaning they want to convey.

1. Tu vi1 2m1? _____

2. Apelmwa 2m1 mat1! _____

3. Bonnané bon100T! _____

4. On va au 6né? _____

5. T super 5pa! _____

6. G RDV 2m1 _____

7. JTM _____

8. Cki ? _____

9. Ça sonne oqp _____

10. 2 ri1 _____

   a. On va au ciné ?
   b. De rien.
   c. T'es super sympa !
   d. Ça sonne occupé
   e. Tu viens demain ?

   f. C'est qui ?
   g. Appelle-moi demain matin !
   h. Je t'aime.
   i. Bonne année, bonne santé !
   j. J'ai rendez-vous demain.

SAM 19-25   Quel texto ?

 Listen and choose the text message that could answer the message you hear.

1. _____

2. _____

3. _____

4. _____

5. _____

6. _____

7. _____

a. c bon j vê
b. mwaosi
c. mrsi
d. 2 r1
e. 1 ami
f. a keleur?
g. oui

SAM 19-26   Vos textos !

You have made some French friends and you want to try to send them a few texts in French, using some letters and numbers that sound like words.

1. You want to say "à demain !".

_____

2. You want to say "c'est rien".

_____

3. You want to say "t'es sympa".

_____

4. You want to say "on va au ciné ?".

_____

5. You want to say "le matin".

_____

SAM 19-27   Les termes d'aujourd'hui.

English words related to the Internet have equivalents in French, which French-speaking individuals are encouraged to use. Try to match each English term with its French counterpart.

1. Firewall: _____

2. Weblog: _____

3. Mailbox: _____

4. Megabytes (Mb): _____

5. Webmaster: _____

6. E-mail: _____

7. Home page: _____

8. Website: _____

9. Text message: _____

10. The Web: _____

a. Courriel
b. Administrateur de site
c. Mégaoctets (Mo)
d. Page d'accueil
e. La toile
f. Bloc-notes
g. Texto
h. Boîte aux lettres
i. Barrière de sécurité
j. Site

SAM 19-28 Corrigeons les phrases !

Let's change the English terms to their French equivalents. Select the correct terms!

1. J'ai lu cette info sur son *weblog*.

   J'ai lu cette info sur [sa page d'accueil ; son bloc-notes] _____.

2. Envoie-moi un *text message* quand tu seras à la gare.

   Envoie-moi un [texto ; site] _____ quand tu seras à la gare.

3. Mon *e-mail* a été renvoyé parce que sa *mailbox* était pleine.

   Mon [texto ; courriel] _____ a été renvoyé parce que sa [boîte aux lettres ; toile] _____ était pleine.

4. Tu es allé sur leur *website* ? Ils ont une nouvelle *home page*.

   Tu es allé sur leur [site ; bloc-notes] _____ ? Ils ont une nouvelle [toile ; page d'accueil] _____.

5. J'ai contacté le *webmaster* pour faire retirer une photo.

   J'ai contacté [l'administrateur de site ; le mégaoctet] _____ pour faire retirer une photo.

SAM 19-29 Le français dans ma langue.

Are there French words used in your native language? Write a few sentences in French, explaining which French words are used, if they are used commonly, and what they mean.

_____

_____

_____

_____

_____

SAM 19-30 Dictée.

Listen and write the missing words.

L'autre jour, ma mère (1) _____ un (2) _____ en ligne, mais quand il est arrivé, il ne marchait pas. Il était (3) _____. Ma mère a donc téléphoné à la compagnie, et ils lui ont dit qu'ils allaient le (4) _____. Ils lui ont donc envoyé un nouveau caméscope, mais celui-là avait aussi des problèmes. Donc ma mère a voulu se faire (5) _____. Elle leur a écrit une lettre pour (6) _____ et pour expliquer qu'elle n'était pas (7) _____. (8) _____, ils ne lui ont pas encore répondu, et elle n'a toujours pas été (9) _____. Elle m'a dit qu'elle ne (10) _____ plus rien sur Internet !

Nom: _____ Date: _____

SAM 19-31 Les sons [y], [u], et [œ]

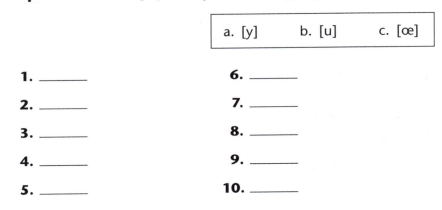

Listen and select the sound you hear. The sound [y] corresponds to the letter **u** and is found in words such as **du**. The sound [u] corresponds to the group of letters **ou** and is found in words such as **pour**. The sound [œ] corresponds to the group of letters **eu** and is found in words such as **peur**.

a. [y]	b. [u]	c. [œ]

1. _____

2. _____

3. _____

4. _____

5. _____

6. _____

7. _____

8. _____

9. _____

10. _____

SAM 19-32 Je prononce.

Practice reading the following sentences, and when you are ready, record yourself.

1. Nous avons peur.

2. Ce pull est pour ma sœur.

3. Vous avez du beurre.

4. Vous êtes lourd.

5. Tu es sourd ?

SAM 19-33 Conversation.

Find a partner in the class, and together, talk about experiences you may have had in which you had to complain about a product that was not of good quality, or instances of poor service. What did you do in these situations?

_____

_____

_____

_____

_____

_____

_____

_____

Unité 19 **Objet de réclamation** ■ **425**

SAM 19-34   J'écoute.

🔊 Listen and choose the correct statements.

1. Ce document est _____
   a. une annonce de concert.
   b. une publicité.
   c. un message personnel.

2. Le Village français propose _____.
   a. des cours intensifs de français.
   b. des cours sur l'histoire et la littérature françaises.
   c. des activités sportives et de loisirs.

3. Quand est-ce que le Village français est ouvert ? _____
   a. toute l'année.
   b. on ne sait pas.
   c. seulement en été.

4. Le Village français la seule règle est de _____
   a. parler français tout le temps.
   b. faire au moins trois activités par jour.
   c. parler français pendant les repas.

5. Au Village français, vous pouvez _____
   a. faire des ateliers de cuisine et de chansons.
   b. faire des ateliers de céramique et de chansons.
   c. faire de l'aïkido et du judo.

6. Le Village français est _____
   a. réservé aux célibataires.
   b. pour tout le monde.
   c. réservé aux enfants.

Nom: _____ Date: _____

SAM 19-35   Mauvaise surprise.

You have finally reached your vacation destination and you arrive at the hotel to check in, only to find out that they don't have a room for you. Somehow, they did not get your reservation! Imagine and write the dialogue you would have with the person at the reception desk, and possibly the manager.

_____

_____

_____

_____

_____

_____

_____

_____

SAM 19-36   Dialogue de lycéens.

🔊 Listen to the dialogue and select the correct answers.

1. Lilou et Olivier parlent [d'une fête ; d'un examen] _____.

2. Lilou [est assez satisfaite ; n'est pas satisfaite] _____ de son examen.

3. Olivier [est assez satisfait ; n'est pas satisfait] _____ de son examen.

4. Olivier pensait que les statistiques [allaient être ; n'allaient pas être] _____ sur l'examen.

5. La prof [avait prévenu ; n'avait pas prévenu] _____ les élèves.

6. Lilou pense avoir mal répondu à [l'exercice 7 ; l'exercice 14] _____.

7. Olivier va [emprunter ; donner] _____ un peu d'argent à Lilou.

ANCRAGE

SAM 20-01   Les contes de fées.

Match each image with the correct word.

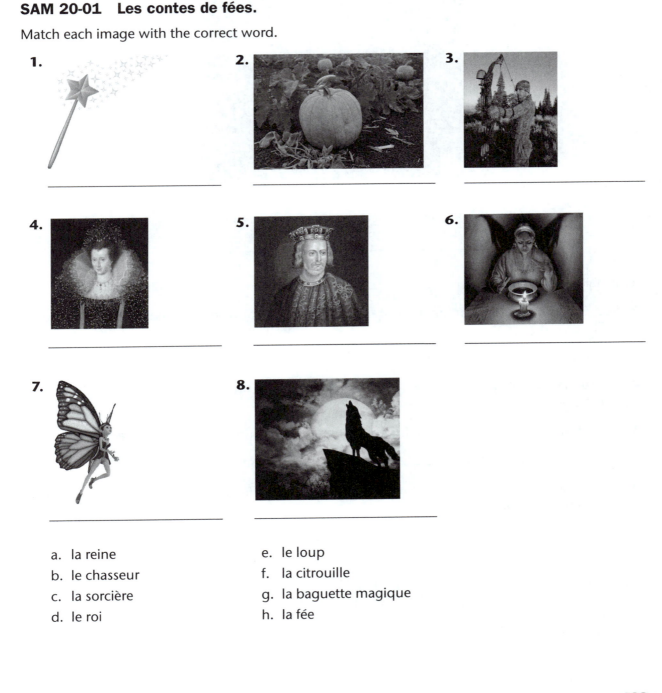

1.

2.

3.

4.

5.

6.

7.

8.

a. la reine
b. le chasseur
c. la sorcière
d. le roi

e. le loup
f. la citrouille
g. la baguette magique
h. la fée

Do you recognize these famous fairy tales excerpts? Read them and complete them with words from the list.

> princesse, baguette, prince, sorcière, reine, grenouille, château, fée, chasseur, dragon, ogre

1. Il était une fois un roi et une _____ qui désiraient vivement avoir un enfant.

2. Le _____ charmant entra dans la chambre et vit une belle jeune fille endormie sur le lit.

3. La _____ était si belle que le _____ n'eut pas le courage de la tuer.

4. « Partez le plus vite possible d'ici », dit-elle. « Mon mari est un _____ qui dévore les enfants. »

5. La méchante _____ offrit une pomme empoisonnée à Blanche-Neige.

6. La fille du roi embrassa la _____ qui se transforma en prince.

7. D'un coup de _____ magique, la bonne _____ transforma Pinocchio en un vrai petit garçon.

8. Le _____ était gardé par un terrible _____.

EN CONTEXTE

SAM 20-03   Qu'est-ce que c'est ?

What are the correct definitions for the following words and expressions?

1. C'est le nom qu'on donne aux mains et aux pieds des animaux. _____

2. En général, on en a de plus en plus en vieillissant. _____

3. Nous l'utilisons pour entendre et nous en avons deux. _____

4. C'est le contraire de gentil. _____

5. C'est le contraire de joyeux. _____

6. C'est ce qu'on essaie de faire quand on est perdu. _____

7. Les enfants adorent les entendre. _____

8. L'endroit où on est quand on conduit. _____

9. On l'est quand on n'est pas mort. _____

10. On aime se regarder dans cet objet. _____

a. triste

b. les pattes

c. vivant

d. retrouver son chemin

e. la sagesse

f. le miroir

g. les contes de fées

h. au volant

i. méchant

j. l'oreille

SAM 20-04   Je connais bien les contes.

Choose the most logical words and expressions in the following sentences.

1. Cendrillon a descendu les escaliers trop vite et elle a perdu [sa botte / sa pantoufle]. _____

2. [L'ogre / l'oiseau] que rencontre le Petit Poucet est énorme et veut le manger. _____

3. Le Petit Poucet met des [cailloux / citrouilles] dans ses poches. _____

4. C'est [la sœur / la marraine] de Cendrillon qui est la fée. _____

5. La belle-mère de Blanche-Neige aime se regarder dans [un miroir / une armoire]. _____

6. Cendrillon a [de nombreuses corvées / de nombreux cours] à faire chaque jour. _____

7. La méchante reine envoie [un bûcheron / un chasseur] dans la forêt pour tuer Blanche-Neige. _____

8. Cendrillon va aller au bal [en carrosse / en autobus]. _____

9. Les trois petits cochons ont peur [du nain / du loup]. _____

10. Les bottes de l'ogre permettent au Petit Poucet de faire de [grands pas / grandes pattes]. _____

FORMES ET RESSOURCES

SAM 20-05   Rumpelstiltzkin.

Complete the following story with the correct verbs from the list.

> frappa, chuchotait, s'échapper, s'endormit, hurler, embrassa, consoler, accepta, emmena, pleurer, enferma, présenter

Un pauvre homme avait une très belle fille mais il n'avait pas d'argent. Elle savait fort bien tisser et un jour, il décida de la (1) _____ au roi. Quand ils arrivèrent, le roi fut surpris par la beauté de la jeune fille et le pauvre homme lui dit que sa fille savait transformer la paille en or en la tissant. Le roi le crut et il (2) _____ la jeune fille dans une pièce avec beaucoup de paille et lui dit : « Tisse toute cette paille en or d'ici demain matin. Sinon, tu devras mourir. » Puis, il l' (3) _____. La pauvre jeune fille ne savait évidemment pas transformer cette paille en or et elle se mit à (4) _____. Tout à coup, elle entendit une petit voix qui (5) _____ : « Si tu me donnes ton collier, je tisserai cette paille en or pour toi. » C'était un affreux petit lutin qui lui parlait. Elle accepta, puis elle (6) _____. Le lendemain matin, le roi (7) _____ à la porte, il entra, et il découvrit des piles d'or. Il était très content, mais il demanda à la jeune fille de tisser à nouveau toute la nuit pour transformer encore plus de paille en or. Il lui dit : « Tisse toute cette paille en or d'ici demain matin. Si tu réussis, je t'épouserai et tu deviendras reine. Sinon, tu devras mourir. »

La jeune fille recommença à pleurer de désespoir et elle essaya même de (8) _____ mais elle ne pouvait pas ouvrir la porte que le roi avait verrouillée. Tout à coup, le petit lutin apparut et il dit : « Si tu me promets de me donner ton premier né, je tisserai toute cette paille en or pour toi. » La jeune fille n'avait pas le choix car autrement elle devrait mourir. Donc, elle (9) _____. Le lendemain matin, le roi découvrit avec grand plaisir une pièce remplie d'or et il épousa la jeune fille comme promis. Un an plus tard, la reine avait donné naissance à un fils mais elle avait oublié la promesse faite au lutin. Un jour, il apparut et lui demanda son fils. Elle essaya de le convaincre de prendre tout ce qu'il voulait sauf l'enfant, mais il refusa. Il lui dit : « Si tu arrives à deviner mon nom d'ici demain, je te laisserai l'enfant, autrement, il est à moi ! » Et il partit en riant.

La reine était désespérée et rien ne pouvait la (10) _____. Elle finit par envoyer sa servante dans la forêt pour essayer de découvrir le nom du lutin. La servante le trouva en train de danser et elle l'entendit chanter : « La reine ne devinera jamais que mon nom est Rumpelstiltzkin, et le bébé sera à moi ! »

Le lendemain, la reine était calme et souriait quand le lutin arriva. Elle lui dit son nom et il se mit à taper du pied et à (11) _____ de colère. Finalement, il disparut et la reine (12) _____ son bébé tendrement.

SAM 20-06   Quel verbe ?

Match each definition with the correct verb.

1. C'est ce qu'on fait si on ne veut ni voir ni parler à quelqu'un. _____

2. Se faire mal. _____

3. C'est ce qu'on fait quand on ne veut plus quelque chose. _____

4. Aller très vite. _____

5. Aller dans la forêt pour tuer un animal qu'on mangera plus tard. _____

6. Dire merci. _____

7. Donner à manger. _____

8. Partir plus loin. _____

    a. foncer   e. s'éloigner

    b. chasser   f. nourrir

    c. éviter   g. se blesser

    d. remercier   h. jeter

SAM 20-07   Les contraires.

Match each adjective with its opposite.

1. méchant _____   **5.** triste _____

2. attentif _____   **6.** courageux _____

3. sec _____   **7.** heureux _____

4. laid _____   **8.** vivant _____

    a. peureux   e. mouillé

    b. gentil   f. distrait

    c. mort   g. malheureux

    d. joyeux   h. beau

SAM 20-08   Personnages de contes de fées.

How would you characterize the following characters from fairy tales? Describe each character in a sentence or two.

1. La princesse : _____

_____

2. La sorcière : _____

_____

3. La fée : _____

_____

4. Le loup : _____

_____

5. L'ogre : _____

_____

SAM 20-09   C'est quel conte ?

These sentences are taken from famous fairy tales. Listen, and try to identify them.

> Blanche-Neige, La Belle au bois dormant, Cendrillon, Les trois petits cochons, le Petit Chaperon Rouge, Pinocchio

1. _____

2. _____

3. _____

4. _____

5. _____

6. _____

SAM 20-10   Quel temps entendez-vous ?

Listen to the fairy tale excerpts and identify the main tense that is used to tell each story.

> a. présent   b. passé composé   c. passé simple

1. _____

2. _____

3. _____

4. _____

5. _____

SAM 20-11   Le passé simple.

Match the verb in the **passé simple** with the correct infinitive.

1. Ils virent. _____

2. Elle eut. _____

3. Il but. _____

4. Tu jetas. _____

5. Elle fut. _____

6. Il fit. _____

7. Elle naquit. _____

8. Nous prîmes. _____

a. faire

b. voir

c. être

d. prendre

e. avoir

f. boire

g. jeter

h. naître

SAM 20-12   Mata Hari.

Switch the highlighted verbs from the **passé simple** to the **passé composé**.

Mata Hari (1) **naquit** aux Pays-Bas. Elle (2) **apprit** à parler plusieurs langues pendant sa jeunesse. Elle (3) **se maria** jeune avec un militaire en poste à Java. Puis au bout de quelques années, Mata Hari divorça et elle (4) **partit** vivre à Paris. Elle (5) **devint** alors danseuse exotique et courtisane. Mata Hari (6) **voyagea** beaucoup en Europe et pendant la Grande Guerre, elle (7) **fut** employée par les services secrets français et on lui demanda d'espionner un prince allemand. Certains événements (8) **firent** penser qu'elle était devenue espionne pour les allemands et les Français l'arrêtèrent. Elle fut jugée et condamnée à mort par un tribunal militaire. Mata Hari (9) **refusa** qu'on lui bande les yeux et elle (10) **envoya** un baiser du bout des doigts aux hommes qui l'exécutèrent.

1. Mata Hari _____

2. Elle _____

3. Elle _____

4. Elle _____

5. Elle _____

6. Mata Hari _____

7. Elle _____

8. Certains événements _____

9. Mata Hari _____

10. Elle _____

SAM 20-13　Les temps du récit.

Identify the past tenses used in the following sentences.

a. passé simple   b. passé composé   c. imparfait   d. plus-que-parfait

Il (1) était _____ une fois une petite fille qu'on (2) appelait _____ le Petit
Chaperon Rouge. Un jour, sa mère lui (3) demanda _____ d'apporter un panier
de provisions à sa grand-mère qui (4) était tombée _____ malade. La petite fille
(5) est partie _____ avec le panier mais malheureusement, elle (6) n'a pas écouté
_____ ce que sa mère lui (7) avait dit _____. Au lieu de rester sur le
sentier dans la forêt, elle (8) s'est mise _____ à cueillir des fleurs. Le loup la (9) vit
_____ et ils (10) parlèrent _____ pendant un moment. Le Petit Chaperon
Rouge (11) avait oublié _____ les recommandations de sa mère. Donc le loup
(12) est allé _____ manger la grand-mère, et puis quand la petite fille (13) est arrivée
_____, il l'(14) a mangée _____ aussi. Heureusement, un chasseur qui
(15) se trouvait _____ dans les environs (16) a tué _____ le loup, et
(17) a ainsi sauvé _____ la grand-mère et sa petite fille, que le loup (18) avait avalées
_____ tout rond !

SAM 20-14　Où sont les mots ?

Locate the following words related to fairy tales. Be sure to look for words horizontally, vertically,
diagonally and backwards. Do not pay attention to accents.

puni, chausser, bottes, bûcheron, carrosse, héros, patte, ogre

P	U	N	I	B	Y	N	C	P	O
Z	E	D	S	M	B	U	A	G	R
A	O	P	Q	W	I	E	R	I	B
C	H	A	U	S	S	E	R	N	O
I	U	T	Y	H	M	S	O	S	T
R	S	T	E	L	K	I	S	H	T
X	Q	E	A	J	Z	O	S	E	E
I	B	X	U	Y	V	R	E	R	S
G	F	B	U	E	Z	I	M	O	E
B	U	C	H	E	R	O	N	S	W

SAM 20-15   Aurore et Crépuscule.

You will read the beginning of a legend from Bretagne. Some of the verbs were erased over time and you need to select the correct tenses for these verbs. Your choice is **passé simple** or **imparfait**. Remember that the **passé simple** is used in the same exact cases as the **passé composé**.

Il était une fois un roi et une reine qui avaient deux filles : Aurore et Crépuscule. Aurore (1) [fut ; était] _____ la plus jolie et ses parents l'aimaient mieux que sa sœur. Cependant, Aurore n'était ni aimable, ni intelligente. En revanche, Crépuscule n'était pas très jolie, mais elle était très gentille, fort aimable et avait beaucoup d'esprit.

Quand leurs filles furent en âge de se marier, les parents (2) [décidèrent ; décidaient] _____ de donner un grand bal pour leur trouver des maris. Ils (3) [invitèrent ; invitaient] _____ tous les princes des environs. Ces derniers voulurent tous danser avec Aurore, mais au fur et à mesure de la soirée, ils se rendirent compte qu'elle (4) [n'était pas ; n'a pas été] _____ aimable et ils finirent tous par s'intéresser davantage à Crépuscule. Aurore (5) [resta ; restait] _____ seule alors que sa sœur fut très entourée.

Le roi fut fâché de cette préférence et il (6) [décida ; décidait] _____ de se débarrasser de Crépuscule. Il l'envoya cette nuit même voir sa marraine la fée. Crépuscule protesta car il (7) [fit ; faisait] _____ nuit noire et qu'elle (8) [eut ; avait] _____ peur d'aller dans la forêt, mais le père ne céda point et lui (9) [ordonna ; ordonnait] _____ de partir.

Elle pleura tout en marchant et elle (10) [finit ; finissait] _____ par s'endormir sous un arbre. Le lendemain, elle continua son chemin et arriva enfin à un grand château.

SAM 20-16   Continuez l'histoire !

Read the beginning of this tale and write two paragraphs to complete the story. What is going to happen to Crépuscule? Use the past tenses you know to narrate the story.

Il était une fois un roi et une reine qui avaient deux filles : Aurore et Crépuscule. Aurore était la plus jolie et ses parents l'aimaient mieux que sa sœur. Cependant, Aurore n'était ni aimable, ni intelligente. En revanche, Crépuscule n'était pas très jolie, mais elle était très gentille, fort aimable et avait beaucoup d'esprit.

Un jour, quand leurs filles étaient en âge de se marier, les parents décidèrent de donner un grand bal pour leur trouver des maris. Ils invitèrent tous les princes des environs. Ces derniers voulurent tous danser avec Aurore, mais au fur et à mesure de la soirée, ils se rendirent compte qu'elle n'était pas aimable et ils finirent tous par s'intéresser davantage à Crépuscule. Aurore resta seule alors que sa sœur fut très entourée.

Le roi fut fâché de cette préférence et il décida de se débarrasser de Crépuscule. Il l'envoya cette nuit même voir sa marraine la fée. Crépuscule protesta car il faisait nuit noire et qu'elle avait peur d'aller dans la forêt, mais le père ne céda point et lui ordonna de partir.

Elle pleura tout en marchant et elle finit par s'endormir sous un arbre. Le lendemain, elle continua son chemin et arriva enfin à un grand château.

_____

_____

_____

_____

_____

_____

_____

_____

_____

SAM 20-17   Le roi des Korrigans.

Here is the beginning of a legend from Bretagne. Some of the verbs were erased over time and you now need to select the correct tenses for these verbs. Your choice is **passé simple** or **imparfait**. Remember that the **passé simple** is used in the same exact cases as the **passé composé**.

À Riantec, en Bretagne, il y avait autrefois une veuve qui (1) [avait ; eu] _____ un fils. Tous deux (2) [vivaient ; vécurent] _____ pauvrement, et ils étaient obligés de tirer la charrue à tour de rôle parce qu'ils n' (3) [avaient ; eurent] _____ pas assez d'argent pour acheter une paire de bœufs. Malheureusement, les temps (4) [étaient ; furent] _____ rudes et personne ne (5) [pouvait ; put] _____ les aider autrement qu'en leur donnant parfois du pain et quelques galettes de blé noir. Cela (6) [n'empêchait ; n'empêcha] _____ pas le fils d'être un beau garçon, courageux au travail et intelligent.

Une nuit, la veuve (7) [faisait ; fit] _____ un rêve : elle (8) [était ; fut] _____ dans une grande forêt où (9) [se trouvaient ; se trouvèrent] _____ des bœufs. Elle (10) [était ; fut] _____ très impressionnée par ce rêve et le matin, elle (11) [disait ; dit] _____ à son fils : « Allons à la foire d'Hennebont pour y chercher une paire de bœufs. » Le fils répondit : « Mais ma mère, nous n'avons pas le moindre argent ! » La veuve (12) [insistait ; insista] _____ et ils (13) [partaient ; partirent] _____ pour la foire d'Hennebont. Ils (14) [marchaient ; marchèrent] _____ d'un pas rapide, quand tout à coup, à la croisée de trois chemins, ils (15) [voyaient ; virent] _____ un petit homme sortir de dessous la terre et venir vers eux.

SAM 20-18   Comment ça va se finir ?

Choose a partner from the class. You will each need to read both texts before starting your discussion. Once you are ready, record yourselves discussing what could happen in both stories. Do you feel that these tales are similar to other tales that you know? If so, which ones and why? Are there some unusual elements in these tales or do you feel they have traditional elements found in many other fairy tales?

TEXTE 1 :

Il était une fois un roi et une reine qui avaient deux filles : Aurore et Crépuscule. Aurore était la plus jolie et ses parents l'aimaient mieux que sa sœur. Cependant, Aurore n'était ni aimable, ni intelligente. En revanche, Crépuscule n'était pas très jolie, mais elle était très gentille, fort aimable et avait beaucoup d'esprit.

Un jour, quand leurs filles étaient en âge de se marier, les parents décidèrent de donner un grand bal pour leur trouver des maris. Ils invitèrent tous les princes des environs. Ces derniers voulurent tous danser avec Aurore, mais au fur et à mesure de la soirée, ils se rendirent compte qu'elle n'était pas aimable et ils finirent tous par s'intéresser davantage à Crépuscule. Aurore resta seule alors que sa sœur fut très entourée.

Le roi fut fâché de cette préférence et il décida de se débarrasser de Crépuscule. Il l'envoya cette nuit même voir sa marraine la fée. Crépuscule protesta car il faisait nuit noire et qu'elle avait peur d'aller dans la forêt, mais le père ne céda point et lui ordonna de partir.

Elle pleura tout en marchant et elle finit par s'endormir sous un arbre. Le lendemain, elle continua son chemin et arriva enfin à un grand château.

TEXTE 2 :

À Riantec, en Bretagne, il y avait autrefois une veuve qui avait un fils. Tous deux vivaient pauvrement, et ils étaient obligés de tirer la charrue à tour de rôle parce qu'ils n'avaient pas assez d'argent pour acheter une paire de bœufs. Malheureusement, les temps étaient rudes et personne ne pouvait les aider autrement qu'en leur donnant parfois du pain et quelques galettes de blé noir. Cela n'empêchait pas le fils d'être un beau garçon, courageux au travail et intelligent.

Une nuit, la veuve fit un rêve : elle était dans une grande forêt où se trouvaient des bœufs. Elle fut très impressionnée par ce rêve et le matin, elle dit à son fils : « Allons à la foire d'Hennebont pour y chercher une paire de bœufs. » Le fils répondit : « Mais ma mère, nous n'avons pas le moindre argent ! » La veuve insista et ils partirent pour la foire d'Hennebont. Ils marchaient d'un pas rapide, quand tout à coup, à la croisée de trois chemins, ils virent un petit homme sortir de dessous la terre et venir vers eux.

_____

_____

_____

_____

_____

_____

_____

SAM 20-19   Infinitif, indicatif ou subjonctif ?

Complete the following sentences in a logical way, paying special attention to the tenses you will use.

> avoir, entendre, être (*twice*), comprendre, voyager, économiser, savoir

1. Il n'a pas pris de vacances afin d'_____ de l'argent.

2. Il est resté à la maison parce qu'il _____ malade.

3. Je dois beaucoup étudier pour _____ une bonne note à cet examen.

4. Téléphonez-nous afin que nous _____ à quelle heure votre train arrive.

5. Ça nous a fait un choc terrible lorsque nous _____ cette information à la radio.

6. Je fais toujours les courses tandis que les enfants _____ à l'école.

7. Qui s'occupera de tes plantes pendant que tu _____ ?

8. Il faut tout lui expliquer plusieurs fois pour qu'il _____.

SAM 20-20   Dis, pourquoi ?...

Did you ever wonder why things are the way they are? Listen to the questions and match them to these strange explanations.

1. _____

2. _____

3. _____

4. _____

5. _____

6. _____

a. Afin de ne pas déranger notre sommeil.

b. Afin de se comprendre entre eux.

c. Pour que les bateaux flottent plus facilement.

d. Afin de pouvoir continuer à manger plein de sucreries.

e. Pour que nos jardins soient plus jolis.

f. Afin de ne pas être confondus avec les chevaux.

SAM 20-21   Réponses absurdes.

Imagine some silly explanations for the following facts, using **pour, pour que, afin de** and **afin que**.

1. Savez-vous pourquoi nous n'adoptons pas d'éléphants comme animaux domestiques ?

_____

2. Savez-vous pourquoi les oiseaux savent bien chanter ?

_____

3. Savez-vous pourquoi les journaux sont en papier ?

_____

4. Savez-vous pourquoi il pleut souvent en Angleterre ?

_____

5. Savez-vous pourquoi la neige tombe en hiver ?

_____

6. Savez-vous pourquoi le beurre est salé en Bretagne ?

_____

SAM 20-22   Afin et pour.

Complete the following dialogues with **afin de, afin que, pour** and **pour que**.

1. - Pourquoi est-ce que tu travailles autant en ce moment ?

- Je travaille beaucoup _____ pouvoir faire un grand voyage cet été.

2. - Tu sais, Sophie est fâchée depuis la soirée.

- Bon, je vais lui parler _____ elle comprenne mieux la situation.

3. - Tu sais pourquoi le Petit Poucet a mis des cailloux dans sa poche ?

- Ben oui, c'était _____ retrouver son chemin !

4. - Pourquoi tu me dis ça ?

- _____ tu saches ce que je pense !

5. - Tu aimes lire ?

- Oui, et puis je pense que c'est bon de lire _____ enrichir nos vies !

6. - J'ai encore eu une mauvaise note.

- Il faudrait peut-être étudier plus _____ réussir !

7. - Je n'ai pas besoin du plan.

- Mais si, prends ce plan _____ vous ne vous perdiez pas !

SAM 20-23 Puisque ou car ?

In a dialogue, when the person talking believes that a fact is known by the interlocutor(s), he/she will use **puisque**. On the other hand, if the cause is believed to be unknown, he/she will use **car**. Read the following dialogues, analyze the contexts and determine whether to use **puisque** or **car**.

1. - Je vais faire les courses.

     - D'accord, mais n'achète pas trop de choses _____ nous partons en vacances lundi.

2. - Je t'offre un café ?

     - Non merci, je ne bois plus de café _____ ça me provoque des palpitations.

3. - Il fait un soleil radieux ce matin et tu prends un parapluie ?

     - Oui, je prends un parapluie _____ la météo a annoncé des orages en fin d'après-midi.

4. - J'aime bien cette couleur orange sur les murs. Et toi ?

     - Moi aussi, ça me plaît _____ tu aimes.

     - Tu es un amour !

5. - Ça te dit d'aller au cinéma demain soir ?

     - Désolée, mais je ne peux pas _____ je suis déjà invitée chez des amis.

6. - Pourquoi ne faites-vous pas un voyage en France _____ vous parlez et comprenez un peu le français maintenant.

     - Oui, c'est une bonne idée.

7. - Je ne tiens plus debout !

     - _____ tu es si fatigué, va te coucher !

SAM 20-24   Donc ou pourtant ?

Complete the following sentences with **donc** and **pourtant**. **Donc** introduces a logical consequence, whereas **pourtant** introduces an opposition, a contrast.

1. Elle est venue sans son petit ami. Nous lui avions _____ dit qu'il était le bienvenu. C'est dommage.

2. Il est parti tard, et il n'y avait plus de bus. Il a _____ dû prendre un taxi.

3. Il est venu à la fête alors qu'on ne l'avait pas invité. Il n'a _____ toujours pas compris qu'on n'a pas envie de le voir !

4. Il n'arrête pas d'avoir de mauvaises notes. Il a _____ tout ce qu'il faut à la maison pour étudier dans de bonnes conditions.

5. J'ai été obligée de payer car Jacques ne retrouvait plus son portefeuille. Il était _____ convaincu de l'avoir pris en sortant de chez lui.

6. Je l'ai appelé plusieurs fois et il ne répond pas. Il m'avait _____ dit qu'il ne sortirait pas.

7. La réunion est reportée à la semaine prochaine, il va _____ falloir changer les billets d'avion.

8. Le sol est mouillé, _____ il n'a pas plu. C'est étrange !

9. Qu'est-ce qu'il fait froid ! _____ le chauffage est allumé.

10. Un livre coûte 15 euros, _____ deux livres coûtent 30 euros, c'est logique.

SAM 20-25   Car, donc ou pourtant ?

Select the correct expression in each sentence.

1. Manuel n'est pas venu au cours [pourtant ; car] _____ il a la grippe.

2. Il a fait très chaud cette nuit, [donc ; car] _____ je n'ai pas pu bien dormir.

3. Il n'y a pas de train [car ; pourtant] _____ c'est la grève.

4. Sandra n'a pas réussi l'examen, [pourtant ; donc] _____ elle avait beaucoup étudié.

5. Il y a beaucoup trop de vent aujourd'hui, [car ; donc] _____ on ne pourra pas jouer au badminton.

6. Natalia ne parle pas bien français, [pourtant ; car] _____ elle a vécu longtemps en France.

7. Je n'ai pas pu acheter de boissons [pourtant ; car] _____ je n'avais plus d'argent.

8. Le conducteur avait bu, [car ; donc] _____ la police l'a arrêté.

SAM 20-26   Chaque chose en son temps.

🔊 **Lorsque** can have several meanings. Listen to the following sentences and indicate for each of them whether **lorsque** means **à l'époque où**, **au moment où** or **chaque fois que**.

a. à l'époque où	b. au moment où	c. chaque fois que

1. _____

2. _____

3. _____

4. _____

5. _____

6. _____

7. _____

SAM 20-27   Le grand savoir.

Match the beginnings of sentences with the correct endings.

1. Selon la légende, Archimède (287-212 av J.C.) a découvert le principe qui porte son nom
_____

2. On peut déduire que la Terre est ronde
_____

3. Certains insectes se protègent de leurs prédateurs
_____

4. Un bon marin peut connaître sa position
_____

5. C'est la femelle du moustique qui transmet la malaria
_____

6. Dans la tradition Massaï, les garçons séduisent les filles
_____

7. Le microbiologiste Alexander Fleming a découvert la pénicilline par hasard _____

   a. en observant des moisissures.

   b. en sautant de plus en plus haut sur place.

   c. en imitant une fleur ou une feuille.

   d. en regardant les étoiles.

   e. en nous piquant.

   f. en observant un voilier qui s'éloigne à l'horizon.

   g. en prenant un bain.

SAM 20-28   Formons le gérondif !

Write the gérondif of each of the following verbs.

MODEL: finir: *en finissant*

1. boire : _____

2. avoir : _____

3. être : _____

4. dormir : _____

5. voir : _____

6. manger : _____

7. courir : _____

8. savoir : _____

9. parler : _____

10. choisir : _____

SAM 20-29   Comment peut-on ?...

How do you think the following things can be achieved? Write a sentence using the **gérondif**.

MODEL: Comment peut-on apprendre une langue ?
On peut apprendre une langue en habitant dans le pays, ou en prenant un cours.

1. Comment peut-on apprendre à bien cuisiner ?

_____

2. Comment peut-on voyager sans dépenser trop d'argent ?

_____

3. Comment peut-on être en bonne santé ?

_____

4. Comment peut-on devenir célèbre ?

_____

5. Comment peut-on rencontrer son acteur/son actrice préféré(e) ?

_____

SAM 20-30   Qu'est-ce qui s'est passé ?

🔊 Listen to the dialogues and choose the correct statements.

1. La semaine dernière, Xavier _____
   a. s'est cassé le bras.
   b. s'est cassé la jambe.
   c. a cassé son skateboard.

2. Ça s'est passé _____
   a. en faisant du roller.
   b. en faisant du skateboard.
   c. en faisant une randonnée.

3. Xavier pourra _____
   a. refaire du skateboard dans 5 semaines.
   b. marcher dans 5 semaines.
   c. refaire du skateboard mais il ne sait pas quand.

4. Sophie a eu un problème _____
   a. avec son portable.
   b. avec sa pantoufle.
   c. avec sa voiture.

5. Elle l'a cassé parce qu' _____
   a. elle a marché dessus.
   b. il était trop vieux.
   c. il est tombé de sa poche.

6. Sophie _____
   a. devra attendre avant de racheter un autre portable.
   b. va racheter un nouveau portable tout de suite.
   c. pourra réparer son portable.

SAM 20-31   Le gérondif.

Write sentences using the **gérondif** to indicate simultaneity or cause, starting from the elements that are indicated. The first verb needs to be conjugated in the **présent**.

> **MODEL:**   je / chanter / prendre une douche
> *Je chante en prenant une douche.*

1. nous / discuter / prendre un café

   _____

2. elles / bavarder / se promener

   _____

3. il ne faut pas utiliser son téléphone portable / conduire

   _____

4. certaines personnes / écouter de la musique / faire du jogging

   _____

5. je / ne pas pouvoir étudier / écouter de la musique

   _____

6. beaucoup d'enfants / parler / dormir

   _____

7. nous / dîner / regarder les informations à la télé

   _____

SAM 20-32 La légende du sel.

Read this Vietnamese legend and select the correct expressions.

La légende du sel

Vous ne savez pas pourquoi la mer est salée ? Eh bien, voilà... Il était une fois deux frères qui étaient très différents l'un de l'autre. Le plus jeune qui s'appelait Tam était très pauvre et sa vie était dure. Il se levait tous les matins avant le soleil pour partir pêcher en mer. Mais certains jours, (1) [lorsqu'; donc] _____ il pêchait peu de poissons, il ne pouvait pas bien nourrir ses six enfants.

Son frère Daï faisait du commerce maritime et il était devenu riche. (2) [Tandis que ; Puisque] _____ Tam était aimé de tous, Daï n'était pas très apprécié au village (3) [donc ; car] _____ il était jaloux, menteur et voleur.

Un jour, Tam rencontra un personnage mystérieux qui lui donna un moulin magique. Il suffisait de dire « abracadabra » et le moulin faisait couler ce qu'on lui demandait.

Le soir même, Tam demanda au moulin un bon repas pour lui et sa famille, puis des vêtements neufs et une plus grande maison. Daï vit la prospérité de Tam et sa famille, (4) [pourtant ; donc] _____ il devint terriblement jaloux.

Il demanda à Tam comment il avait obtenu tout cela et Tam, innocemment, lui expliqua sa rencontre avec l'homme mystérieux. Cette nuit-là, (5) [pendant que ; afin que] _____ Tam et sa famille dormaient tranquillement, Daï s'introduisit dans la maison sans faire de bruit et vola le moulin magique.

Daï emporta le moulin magique sur son bateau (6) [pour que ; pour] _____ le cacher. Une fois en mer, il se rendit compte qu'il avait oublié d'emporter du sel. Alors il demanda au moulin magique de lui donner du sel. (7) [Tandis que ; Cependant] _____ Daï ne connaissait pas la formule magique pour arrêter le moulin et le moulin continua à verser du sel. Voilà pourquoi la mer aujourd'hui est si salée.

SAM 20-33 Les voyelles nasales.

In each sentence, you will hear a nasal sound. Listen and indicate which nasal vowel you hear. [ã] is found in words such as **tante**, [ɛ̃] in words such as **main**, and [ɔ̃] in words such **oncle**.

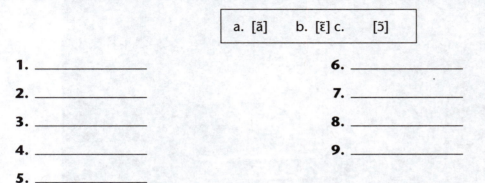

a. [ã]	b. [ɛ̃] c. [ɔ̃]

1. _____

2. _____

3. _____

4. _____

5. _____

6. _____

7. _____

8. _____

9. _____

SAM 20-34 Je prononce.

Practice saying these sentences, and when you are ready, record yourself.

1. Salut Henri ! Ça va bien ?

2. Nous avons pris un sandwich au thon.

3. C'est un ami de Gaston et Romain.

4. Il a parlé en dormant.

5. Bonjour Lucien ! Qu'est-ce que tu deviens ?

SAM 20-35 Dictée.

Listen and write the words that are missing.

Dans les (1) _____, on trouve souvent des animaux,

comme le (2) _____, le (3) _____, ou le

(4) _____. L'histoire se passe fréquemment près d'une

(5) _____ ou dans un (6) _____. En général il

y a une belle jeune fille. Le rôle du (7) _____ peut être

représenté par une (8) _____, un (9) _____,

un dragon, ou même un (10) _____ .

SAM 20-36 Conversation.

Choose a partner from the class, and together, record a conversation. The topic is: **Quel est votre conte de fées préféré et pourquoi ?**

SAM 20-37 La langue créole.

Read the following text and indicate whether the statements are true (**vrai**) or false (**faux**).

La langue créole

Le créole à base lexicale française est né du métissage du vocabulaire français des XVIIe et XVIIIe siècles avec des expressions d'origine africaine. Capturés sur leur terre natale, les Africains déportés aux Antilles étaient répartis sur diverses îles pour éviter que les tribus se reconstituent et provoquent des révoltes.

Face au besoin de survivre et de communiquer avec des compagnons parlant des langues différentes, ils ont créé une langue commune, reprenant des mots français et quelques termes amérindiens, le tout construit avec une syntaxe proche de celle des langues d'Afrique. Le temps a donné une unité à l'ensemble, et toute une littérature orale en langue créole s'est développée progressivement sous forme de contes, de chants et de proverbes. Le créole est aujourd'hui une langue à part entière et il est même la langue officielle de deux pays indépendants : Haïti et les îles Seychelles.

En fait, il n'existe pas un mais plusieurs créoles. Le créole à base lexicale française se parle aujourd'hui à Haïti, aux Antilles françaises (Guadeloupe et Martinique), en Guyane, sur l'île Maurice, à la Réunion et aux îles Seychelles.

Quelques mots créoles : en les prononçant, vous découvrirez la proximité avec le français.

enmé :	aimer
appwan :	apprendre
ayen :	rien
gadé :	regarder

1. Le créole est un mélange de français et d'anglais. _____

2. La syntaxe du créole est proche de celle des langues africaines. _____

3. Les Africains déportés aux Antilles ont créé cette langue pour pouvoir communiquer entre eux. _____

4. Les contes et les chansons n'existent pas en créole. _____

5. Le créole est la langue officielle de Haïti et des îles Seychelles. _____

6. Il n'existe qu'une seule langue créole. _____

SAM 20-38   Ti Pocame.

Read the following text and select the correct statements.

TI POCAME. Il était une fois un petit garçon, gentil, très gentil qui s'appelait Ti Pocame. Ce petit garçon, très gentil, habitait chez sa tante car il était orphelin. Mais sa tante ne l'aimait pas du tout, elle lui préférait ses deux fils. Elle leur réservait toujours les plus beaux habits et pour Ti Pocame, les vieux habits. Ces deux fils avaient toujours droit aux bons morceaux de viande et Ti Pocame, aux os. Ti Pocame faisait toujours toutes les corvées : aller chercher l'eau à la rivière, nourrir le cochon et les poules, éplucher les légumes... Souvent, Ti Pocame était puni injustement et, dans ses colères, sa tante menaçait de le donner au diable.

Mais Ti Pocame était un garçon courageux, très courageux et il ne se plaignait jamais. Pour oublier ses malheurs, il rêvait souvent à sa chère marraine, chez qui il aimerait bien partir vivre un jour. Un soir, alors qu'ils étaient à table, la tante ordonna à Ti Pocame d'aller cueillir un piment afin d'épicer le repas. Il faisait noir, très noir et, tout de suite, Ti Pocame qui était pourtant courageux, très courageux, pensa : « C'est sûr, ce soir ma tante m'envoie au diable ! »

Avant de sortir, il prit soin de glisser dans sa poche les sept pépins d'orange qui portent chance et que sa marraine lui avait donnés pour son anniversaire. Une fois dehors, la nuit l'enveloppa tout entier. Il prit garde à faire le moindre bruit afin de ne pas se faire remarquer par le diable. Soudain, il vit une petite lumière comme celle d'une luciole, mais celle-ci se mit à foncer sur lui comme une boule de feu : « le diable », pensa-t-il.

1. Ti Pocame habite avec [ses parents ; sa tante] _____.

2. La tante de Ti Pocame est [méchante ; gentille] _____ avec lui.

3. Ti Pocame est un garçon [peureux ; courageux] _____.

4. Ti Pocame rêve d'habiter avec [sa sœur ; sa marraine] _____.

5. C'est [sa tante ; sa marraine] _____ qui lui a donné les pépins magiques.

6. Ti Pocame doit aller chercher [de l'eau ; un piment] _____ la nuit.

7. Il va rencontrer [une fée ; un diable] _____.

SAM 20-39   Éléments traditionnels et non-traditionnels.

Read the following text and write a paragraph explaining in which way the tale of Ti Pocame is traditional (which traditional elements do you find in it?) and in which way it is not.

TI POCAME.
Il était une fois un petit garçon, gentil, très gentil qui s'appelait Ti Pocame. Ce petit garçon, très gentil, habitait chez sa tante car il était orphelin. Mais sa tante ne l'aimait pas du tout, elle lui préférait ses deux fils. Elle leur réservait toujours les plus beaux habits et pour Ti Pocame, les vieux habits. Ces deux fils avaient toujours droit aux bons morceaux de viande et Ti Pocame, aux os. Ti Pocame faisait toujours toutes les corvées : aller chercher l'eau à la rivière, nourrir le cochon et les poules, éplucher les légumes... Souvent, Ti Pocame était puni injustement et, dans ses colères, sa tante menaçait de le donner au diable.

Mais Ti Pocame était un garçon courageux, très courageux et il ne se plaignait jamais. Pour oublier ses malheurs, il rêvait souvent à sa chère marraine, chez qui il aimerait bien partir vivre un jour. Un soir, alors qu'ils étaient à table, la tante ordonna à Ti Pocame d'aller cueillir un piment afin d'épicer le repas. Il faisait noir, très noir et, tout de suite, Ti Pocame qui était pourtant courageux, très courageux, pensa : « C'est sûr, ce soir ma tante m'envoie au diable ! »

Avant de sortir, il prit soin de glisser dans sa poche les sept pépins d'orange qui portent chance et que sa marraine lui avait donnés pour son anniversaire. Une fois dehors, la nuit l'enveloppa tout entier. Il prit garde à faire le moindre bruit afin de ne pas se faire remarquer par le diable. Soudain, il vit une petite lumière comme celle d'une luciole, mais celle-ci se mit à foncer sur lui comme une boule de feu : « le diable », pensa-t-il.

_____
_____
_____
_____
_____
_____

Image Credits